Two week loan

Please return on or before the last date stamped below.
Charges are made for late return.

-3 OCT 1996
CANCELLED

WITHDRAWN

WITHDRAWN

SCHRIFTENREIHE
DER VIERTELJAHRSHEFTE FÜR ZEITGESCHICHTE
NUMMER 45

Im Auftrag des Instituts für Zeitgeschichte

Herausgegeben von Karl Dietrich Bracher und Hans-Peter Schwarz

Redaktion: Wolfgang Benz und Hermann Graml

DEUTSCHE VERLAGS-ANSTALT

STUTTGART

Horst Thum

Mitbestimmung in der Montanindustrie

Der Mythos vom Sieg der Gewerkschaften

DEUTSCHE VERLAGS-ANSTALT

STUTTGART

CIP-Kurztitelaufnahme der Deutschen Bibliothek

Thum, Horst:
Mitbestimmung in der Montanindustrie:
d. Mythos vom Sieg d. Gewerkschaften / Horst Thum. –
Stuttgart: Deutsche Verlags-Anstalt, 1982.
(Schriftenreihe der Vierteljahrshefte für Zeitgeschichte; Nr. 45)
ISBN 3-421-06124-6

© 1982 Deutsche Verlags-Anstalt GmbH, Stuttgart
Umschlagentwurf: Edgar Dambacher
Satz und Druck: Druckerei Georg Appl, Wemding
Printed in Germany: ISBN 3 421 061246

INHALT

VORWORT

Die vorliegende Arbeit stellt die nur wenig veränderte Fassung einer Dissertation dar, die im Juni 1982 von der Fakultät für Geistes- und Sozialwissenschaften der Universität Hannover angenommen wurde. Referenten des Promotionsverfahrens waren die Herren Prof. Dr. Jürgen Seifert und Prof. Dr. Rolf Steininger. Mein besonderer Dank gilt Jürgen Seifert, der entscheidende Anregungen für diese Untersuchung gegeben hat und die Arbeit über einen längeren Zeitraum mit hilfreicher und freundlicher Kritik gefördert hat. Darüberhinaus bedanke ich mich bei Rolf Steininger für seine Hinweise bei der Überarbeitung des Manuskriptes.

Diese Untersuchung wurde durch ein Promotionsstipendium der Universität Hannover unterstützt; den Herren Prof. Dr. Oskar Negt und Prof. Dr. Horst Kern (jetzt: Universität Göttingen), die sich dafür einsetzten, daß ich dieses Stipendium erhalten konnte, möchte ich an dieser Stelle ebenfalls meinen Dank aussprechen.

Diese Arbeit stützt sich überwiegend auf bisher unveröffentlichtes Quellenmaterial des Bundesarchivs, des DGB und des Archivs der sozialen Demokratie. Für die Erteilung einer Sondergenehmigung zur vorzeitigen Einsichtnahme in die Aktenbestände des Bundesarchivs gilt mein Dank den zuständigen Stellen des Bundesarchivs, des Bundeswirtschaftsministeriums und des Bundeskanzleramtes. Ferner bin ich Herrn Dr. Dieter Schuster vom DGB-Archiv für seine aufgeschlossene Haltung bei der Suche nach Quellenmaterial zu Dank verpflichtet.

Hannover, im August 1982   Horst Thum

Einleitung

Am 10. April 1951 – knapp sechs Jahre nach der bedingungslosen Kapitulation Deutschlands – verabschiedete der Bundestag mit den Stimmen der CDU/CSU, der SPD und des Zentrums das „Gesetz über die Mitbestimmung der Arbeitnehmer in den Aufsichtsräten und Vorständen der Unternehmen des Bergbaus und der eisen- und stahlerzeugenden Industrie", das die im Zuge der Entflechtung der Eisen- und Stahlindustrie 1947/48 in 25 Unternehmen der britischen Zone eingeführte paritätische Mitbestimmung auf eine breitere gesetzliche Grundlage stellte. Dieses Gesetz, bekannt als das Montanmitbestimmungsgesetz, ist, abgesehen von kleinen Veränderungen, noch heute gültig. Es regelt die gleichgewichtige Besetzung der Aufsichtsräte mit Vertretern der Anteilseigner und der Arbeitnehmer sowie die Einrichtung eines für die sozialen und personellen Probleme der Arbeitnehmerschaft zuständigen Vorstandsmitgliedes, des Arbeitsdirektors, der nur mit Zustimmung der Gewerkschaften berufen werden kann. Damit stellt das Montanmitbestimmungsgesetz die weitestgehende Form der Mitbestimmung der Arbeitnehmer in den Unternehmen dar.
Selbst das 25 Jahre später für die Großunternehmen der anderen Industriezweige verabschiedete Mitbestimmungsgesetz von 1976 bleibt hinsichtlich der Beteiligung der Arbeitnehmer im Aufsichtsrat hinter dem Montanmitbestimmungsgesetz zurück: Zwar ist auch hier eine zahlenmäßige Parität im Aufsichtsrat vorgesehen, durch das Doppelstimmrecht des in der Regel von der Anteilseignerseite gestellten Aufsichtsratsvorsitzenden in Patt-Situationen und durch die Sondervertretung der leitenden Angestellten – die erfahrungsgemäß eher die Interessen der Unternehmensleitung repräsentieren – auf der Arbeitnehmerseite ist die Parität jedoch in der Praxis ausgehöhlt. Ferner ist die Bestellung des für Personal- und Sozialfragen zuständigen Vorstandsmitgliedes nicht von der Zustimmung der Arbeitnehmerseite abhängig.
Die Sonderstellung des Montanmitbestimmungsgesetzes im Rahmen der wirtschaftlichen Mitbestimmung der Arbeitnehmer in der Bundesrepublik wird noch deutlicher, wenn man es mit der Mitbestimmungsregelung vergleicht, die das nur 15 Monate später, am 19. Juli 1952, vom Bundestag verabschiedete Betriebsverfassungsgesetz enthält. Dieses Gesetz, dessen Vorschriften über die Besetzung der Aufsichtsräte von Unternehmen außerhalb des Montanbereichs bis zur teilweisen Ablösung durch das Mitbestimmungsgesetz von 1976 rechtsgültig waren, sah lediglich die Besetzung von einem Drittel der Aufsichtsratsitze durch Arbeitnehmervertreter vor; der Einfluß der Gewerkschaften auf die Auswahl der Arbeitnehmervertreter war bewußt klein gehalten, und ein mit dem Arbeitsdirektor des Montanmodells vergleichbarer Vorstandsposten fehlte.
Die Verabschiedung des Betriebsverfassungsgesetzes von 1952 wurde von den Gewerkschaften als schmerzliche Niederlage empfunden. Nahezu nichts von den Neu-

ordnungsvorstellungen, die die Gewerkschaften nach dem Untergang der nationalso-
zialistischen Herrschaft zu verwirklichen erhofft hatten, hatte Eingang in dieses Gesetz gefunden, allzu leicht war es der Regierung Adenauer gelungen, die gewerkschaftlichen Vorstöße zu ignorieren oder ins politische Abseits laufen zu lassen. Über
die Politik des DGB-Vorstandes kam es zu heftigen innergewerkschaftlichen Auseinandersetzungen; besonders der DGB-Vorsitzende Christian Fette, Nachfolger Hans
Böcklers, wurde der mangelnden Kampfbereitschaft, der Inkonsequenz und der Kon-
zeptionslosigkeit bezichtigt und schließlich auf dem 2. DGB-Bundeskongreß im Oktober 1952 durch Walter Freitag abgelöst.
Daß die westdeutsche Gewerkschaftsbewegung ein gutes Jahr nach der Verabschiedung des Montanmitbestimmungsgesetzes von der Bundesregierung in derartiger
Weise ausmanövriert werden könnte – damit hatte wohl kaum ein Gewerkschaftsfüh-
rer gerechnet. Nach allgemeiner Überzeugung war es der Entschlossenheit und der
Kampfbereitschaft der Gewerkschaften und ihrer Führungen zu verdanken gewesen,
daß nach Verhandlungen mit Unternehmervertretern und dem Bundeskanzler im Januar 1951 ein Teil der gewerkschaftlichen Vorstellungen aus den ersten Nachkriegsjahren nun gesetzlich verankert werden konnten. Die Vereinbarung über die gesetzliche Regelung der paritätischen Mitbestimmung in der Montanindustrie vom 25. Januar 1951 stellte nach der Interpretation vieler Gewerkschafter eine bedeutende Stärkung der gesellschaftlichen Position der Gewerkschaften dar; für viele war damit der
erste Schritt zur Durchsetzung weitergehender Mitbestimmungs- und Neuordnungsvorstellungen getan.
Diese Sicht wurde nicht zuletzt durch Hans Böckler, der unbestrittenen Führungspersönlichkeit des DGB, bestärkt. In einer Rundfunkansprache am 30. Januar 1951 erläu-
terte Böckler, daß die Gewerkschaften nun am Anfang einer neuen Wirtschaftsverfassung ständen[1]; jetzt gelte es, für die schrittweise Ausdehnung der paritätischen Mitbestimmung auf die anderen Industriezweige zu kämpfen.[2] Einer der wichtigsten Mitarbeiter Böcklers, Hans vom Hoff, sprach sogar davon, daß „ein großer Erfolg, einer der
größten in der Gewerkschaftsgeschichte" erzielt worden sei.[3] Damit war ein Mythos
ins Leben gerufen: Der Mythos, daß die gesetzliche Verankerung der paritätischen
Mitbestimmung in der Kohlen-, Eisen- und Stahlindustrie primär das Ergebnis der entschlossenen Haltung der hochorganisierten und politisch bewußten Arbeiterschaft dieser Industriezweige und der geschickten Mobilisierungsstrategie der Gewerkschaftsführungen, namentlich Böcklers, gewesen sei. Dieser Mythos beherrschte lange Zeit
das Selbstverständnis der westdeutschen Gewerkschaften; Böcklers Nachfolger wurden an den durch ihn geweckten Erwartungen gemessen, insbesondere Christian Fette
erschien unter dieser Perspektive als politischer Versager.
Auch in den meisten Darstellungen, die sich mit der gewerkschaftlichen Politik nach

---

[1] Eberhard Schmidt: Die verhinderte Neuordnung 1945–1952. Frankfurt a. M. 1970, S. 192.
[2] Vgl. auch die Äußerungen Böcklers vor dem Bundesausschuß des DGB am 29. 1. 1951. Die wichtigsten Äußerungen in dieser Richtung sind bei E. Schmidt zitiert.
[3] Protokoll des 2. Teils der 6. Sitzung des Bundesausschusses des DGB am 16. 4. 1951. DGB-Archiv.

1945 befassen, begegnet man diesem Mythos mehr oder weniger explizit. Immer wieder wird auf die Stärke der Gewerkschaften bei den Montanmitbestimmungsauseinandersetzungen hingewiesen.[4] Ein Zusammenhang zwischen der erfolgreichen Sicherung der Montanmitbestimmung und der Niederlage beim Betriebsverfassungsgesetz wird in diesen Darstellungen nicht gesehen. Die unterschiedlichen politischen Rahmenbedingungen und die jeweils verschiedenen spezifischen Interessen der beteiligten Gruppen, in deren Kontext die Auseinandersetzungen von 1950/51 sowie von 1952 geführt wurden, bleiben dabei weitgehend unberücksichtigt.

Das gilt zum Teil auch für die ansonsten der DGB-Politik gegenüber kritische Studie von Eberhard Schmidt.[5] Diese geht ebenfalls von der Annahme aus, daß die gesetzliche Sicherung der Montanmitbestimmung primär auf die Kampfbereitschaft der Gewerkschaften zurückzuführen ist. Schmidt stellt die erfolgreiche Politik des DGB bei der Montanmitbestimmung der erfolglosen bei der Verabschiedung des Betriebsverfassungsgesetzes gegenüber. So sei das Zustandekommen des Montanmitbestimmungsgesetzes das Ergebnis „einer einmaligen entschlossenen Verteidigungsaktion" der Gewerkschaften gewesen.[6] Die gewerkschaftliche Niederlage vom Juli 1952 führt Schmidt demgegenüber hauptsächlich auf das Fehlen des „entschlossenen Widerstand[es] der organisierten Arbeiterschaft"[7] zurück, was nicht zuletzt in dem frühzeitigen Tod Hans Böcklers am 16. Februar 1951 seine Ursache gehabt habe. Schmidt kritisiert die mangelnde Kampfbereitschaft und die Unentschlossenheit der Gewerkschaften in der Auseinandersetzung um das Betriebsverfassungsgesetz von der Position Hans Brümmers (vom Vorstand der IG Metall) aus, der schon im Sommer 1950 die Notwendigkeit des außerparlamentarischen Kampfes betont habe.[8] Er bleibt, trotz seiner Kritik an der damaligen Gewerkschaftspolitik, dem DGB-Mythos verhaftet, die Montanmitbestimmung hätte den Anfang einer weiteren Demokratisierung der Wirtschaft bedeuten können, wäre die Politik der Mobilisierung der gewerkschaftlichen Basis[9] nach dem Vorbild der Montanauseinandersetzungen auch nach dem Tod Böcklers von ei-

---

[4] Als Beispiele seien genannt: Erich Potthoff: Der Kampf um die Montanmitbestimmung. Köln 1957, S. 77 ff.; Dieter Schuster: Die deutschen Gewerkschaften seit 1945. Stuttgart, Berlin, Köln, Mainz 1973, S. 37 f.; Bernd Otto: Der Kampf um die Mitbestimmung. In: Vom Sozialistengesetz zur Mitbestimmung. Zum 100. Geburtstag von Hans Böckler. Hrsg. von Heinz Oskar Vetter. Köln 1975, S. 423 f.; Fünfundsiebzig Jahre Industriegewerkschaft. 1891 bis 1966. Vom Deutschen Metallarbeiter-Verband bis zur Industriegewerkschaft Metall. Hrsg. von der IG Metall für die Bundesrepublik Deutschland. (Text: Fritz Opel und Dieter Schneider) Frankfurt a. M. 1966, S. 380 ff.; Hans Limmer: Die deutsche Gewerkschaftsbewegung. München, Wien [6]1974, S. 89; Wolfgang Hirsch-Weber: Gewerkschaften in der Politik. Von der Massenstreikdebatte zum Kampf um das Mitbestimmungsrecht. Köln, Opladen 1959, S. 88 ff.

[5] Siehe E. Schmidt: Die verhinderte Neuordnung, S. 192.

[6] Ebenda, S. 223.

[7] Ebenda, S. 191. Eine ähnliche Beurteilung findet sich auch in: Ernst-Ulrich Huster, Gerhard Kraiker, Burkhardt Scherer, Karl-Friedrich Schlotmann, Marianne Welteke: Determinanten der westdeutschen Restauration 1945–1949. Frankfurt a. M. 1972, S. 210 ff.

[8] E. Schmidt: Die verhinderte Neuordnung, S. 195 und S. 201 ff.

[9] Die Frage, wie groß das gewerkschaftliche Potential an der Basis war, das sich für umfassendere Kampfmaßnahmen, auch schon in den vorhergehenden Jahren, hätte mobilisieren lassen, kann im

ner fähigen DGB-Führung fortgeführt worden.[10] Diese Einschätzung wird dann fraglich, wenn man bedenkt, daß tendenziell die gleiche Taktik der Massenmobilisierung und der Warnstreiks beim Kampf gegen das Betriebsverfassungsgesetz 1952 – möglicherweise nicht so konsequent wie bei den Montanauseinandersetzungen – angewandt wurde, hier aber ohne Erfolg. Es wäre daher zu fragen, ob nicht der DGB-Führung bei den Mitbestimmungsverhandlungen 1951 noch andere politische Druckmittel zur Verfügung standen, die ihr 1952 beim Kampf gegen das Betriebsverfassungsgesetz fehlten.

Eine solche Annahme liegt den beiden Darstellungen von Rudolf Billerbeck[11] und Arnulf Baring[12] zugrunde. Billerbeck sieht einen Zusammenhang zwischen der gesetzlichen Sicherung der paritätischen Mitbestimmung und der in den Jahren 1951/52 stattgefundenen Rückgabe der Aktien der Montanunternehmen, die 1946 von der britischen Militärregierung beschlagnahmt worden waren und seit dieser Zeit unter treuhänderischer Verwaltung gestanden hatten, an die alten Eigentümer. Er schreibt, die Gewerkschaften hätten sich in der Frage des Aktientausches „abfinden" lassen; der Personenkreis, auf den die Aktien der aus den Altkonzernen neugegründeten Gesellschaften ausgegeben wurden, sei von den Alliierten „laut Absprache mit der Bundesrepublik" festgelegt worden – „es waren die alten Besitzer".[13] Konkrete Belege für ein solches Kompensationsgeschäft finden sich allerdings bei Billerbeck nicht.

Rahmen dieser Arbeit nicht eindeutig beantwortet werden. In neueren Veröffentlichungen wird mehr und mehr bezweifelt, ob eine derartige Massenbasis, wie sie E. Schmidt, aber auch U. Schmidt/ T. Fichter unterstellen, wirklich existierte. (Ute Schmidt und Tilman Fichter: Der erzwungene Kapitalismus. Klassenkämpfe in den Westzonen 1945–1948. Berlin ²1972.) Dazu vor allem der folgende programmatische Aufsatz: Lutz Niethammer: Rekonstruktion und Desintegration. Zum Verständnis der deutschen Arbeiterbewegung zwischen Krieg und Kaltem Krieg. In: Politische Weichenstellungen im Nachkriegsdeutschland 1945–1953. Hrsg. von Heinrich August Winkler. Göttingen 1979, S. 26–43; Vgl. dazu auch: Wolfgang Rudzio: Das Ringen um die Sozialisierung der Kohlewirtschaft nach dem Zweiten Weltkrieg. In: Glück auf, Kameraden! Die Bergarbeiter und ihre Organisationen in Deutschland. Hrsg. von Hans Mommsen und Ulrich Borsdorf. Köln 1979, S. 367–388; bes.: S. 378 ff.; Christoph Kleßmann und Peter Friedemann: Streiks und Hungermärsche im Ruhrgebiet 1946 bis 1948. Frankfurt a. M. und New York 1977.

[10] Selbst in der Darstellung Theo Pirkers, in der die innen- und außenpolitischen Bedingungen für die gewerkschaftliche Politik eingehend reflektiert werden, findet sich eine ähnliche Einschätzung: Böckler habe nach der Verabschiedung des Montanmitbestimmungsgesetzes wahrscheinlich „an einen Generalangriff auf die herrschende Wirtschaftspolitik gedacht". Theo Pirker: Die blinde Macht. 1. Teil 1945–1952. München 1960, S. 205.

[11] Rudolf Billerbeck: Die Abgeordneten der ersten Landtage (1946–1951) und der Nationalsozialismus. Düsseldorf 1971.

[12] Arnulf Baring: Außenpolitik in Adenauers Kanzlerdemokratie. Bonns Beitrag zur Europäischen Verteidigungsgemeinschaft. München und Wien 1969.

[13] Billerbeck: Die Abgeordneten der ersten Landtage, S. 115. Urheber von Billerbecks These ist A. R. L. Gurland. Diese Mitteilung verdanke ich Jürgen Seifert, der die Gurlandsche These übernommen hat; siehe: Jürgen Seifert: Das Grundgesetz und sechsundzwanzig Gesetze nur Änderung des Grundgesetzes. In: Zwanzig Jahre Grundgesetz. Textausgabe des Grundgesetzes mit sämtlichen Verfassungsänderungen. Hrsg. von Jürgen Seifert. Darmstadt 1969, S. 108 f.; ders.: Linke in der SPD (1945–1968). In: Bernhard Blanke u. a. (Hrsg.): Die Linke im Rechtsstaat. Band 1. Berlin 1976, S. 244 und S. 262.

Für Arnulf Baring besteht ein Zusammenhang zwischen der Mitbestimmung und dem Fehlen einer grundsätzlichen Opposition der Gewerkschaften zur Politik Adenauers: Hans Böckler habe schon seit dem Winter 1949/50 die Wiederbewaffnung Westdeutschlands für unvermeidlich gehalten. Die Sicherung der Montanmitbestimmung sei von Böckler als Gegenleistung der Bundesregierung für die stillschweigende Unterstützung von Adenauers Außen- und Verteidigungspolitik durch die Gewerkschaften angesehen worden.[14] Baring spricht also ebenfalls von einem Kompensationsgeschäft zwischen der Bundesregierung und den Gewerkschaften bezüglich der Montanmitbestimmung; allerdings scheint mir auch Barings Darstellung an diesem Punkt nicht genügend mit empirischem Material abgesichert zu sein.

Die vorliegende Arbeit hat sich zum Ziel gesetzt, den durch die zitierte Literatur aufgeworfenen Fragen nachzugehen. Es geht insbesondere darum, zu überprüfen, ob die DGB-Führung bei den Mitbestimmungsverhandlungen im Januar 1951 ihrerseits Zugeständnisse gegenüber der Bundesregierung bzw. dem Unternehmerlager gemacht oder sich zumindest zu einem Stillhalten bezüglich der Außen- und Wirtschaftspolitik der Bundesregierung verpflichtet hat. Sollten sich diese Hypothesen bestätigen, dann erscheint es freilich zweifelhaft, noch von einem uneingeschränkten Sieg der Gewerkschaften in der Montanmitbestimmung zu reden. Die Vereinbarung vom 25. Januar 1951 wäre demnach nicht als der erste Schritt zu einer möglichen weiteren Demokratisierung anzusehen. Im Gegenteil: Durch die Schaffung einer Sonderregelung für die Montanmitbestimmung wäre die Niederlage der Gewerkschaften bei den Auseinandersetzungen um das Betriebsverfassungsgesetz im Juli 1952 geradezu vorprogrammiert gewesen. Auch müßte bezweifelt werden, ob die bei den Auseinandersetzungen um die Montanmitbestimmung angewandte Form der Mobilisierung der gewerkschaftlichen Basis *schlechthin* als Modell gewerkschaftlichen Kampfes auch unter veränderten politischen Rahmenbedingungen gelten kann.

Während der Durchsicht des Archivmaterials wurde immer deutlicher, daß in erster Linie ein Zusammenhang zwischen der gesetzlichen Regelung der paritätischen Mitbestimmung und Adenauers Politik der Westintegration, vor allem in der Form des Schumanplanes, der die Schaffung eines gemeinsamen Marktes für Kohle, Eisen und Stahl vorsah, bestand. Andererseits waren aber für die politische Durchsetzbarkeit des Schumanplanes in der Bundesrepublik die gleichzeitig durch die Alliierten verfügten Entflechtungsmaßnahmen im Bereich der Kohle-, Eisen- und Stahlindustrie, die – aus deutscher Sicht – den mit dem Schumanplan verbundenen Zielsetzungen geradezu zuwiderliefen, von elementarer Bedeutung. Im Zentrum der Arbeit steht deshalb, neben der Analyse der bei den konkreten Mitbestimmungsverhandlungen im Januar 1951 zutagegetretenen Interessen und Strategien (Kap. III), vor allem der Komplex Schumanplan und Entflechtung bzw. Neuordnung der Montanindustrie (1949/51), soweit er als Bedingungsfaktor für die gesonderte gesetzliche Regelung der Montanmitbestimmung relevant ist (Kap. II, 2).

In dem vorausgehenden Kapitel (II, 1) werden die Initiativen und Verhandlungen von

---

[14] Baring: Außenpolitik in Adenauers Kanzlerdemokratie, S. 197 f.

Bundesregierung, Parteien und Verbänden zur Schaffung einer allgemeinen bundeseinheitlichen Regelung der Mitbestimmung im Jahr 1950 dargestellt. Dies erscheint aus dem Grunde notwendig, weil nach der Konstituierung der Bundesrepublik zunächst von keiner Seite an eine gesonderte gesetzliche Regelung der Mitbestimmung im Montanbereich gedacht worden war. Freilich soll dabei nicht übersehen werden, daß die Wurzeln der Montanmitbestimmung in die unmittelbare Nachkriegszeit zurückreichen. Im ersten Kapitel sollen deshalb die wichtigsten mit der Einführung der Montanmitbestimmung zusammenhängenden Entwicklungslinien im Zeitraum von 1945 bis 1949 skizziert werden.

Während in den Kapiteln I und II die Voraussetzungen für die Sonderregelung der Montanmitbestimmung behandelt werden, sollen in den Kapiteln IV bis VI die – wenngleich größtenteils nur indirekten – Auswirkungen der Montanmitbestimmungsvereinbarung auf die gewerkschaftliche Politik gezeigt werden. Kapitel IV beschäftigt sich mit der grundsätzlichen Zustimmung der DGB-Führung zu der von der Bundesregierung vertretenen Politik der Westintegration. In Kapitel V soll der Zusammenhang von Montanmitbestimmung und Rückgabe des unter Treuhandverwaltung gestellten Eigentums der Montankonzerne an die alten Besitzer dargestellt werden. In Kapitel VI geht es schließlich um die Überprüfung der Hypothese, daß durch die Sonderregelung der Montanmitbestimmung die gewerkschaftliche Niederlage bei den Auseinandersetzungen um das Betriebsverfassungsgesetz von 1952 vorprogrammiert war.

Dieser Untersuchung liegt die Auswertung von überwiegend unveröffentlichtem Archivmaterial zugrunde. Den Schwerpunkt der Quellenarbeit bildeten die im Bundesarchiv (Koblenz) und im DGB-Archiv (Düsseldorf) lagernden Aktenbestände. Von den Akten des Bundesarchivs erwiesen sich insbesondere die Bestände B 136 (Bundeskanzleramt) und B 102 (Bundeswirtschaftsministerium) als ergiebig. Daneben konnten noch die Bestände B 109 (Stahltreuhändervereinigung), B 146 (Bundesministerium für Angelegenheiten des Marshallplans) sowie einige Nachlässe ausgewertet werden.

Als ähnlich informativ, besonders bezüglich des innergewerkschaftlichen Willensbildungsprozesses, erwiesen sich die im DGB-Archiv gesammelten Geschäftsakten des DGB. Da diese sich jedoch noch in überwiegend ungeordnetem Zustand befanden, konnte ihre Auswertung nicht immer systematisch erfolgen. Aus diesem Grund mußte beim Zitieren dieser Akten auf eine genauere Bezeichnung der betreffenden Bestände verzichtet werden. Dies gilt jedoch nicht für die ebenfalls im DGB-Archiv lagernden Protokolle der Sitzungen des geschäftsführenden Vorstandes, des Bundesvorstandes und des Bundesausschusses des DGB.

Zur Ergänzung, vor allem bezüglich der Politik der SPD, konnten einige Aktenbestände und Nachlässe aus dem Archiv der sozialen Demokratie (Bonn – Bad Godesberg) herangezogen werden. Außerdem konnte ich mit den Herren Herbert Kriedemann, Friedrich Heine und Erich Potthoff Gespräche über die dargelegte Problematik führen; die dabei geäußerten Einschätzungen sind zum Teil in die vorliegende Arbeit eingegangen. Aus zeitlichen Gründen konnten jedoch die seit kurzem zugänglichen Akten der Alliierten Hohen Kommission für diese Untersuchung noch nicht berücksichtigt werden.

Bezüglich des Aussagewertes der Quellen müssen jedoch Einschränkungen gemacht werden: Die überlieferten Akten stellen selbst schon eine Art Substrat der tatsächlichen politischen Interessen, Strategien und Abmachungen dar; sie sind bereits durch den Filter sprachlicher Formulierungen mehr oder weniger zurechtgebogen worden. So geben z. B. die zur Verfügung stehenden Verhandlungsprotokolle nur in den seltensten Fällen den genauen Verlauf der Verhandlungen wieder, sondern sie beschränken sich meistens auf die Wiedergabe der wesentlichen Verhandlungspunkte, häufig auch nur der erzielten Ergebnisse. Wichtige Absprachen, beispielsweise zwischen Bundeskanzler Adenauer und DGB-Vorsitzendem Böckler, sind vermutlich überhaupt nicht schriftlich fixiert worden; ihr Inhalt kann deshalb nur annähernd aus dem Gesamtkontext erschlossen werden.

Zum Schluß dieser Einleitung sei noch auf eine terminologische Schwierigkeit hingewiesen: Wenn in dieser Arbeit von „den Gewerkschaften" gesprochen wird, so impliziert das nicht die Vorstellung eines geschlossenen, widerspruchslosen Blocks, in dem alle Beteiligten quasi mit einer Stimme sprächen; dem würde bereits die Tatsache widersprechen, daß die gewerkschaftlichen Organisationen in den Jahren 1945/46 überwiegend auf lokaler und regionaler Ebene neu gegründet wurden und aus diesem Grunde zunächst teilweise unabhängig voneinander existierten. Der etwas pauschale Begriff „die Gewerkschaften" wird hier eher im Sinne eines gewerkschaftlichen common sense oder einer innerhalb der Gewerkschaften dominierenden Position verwendet, zumal dann, wenn die Initiatoren oder Träger dieser Position nicht konkret erfaßbar sind; bezogen auf das Thema dieser Arbeit wird es sich dabei überwiegend um die Führungsspitze der IG Metall und der IG Bergbau, sowie insbesondere um die DGB-Führung und ihre organisatorischen Vorläufer handeln.[15]

---

[15] Es ist im Rahmen dieser Arbeit nur punktuell möglich, den innergewerkschaftlichen Willensbildungsprozeß, vor allem das Verhältnis der gewerkschaftlichen Basis bzw. der Betriebsräte zu den Gewerkschaftsführungen zu analysieren. In letzter Zeit lassen sich allerdings verstärkt Ansätze der wissenschaftlichen Erforschung dieses Problembereiches beobachten. Vgl. dazu: Christoph Kleßmann: Betriebsräte und Gewerkschaften in Deutschland 1945–1952. In: Politische Weichenstellungen, S. 44–73; Siegfried Mielke: Der Wiederaufbau der Gewerkschaften. Legenden und Wirklichkeit. In: Politische Weichenstellungen, S. 74–87; Arbeiterinitiative 1945. Antifaschistische Ausschüsse und Reorganisation der Arbeiterbewegung in Deutschland. Hrsg. von Lutz Niethammer, Ulrich Borsdorf und Peter Brandt. Wuppertal 1976, bes. S. 281 ff.

I. Bedingungsfaktoren für die Einführung der paritätischen Mitbestimmung in der Eisen- und Stahlindustrie 1945–1949

Die paritätische Mitbestimmung verdankte ihre Entstehung der von der britischen Besatzungsmacht durchgeführten Entflechtung der eisen- und stahlerzeugenden Konzerne des Ruhrgebietes in den Jahren 1947/48. Die Entflechtungen selbst waren ein Resultat der Nachkriegspolitik der Westalliierten gegenüber Deutschland. Mit den alliierten Maßnahmen verband sich auf deutscher Seite, vor allem bei den Gewerkschaften, vielfach der Wunsch nach einer grundlegenden Neuordnung, die, nach gewerkschaftlichen Vorstellungen, neben der technisch-organisatorischen und betriebswirtschaftlichen Seite der Entflechtung hauptsächlich eine Neuregelung der Eigentumsverhältnisse und eine „angemessene Beteiligung" der Arbeitnehmerschaft an der Leitung der Betriebe umfassen sollte. Allerdings war der Verwirklichung dieser Vorstellungen durch die Deutschlandpolitik der Westalliierten ein bestimmter Rahmen gesetzt.

1. Zur Programmatik, Organisationsstruktur und Politik der Gewerkschaften nach 1945

Im folgenden sollen die wichtigsten Grundzüge der gewerkschaftlichen Theorie und Praxis in den ersten Nachkriegsjahren skizziert werden. Dabei soll deutlich gemacht werden, von welchen Prämissen die gewerkschaftliche Politik in den Fragen der Mitbestimmung und Betriebsverfassung sowie in den mit der Neuordnung der Montanindustrie zusammenhängenden Fragen bestimmt wurde.

Das Selbstverständnis der Gewerkschaften in den ersten Nachkriegsjahren wurde wesentlich geprägt durch die Annahme, daß mit der Niederlage des Nationalsozialismus auch das kapitalistische Wirtschaftssystem zusammengebrochen sei. In diesem Sinn äußerte sich Hans Böckler im März 1946: „Der Kapitalismus liegt in seinen letzten Zügen [. . .]. Wir haben nicht mehr den alten Klassengegner uns gegenüber."[1] Böckler gab damit einer Stimmung Ausdruck, die in der westdeutschen Arbeiterschaft, aber auch bei einem großen Teil der Intellektuellen, damals weite Verbreitung gefunden hatte: Das Bewußtsein, daß zwischen Faschismus und Kapitalismus Zusammenhänge bestanden, daß es eine Interessenparallelität von nationalsozialistischer Rüstungspolitik und den Profitinteressen vor allem der Ruhrkonzerne gab und daß mit der Niederlage des Nationalsozialismus sich auch der Kapitalismus endgültig diskreditiert habe. Diese weitverbreitete antikapitalistische Grundstimmung schlug sich in Form von Vergesell-

---

[1] Protokoll der ersten Gewerkschaftskonferenz der britischen Zone vom 12. bis 14. März 1946. O. O., o. J., S. 18 f.

schaftungsforderungen – freilich unterschiedlichen Bedeutungsgehaltes – in zahlreichen Parteiprogrammen der Jahre 1945–1947 nieder. Beispiele hierfür waren nicht nur in den Reihen der traditionellen Arbeiterparteien zu finden.

Der These vom „Ende des Kapitalismus" entsprach die Vorstellung, den Gewerkschaften käme beim Wiederaufbau der Wirtschaft eine zentrale Rolle zu.[2] Im Zentrum der gewerkschaftlichen Programmatik standen deshalb Forderungen, die auf eine Veränderung der gesellschaftlichen und ökonomischen Strukturen hinausliefen und mit dem Begriff „Wirtschaftsdemokratie" bezeichnet wurden. Begünstigt wurde diese Orientierung auf gesellschaftspolitische Globalaspekte durch die Tatsache, daß die Gewerkschaften aufgrund des von den alliierten Militärregierungen verfügten Lohnstopps von ihrem traditionellen Betätigungsfeld, der Tarifpolitik, weitgehend abgeschnitten waren.

Das Konzept der Wirtschaftsdemokratie ging auf Diskussionen zurück, die bereits in den zwanziger Jahren in der SPD und in der sozialdemokratischen Gewerkschaftsbewegung geführt und in Fritz Naphtalis' 1928 erschienenem Buch „Wirtschaftsdemokratie – Ihr Wesen, Weg und Ziel" zusammengefaßt wurden.[3] Ausgangspunkt dieses Konzepts war die Erfahrung, daß es der Arbeiterschaft nach dem Ersten Weltkrieg in Deutschland nicht gelungen war, das kapitalistische Wirtschaftssystem abzuschaffen; der Kapitalismus hatte sich als zählebiger erwiesen, als dies nach orthodox-marxistischen Zusammenbruchstheorien hätte der Fall sein dürfen. Andererseits schien der parlamentarisch-demokratische Weimarer Staat Ansatzpunkte für die Durchsetzung struktureller Reformen im Bereich des Wirtschaftssystems zu bieten. Die Realisierung der Wirtschaftsdemokratie wurde dabei nicht als Endziel des Kampfes der Arbeiterschaft, sondern als Mittel und Weg zur Verwirklichung des Sozialismus angesehen.[4] Hinter diesem Konzept stand also die Auffassung, „daß der Kapitalismus, bevor er gebrochen wird, auch gebogen werden kann".[5] Der politischen Demokratie kam die Funktion zu, die Bildung von parlamentarischen Mehrheiten für die angestrebten strukturellen Reformen zu ermöglichen. Mit dieser Auffassung grenzte sich das Konzept der Wirtschaftsdemokratie vom leninistischen Modell der Transformation der Gesellschaftsordnung durch revolutionäre Minderheiten, und damit von der Politik der KPD, ab.[6] Die Demokratisierung der Wirtschaft sollte sich auf verschiedenen Ebenen vollziehen: Einmal durch die Demokratisierung der Wirtschaftsführung. Dazu gehörte die Unterordnung der monopolistischen Unternehmen unter das Gemeinschaftsinteresse, die durch staatliche Kontrollen und durch den Aufbau von Selbstverwaltungskörpern, in denen auch die Gewerkschaften Sitz und Stimme haben sollten,

---

[2] So auch die Einschätzung von Peter Brandt in seinen Ausführungen über die Reorganisation der Gewerkschaften, in: Arbeiterinitiative 1945, S. 690 f.

[3] Fritz Naphtali: Wirtschaftsdemokratie – Ihr Wesen, Weg und Ziel. Frankfurt a. M. 1966 (Neuauflage). Zum Problem der Wirtschaftsdemokratie: Rudolf Kuda: Das Konzept der Wirtschaftsdemokratie. In: Vom Sozialistengesetz zur Mitbestimmung, S. 253–274.

[4] Naphtali: Wirtschaftsdemokratie, S. 16.

[5] Ebenda, S. 19.

[6] Kuda, in: Vom Sozialistengesetz zur Mitbestimmung, S. 270.

gewährleistet werden sollte. Ferner sollte durch die Ausdehnung der öffentlichen Betriebe und der Selbsthilfeorganisationen der Arbeitnehmer, wie z. B. Konsumgenossenschaften, eine wirtschaftliche Gegenmacht gegen die Privatwirtschaft geschaffen werden. Weiterhin sollte die Demokratisierung der Wirtschaft in der Form der kollektiven Interessenvertretung der Arbeiter auf überbetrieblicher Ebene durch die Gewerkschaften und auf betrieblicher Ebene durch die Betriebsräte realisiert werden. Insgesamt wurde mit dem Konzept der Wirtschaftsdemokratie eine Demokratisierung „von oben", also über den Staat und die marktbeherrschenden Wirtschaftsorganisationen, angestrebt; die Ebene der einzelnen Betriebe spielte demgegenüber nur eine nachgeordnete Rolle.[7]

Die programmatische Neuorientierung der Gewerkschaften in den ersten Nachkriegsjahren wurde wesentlich von diesem Konzept beeinflußt, was in erster Linie darauf zurückzuführen ist, daß viele der führenden Gewerkschafter der Nachkriegszeit bereits in den sozialdemokratisch orientierten Gewerkschaften der Weimarer Zeit leitende Funktionen innehatten.[8] Die wirtschaftsdemokratischen Vorstellungen fanden in zweifacher Form Eingang in die gewerkschaftlichen Nachkriegsprogramme: Zum einen in der Form der staatlichen Rahmenplanung, die vor allem die Geld- und Kreditpolitik und die Investitionsplanung umfassen sollte unter Beibehaltung bestimmter Marktmechanismen, und zum anderen in der Form der Mitbestimmung. Die Mitbestimmung sollte auf der überbetrieblichen Ebene, als Mitbestimmung in den von Unternehmern und Gewerkschaftern paritätisch besetzten Selbstverwaltungsorganen (z. B. den neuzugründenden regionalen Wirtschaftskammern), und auf der betrieblichen Ebene, als gleichberechtigte Mitwirkung von Betriebsräten und Gewerkschaften in den Aufsichtsorganen der einzelnen Unternehmen, praktiziert werden. Die stärkere Betonung der betrieblichen Mitbestimmung stellte zweifellos eine Erweiterung und Ergänzung des Weimarer Konzepts der Wirtschaftsdemokratie dar.[9] Die Forderung nach betrieblicher Mitbestimmung wurde zum ersten Mal öffentlich auf der 1. Zonenkonferenz der Gewerkschaften in der britischen Zone im August 1946 in Bielefeld erhoben.[10]

Neben die wirtschaftliche Rahmenplanung und die Mitbestimmung trat als drittes Grundelement der gewerkschaftlichen Neuordnungsvorstellungen die Forderung nach Überführung der Grundstoffindustrien (Bergbau, Eisen- und Stahlindustrie, Großchemie) und der Großbanken in Gemeineigentum. Unter Gemeineigentum verstanden die Gewerkschaften – in Abgrenzung zur Verstaatlichung – eine eigentumsrechtliche Konstruktion, die als Eigentümer der Unternehmen den Staat, das Land,

---

[7] Naphtali: Wirtschaftsdemokratie, S. 40.

[8] E. Schmidt: Die verhinderte Neuordnung, S. 48 ff. Zur Rekonstruktion der Gewerkschaften nach 1945 vgl. auch den skizzenhaften Aufsatz von Lutz Niethammer: Rekonstruktion und Desintegration. In: Politische Weichenstellungen, S. 26–43, der m. E. neue und interessante Ansätze enthält. Zum Leben und politischen Wirken von Hans Böckler vgl. Ulrich Borsdorf: Hans Böckler – Arbeit und Leben eines Gewerkschafters von 1875 bis 1945. Köln 1982.

[9] Vgl. dazu: Kleßmann, in: Politische Weichenstellungen, S. 54 und S. 67.

[10] E. Schmidt: Die verhinderte Neuordnung, S. 70 f.

einzelne Kommunen oder gemeinnützige Körperschaften der wirtschaftlichen Selbstverwaltung vorsah.

Diese drei Grundelemente, die in den meisten gewerkschaftlichen Programmen der ersten Nachkriegsjahre zu finden waren und die Grundsubstanz der auf dem Münchner Gründungskongreß des DGB im Oktober 1949 verabschiedeten „Wirtschaftspolitischen Grundsätze" bildeten,[11] wurden als nicht zu trennende Einheit angesehen; sie sollten sich gegenseitig in ihren Funktionen ergänzen.[12] Die gewerkschaftlichen Neuordnungsvorstellungen stellten sich als ein System von abgestuften Kompetenzen und Mitwirkungsrechten auf verschiedenen Stufen des wirtschaftlichen Lebens dar, in dem den Arbeitnehmern und ihren gewerkschaftlichen Organisationen ein starker Einfluß zugedacht war. Damit unterschieden sie sich wesentlich von dem System der stark bürokratisierten Zentralverwaltungswirtschaft sowjetischer Prägung.

Welche Position nahmen nun die Gewerkschaften zur Neuordnung der Montanindustrie, speziell zu der im Potsdamer Abkommen festgelegten und ab August 1946 von der britischen Militärregierung aktiv betriebenen Entflechtung der Ruhrkonzerne, ein? Negativ beurteilten die Gewerkschaften die Tendenz zur Zerstückelung von produktionstechnisch zusammengehörigen Unternehmensteilen; sie befürchteten, daß eine Reihe von zu kleinen und nicht konkurrenzfähigen Unternehmen geschaffen werden sollte. Diese Bedenken fielen jedoch angesichts der positiven Aspekte, die für die Gewerkschaften mit der Entflechtung der Montanindustrie verbunden waren, kaum ins Gewicht: Die Entflechtungsmaßnahmen schienen die Möglichkeit zur Ausschaltung der reaktionären, den Gewerkschaften oft feindlich gegenüberstehenden Unternehmer sowie zur Einführung von gemeinwirtschaftlichen Eigentumsformen und demokratischeren Unternehmensstrukturen zu eröffnen. In der Entflechtung der Konzerne sahen die Gewerkschaften nur die erste Stufe einer umfassenden Neuordnung, in deren weiterem Verlauf die dann in Gemeineigentum überführten Betriebe auf einer höheren Organisationsstufe nach technischen und wirtschaftlichen Kriterien zusammengefaßt werden sollten.[13]

---

[11] Protokoll des Gründungskongresses des Deutschen Gewerkschaftsbundes, 12.–14. 10. 1949 in München. Köln (o. J.).

[12] Zur gewerkschaftlichen Programmatik siehe auch: Dietmar Ross: Gewerkschaften und soziale Demokratie. Von der Richtungs- zur Einheitsgewerkschaft. Untersuchungen zur gewerkschaftlichen Programmatik für den Aufbau einer demokratischen Gesellschaft. Diss. phil. Bonn 1975, bes. S. 386 ff.

[13] Vgl. dazu die detaillierten Ausführungen von Erich Potthoff über die Neuordnung der Montanindustrie auf einer Tagung von Vertretern der Schwerindustrie und der Gewerkschaften am 14. 5. 1946 beim Oberpräsidenten der Rhein-Provinz, Dr. Lehr. Erich Potthoff: Die Sozialisierung der monopolisierten Montanindustrie unter besonderer Berücksichtigung des Bergbaus. Manuskript, DGB-Archiv. Dazu auch: Potthoff: Der Kampf um die Montanmitbestimmung, S. 32 f. Potthoff war 1946–1949 und 1952–1956 Leiter des Wirtschaftswissenschaftlichen Institutes der Gewerkschaften und 1949–1952 Mitglied der Stahltreuhändervereinigung; er kann als Experte der mit der Neuordnung der Montanindustrie zusammenhängenden Fragen gelten. Sein Konzept hat vermutlich die gewerkschaftlichen Vorstellungen erheblich beeinflußt, zumal Potthoff auch Vorsitzender des Wirtschaftspolitischen Ausschusses der Gewerkschaften der britischen Zone 1945/46 war, in dem Vor-

Die hier dargestellte Neuordnungskonzeption kann als eine Art programmatischer Rahmen angesehen werden, an dem sich die gewerkschaftliche Politik orientieren sollte. Sie entsprach in erster Linie den Auffassungen der Gruppe um Böckler, also der späteren DGB-Führung. Zwischen den beiden von der Neuordnung tangierten Einzelgewerkschaften, IG Metall und IG Bergbau, gab es jedoch Unterschiede in der Akzentuierung einzelner Programmpunkte. Für die IG Metall standen spätestens seit 1947 die Aspekte der Mitbestimmung im Zentrum ihrer Aktivitäten. Das hatte seinen Grund darin, daß die IG Metall an der in den entflochtenen Betrieben der Eisen- und Stahlindustrie praktizierten Mitbestimmung maßgeblich beteiligt war und von daher über im wesentlichen positive Erfahrungen verfügte.[14] Die Durchsetzung der Mitbestimmung in den übrigen Industriezweigen nach dem Montanmodell wurde infolgedessen mehr und mehr zum primären Ziel der IG Metall. In den Neuordnungsvorstellungen der IG Bergbau spielte dagegen die Mitbestimmung auf Unternehmensebene nur eine untergeordnete Rolle. Vorrangiges Ziel war die Überführung der Bergwerksgesellschaften in Gemeineigentum, die Zusammenfassung einzelner Gesellschaften zu wirtschaftlich optimalen Einheiten und die Bildung einer Bergbau-Einheitsgesellschaft, die Koordinations- und Planungsfunktionen im Bereich der Produktion, der Investitionen und des Absatzes innehaben sollte. Die IG Bergbau stellte also die Schaffung von Voraussetzungen für eine rationelle Unternehmens- und Investitionspolitik in den Mittelpunkt ihrer Aktivitäten; die Mitbestimmung war nur insofern Bestandteil ihrer Politik, als die geforderte Bergbau-Einheitsgesellschaft bzw. ähnlich strukturierte Leitungsorgane in ihrer Spitze paritätisch besetzt sein sollten.[15] Zu einer breiteren Unterstützung der Forderungen nach paritätischer Mitbestimmung auf Unternehmensebene kam es bei der IG Bergbau erst im Zusammenhang mit den Auseinandersetzungen um die gesetzliche Regelung der Montanmitbestimmung zur Jahreswende 1950/51, aber auch hier waren die treibenden Kräfte die DGB-Führung und die IG Metall.

Die Neuordnungsvorstellungen der Gewerkschaften lassen sich, trotz unterschiedlicher Gewichtung einzelner Programmpunkte bei verschiedenen Einzelgewerkschaften, insgesamt als Kompromiß der drei im DGB vertretenen politischen Richtungen – Sozialdemokraten, Kommunisten und christliche Gewerkschafter – interpretieren. Dieser Kompromiß war am weitgehendsten den Vorstellungen der SPD angenähert, die Unterschiede lagen in dem stärkeren Gewicht, das die SPD der Sozialisierung und den planwirtschaftlichen Elementen beimaß. Die kommunistischen Gewerkschafter kritisierten den partnerschaftlichen Geist der Mitbestimmung und forderten eine Aus-

---

schläge zur Neuordnung der Wirtschaft ausgearbeitet wurden. Dazu: E. Schmidt: Die verhinderte Neuordnung, S. 69, Anm. 188.

[14] Martin Martiny: Die Durchsetzung der Mitbestimmung im deutschen Bergbau. In: Glück auf, Kameraden!, S. 397 f.

[15] Ebenda, S. 399 ff. Von ihrem Aufgabenbereich her erfüllte die im November 1947 gegründete „Deutsche Kohlenbergbauleitung" (DKBL) zum Teil die gewerkschaftlichen Forderungen, nicht jedoch vom Aspekt der Mitbestimmung. Die DKBL war an ihrer Spitze im wesentlichen autokratisch strukturiert, wobei die Vertreter der alten Bergwerksgesellschaften eindeutig die Oberhand hatten. Die Gewerkschaften forderten folgerichtig einen stärkeren Einfluß in Form der paritätischen Mitbestimmung. (Auf die DKBL wird an späterer Stelle der Arbeit eingegangen.)

weitung der Sozialisierungsmaßnahmen und der Kompetenzen der Planungsbehörden; die christlichen Gewerkschafter warnten dagegen gerade vor einer Ausweitung dieser Programmpunkte, weil sie dahinter die Gefahr der Bürokratisierung und des Kollektivismus befürchteten.[16] Obwohl diese unterschiedlichen Auffassungen bestanden, gelang es im Laufe des Konstitutionsprozesses des DGB, in Form der wirtschaftsdemokratischen Vorstellungen einen verbindlichen Minimalkonsens zu formulieren.

Damit ist bereits ein weiteres Element genannt, das die Politik der Gewerkschaften nach 1945 wesentlich bestimmte: Der Anspruch des DGB, eine „Einheitsgewerkschaft" zu sein, die die früheren Richtungsgewerkschaften in einer Organisation vereinigt und in parteipolitischen Angelegenheiten neutral auftritt.[17] Tendenzen zum Zusammenschluß der alten Richtungsgewerkschaften hatte es bereits 1933 gegeben, allerdings unter deutlichem Vorzeichen der Anpassung an nationalsozialistische Vorstellungen;[18] die Erfahrungen im Nationalsozialismus und in der Emigration hatten darüberhinaus bei vielen alten Gewerkschaftern den Wunsch nach Überwindung der ehemals parteipolitischen Rivalitäten verstärkt, so daß nach 1945 ein relativ breites Potential für den Aufbau einer Einheitsgewerkschaft existierte. Die trotz mancher Schwierigkeiten seitens der Alliierten und auch aus den eigenen Reihen durchgesetzte – wenn auch gegenüber den ursprünglichen Vorstellungen reduzierte – Einheitsgewerkschaft[19] wurde als „epochaler Fortschritt in der deutschen Gewerkschaftsgeschichte"[20] angesehen. Die Wahrung der politischen Einheit galt in der Folge als eine der wichtigsten gewerkschaftlichen Aufgaben, die die Strategie des DGB nicht unbeträchtlich beeinflußte.

Allerdings bestand die Einheit von Sozialdemokraten, Kommunisten und Christen in der politischen Praxis der Gewerkschaften nur begrenzte Zeit. Bedingt hauptsächlich durch den sich verschärfenden Ost-West-Gegensatz, gerieten die Kommunisten ab

---

[16] Ross, Gewerkschaften und soziale Demokratie, S. 387 f.

[17] Der in der ersten Aufbauphase der Gewerkschaften (1945–47) verwendete Begriff „Einheitsgewerkschaft" wurde eigentlich in umfassenderem Sinn verwendet: Im Sinne einer einheitlichen gewerkschaftlichen Organisation aller Arbeitnehmer, also auch der Angestellten und Beamten, sowie im Sinne einer stärkeren Zentralisierung der Gewerkschaften. Beide Momente konnten beim Aufbau des DGB nicht realisiert werden, im Zusammenhang mit dieser Arbeit sind sie nicht relevant.

[18] Vgl. dazu: Hans Mommsen: Die deutschen Gewerkschaften zwischen Anpassung und Widerstand 1930–1944. In: Vom Sozialistengesetz zur Mitbestimmung, S. 275–299; Gerhard Beier: Einheitsgewerkschaft. Zur Geschichte eines organisatorischen Prinzips der deutschen Arbeiterbewegung. In: AfS XIII (1973), S. 207–242.

[19] Ulrich Borsdorf: Der Weg zur Einheitsgewerkschaft. In: Arbeiterbewegung an Rhein und Ruhr. Hrsg. von Jürgen Reulecke. Wuppertal 1974, S. 385–413; Grundlagen der Einheitsgewerkschaft. Hrsg. von Ulrich Borsdorf, Hans O. Hemmer und Martin Martiny. Frankfurt a. M. 1977 (mit Dokumenten und Materialien); Jürgen Klein: Vereint sind sie alles? Untersuchungen zur Entstehung von Einheitsgewerkschaften in Deutschland. Von der Weimarer Republik bis 1945/47. Hamburg 1972. Zum Problem der Einheitsgewerkschaft in Deutschland im Vergleich zu anderen westeuropäischen Staaten: Lutz Niethammer: Strukturreform und Wachstumspakt. Westeuropäische Bedingungen der einheitsgewerkschaftlichen Bewegung nach dem Zusammenbruch des Faschismus. In: Vom Sozialistengesetz zur Mitbestimmung, S. 303–358.

[20] Niethammer: Rekonstruktion und Desintegration. In: Politische Weichenstellungen, S. 39 f.

1947/48 in immer größere Isolation, so daß sich die Einheit des DGB de facto auf die Zusammenarbeit der Sozialdemokraten als zahlenmäßig größtem Teil mit den sich in der Minderheit befindenden christlichen Gewerkschaftern reduzierte.[21] Der Anspruch auf politische Einheit wurde dadurch jedoch nicht in Frage gestellt. Böckler, der als entschiedener Befürworter der Einheitsgewerkschaft gelten kann, war wahrscheinlich eher bereit, auf die politischen Bindungen der christlichen Gewerkschafter an die CDU/CSU Rücksicht zu nehmen, als eine Gefährdung des Prinzips der Einheitsgewerkschaft zu riskieren.

Der hohe Stellenwert des Prinzips der Einheitsgewerkschaft muß auch als Teilaspekt der für die Reorganisation der Gewerkschaften nach 1945 charakteristischen Tendenz zum Aufbau von starken, zentralistischen Organisationen angesehen werden. Nach einer kurzen Phase der Bildung von antifaschistischen Ausschüssen und lokalen Einheitsgewerkschaften nach dem Zusammenbruch des Nationalsozialismus setzte bereits im Sommer 1945 der Wiederaufbau von gewerkschaftlichen Großorganisationen ein.[22] Trotz zahlreicher Interventionen der Militärregierungen, die zunächst nur dezentralisierte Formen gewerkschaftlicher Organisationen zulassen wollten,[23] setzten sich schließlich, angeführt von der Gruppe um Hans Böckler (Köln), diejenigen Kräfte durch, die den Aufbau der Gewerkschaften „von oben" vorantrieben.[24] Zusammenfassend kann festgestellt werden, daß die Reorganisation der Gewerkschaften im wesentlichen unter der Führung alter, in der Weimarer Gewerkschaftsbewegung aktiv gewesener Spitzenfunktionäre[25] und in Anknüpfung an traditionelle Organisationsmuster erfolgte.[26]

Eine strukturell ähnliche Tendenz manifestierte sich im Verhältnis der Gewerkschaften zu den Betriebsräten. Die Gewerkschaften verzichteten weitgehend darauf, die Position der Betriebsräte zu stärken und damit die gewerkschaftliche Politik an der betrieblichen Basis zu verankern.[27] Nicht die Unterstützung und Weiterführung betrieblichen Konfliktpotentials stand im Mittelpunkt der gewerkschaftlichen Politik, sondern eher dessen Kanalisierung und Integration in institutionelle Zusammenhänge. Als Grund dafür ist die relativ bruchlos erfolgte Übernahme wichtiger Elemente des zentralistisch orientierten Konzeptes der Wirtschaftsdemokratie aus der Weimarer Zeit zu

---

[21] Niethammer: Strukturreform und Wachstumspakt, in: Vom Sozialistengesetz zur Mitbestimmung, S. 344 ff.

[22] Niethammer: Rekonstruktion und Desintegration, in: Politische Weichenstellungen, S. 36; Arbeiterinitiative 1945, S. 302 ff.

[23] Borsdorf, in: Arbeiterbewegung an Rhein und Ruhr, S. 402 ff. Zum Einfluß der Alliierten auf die westdeutschen Gewerkschaften siehe auch: Rolf Steininger: England und die deutsche Gewerkschaftsbewegung 1945/46. In: AfS XVIII (1978), S. 41–118; Michael Fichter: Besatzungsmacht und Gewerkschaften. Zur Entwicklung und Anwendung der US-Gewerkschaftspolitik in Deutschland 1944–1948. Opladen 1982.

[24] Borsdorf, in: Arbeiterbewegung an Rhein und Ruhr, S. 404 ff. und Mielke, in: Politische Weichenstellungen, passim.

[25] E. Schmidt: Die verhinderte Neuordnung, S. 48 ff.

[26] Arbeiterinitiative 1945, S. 303 f.

[27] Limmer: Die deutsche Gewerkschaftsbewegung, S. 93; Pirker: Die blinde Macht, 1. Teil, S. 116 f.

nennen; dies hatte das „Fehlen eines politischen Programms der Arbeiterbewegung in Deutschland, das den Betrieb zum Mittelpunkt hat und vom Betrieb ausgeht"[28] zur Folge. Ein weiterer Grund ist in der Furcht der führenden Gewerkschafter vor einem zu radikalen und nur schwer zu kontrollierenden Betriebsrätepotential zu sehen.[29] Die entscheidenden Impulse für gewerkschaftliche Aktionen gingen von den Führungsgremien aus, die Mitgliederbasis in den Betrieben hatte weitgehend nur nachrangige Bedeutung.

Das Ziel, das hinter diesen Auffassungen von gewerkschaftlicher Politik stand, war, die Gewerkschaften zu einem möglichst geschlossenen gesellschaftlichen Machtblock auszubauen. Gegen ihren Willen und ohne ihre Mitarbeit sollte eine Neuordnung der wirtschaftlichen und gesellschaftlichen Strukturen nicht möglich sein. Dieses Selbstverständnis schloß ausdrücklich die Anerkennung der Spielregeln des bürgerlich-parlamentarischen Staates ein: Politische Entscheidungen, auch wenn sie unmittelbare Belange der Arbeitnehmer und ihrer Gewerkschaften betrafen, mußten von der Mehrheit der Abgeordneten getragen werden. Für die Gewerkschaften kam es darauf an, Bündnispartner auch außerhalb der organisierten Arbeiterschaft zu finden, die die Realisierung der gewerkschaftlichen Vorstellungen auf dem Weg der Reformgesetzgebung unterstützten.

Als Bündnispartner in diesem Sinn sahen die Gewerkschaften die britische Besatzungsmacht an, deren Labour-Regierung den gewerkschaftlichen Forderungen aufgeschlossen gegenüberstand. Nach der Bildung der Bizone zeigte sich allerdings sehr bald, daß die Briten die in sie gesetzten Erwartungen nicht erfüllen konnten, da die USA als nun dominierende Besatzungsmacht alle Maßnahmen, die der beabsichtigten Rekonstruktion eines privat-kapitalistischen Wirtschaftssystems zuwiderliefen, zu verhindern wußten. Einen weiteren Bündnispartner stellte die SPD dar. Zweifellos hätte es am weitgehendsten den Interessen des größten Teils der Gewerkschaften entsprochen, wenn die SPD in den Parlamenten – und das galt besonders für die Wahl zum ersten Bundestag am 14. August 1949 – die absolute Mehrheit der Abgeordnetensitze erreicht hätte. Auf diese Weise hätte zumindest ein Teil der von den Gewerkschaften geforderten Strukturreformen parlamentarisch durchgesetzt werden können. Allerdings war die Politik der Gewerkschaften auch nicht völlig einseitig auf parlamentarische Mehrheiten der SPD fixiert. Entsprechend der einheitsgewerkschaftlichen Struktur erhofften sich die Gewerkschaften eine Unterstützung ihrer Forderungen durch Abgeordnete des linken Flügels der CDU. Aus diesem Grund befürwortete ein Teil der zur SPD tendierenden Spitzenfunktionäre des DGB eine Zusammenarbeit von CDU und SPD, wie sie in Nordrhein-Westfalen mit der „großen Koalition" von CDU, SPD und Zentrum unter Ministerpräsident Arnold praktiziert wurde.[30]

---

[28] Pirker, ebenda, S. 117.

[29] Kleßmann, in: Politische Weichenstellungen, S. 61.

[30] Bei den parlamentarischen Verhandlungen um das Gesetz zur Sozialisierung des nordrhein-westfälischen Kohlenbergbaus 1947/48 kam es zu einer teilweise erfolgreichen Zusammenarbeit von SPD und linker CDU; Rudzio, in: Glück auf, Kameraden!, S. 384, spricht von der Bildung einer „Gewerkschaftsachse, die SPD und CDU (oder Teile von dieser) miteinander verband".

Insgesamt war die Politik der Gewerkschaften in den ersten Nachkriegsjahren durch eine relativ pragmatische Orientierung und durch die Bereitschaft zur partnerschaftlichen Zusammenarbeit gekennzeichnet. Beispiele dafür waren die konstruktive Mitarbeit bei den von den Alliierten durchgesetzten Entflechtungsmaßnahmen in der Montanindustrie sowie vor allem die Zustimmung zum Marshallplan in den Jahren 1947/48. Die von Böckler aus Anlaß der Diskussionen um den Marshallplan formulierte Alternative, nach der die Gewerkschaften vor der Wahl ständen, sich entweder zu „Kampforganisationen" gegen eine auf die Rekonstruktion des Kapitalismus abzielende Wirtschaftspolitik zu entwickeln oder die Durchsetzung „gewerkschaftlicher Grundsätze" auf dem Weg der Kooperation anzustreben,[31] wurde spätestens mit der Annahme des Marshallplans zugunsten der letzteren Möglichkeit entschieden. Der eintägige Streik vom 12. November 1948 ist demgegenüber eher als Ausnahme zu werten.[32] Hinter der Politik der Gewerkschaften verbarg sich die Erwartung, daß es möglich sei, für eine Unterstützung von Produktionssteigerungen und wirtschaftlichem Wachstum als Gegenleistung umfangreiche Reformen im Bereich der Eigentumsverhältnisse und der Mitbestimmung einzuhandeln.[33] Freilich war der Erfolg dieses Konzeptes zu einem wesentlichen Teil von der Politik der Besatzungsmächte abhängig.

2. Grundzüge der Wirtschaftspolitik der Westalliierten bezüglich der Sozialisierung der Ruhrindustrie

Ausgangspunkt der Kontroll- und Entflechtungspolitik der britischen Besatzungsmacht war das „Potsdamer Abkommen"[34] vom 2. August 1945, auf das sich die drei Siegermächte UdSSR, USA und Großbritannien geeinigt hatten. Bezüglich der Ruhrkonzerne waren vor allem die folgenden Grundsätze von Bedeutung:

- Abrüstung und Entmilitarisierung Deutschlands, Ausschaltung der für die Kriegsproduktion benutzbaren Industrien (Politische Grundsätze 3, I)
- Verbot der Herstellung von Kriegsmaterialien, Überwachung der Produktion von Metallen und Chemikalien, die für die Kriegswirtschaft als notwendig erachtet wurden (Wirtschaftliche Grundsätze 11)
- Dezentralisierung des deutschen Wirtschaftslebens, insbesondere Auflösung von

---

[31] Böckler formulierte diese Alternative in der Sitzung des Bundesvorstands und Beirats des DGB (britische Zone) am 18./19.8.1947. Zit. nach: Ulrich Borsdorf: Erkaufte Spaltung. Der Marshallplan und die Auseinandersetzung um die deutschen Gewerkschaften. Vortrag, gehalten auf der Essener Konferenz „Marshall-Plan und europäische Linke" vom 8.7. bis 11.7.1977 (Masch. Manuskript).

[32] Vgl. dazu: Gerhard Beier: Der Demonstrations- und Generalstreik vom 12. November 1948. Frankfurt a.M. 1975.

[33] Niethammer: Wachstumspakt und Strukturreform, in: Vom Sozialistengesetz zur Mitbestimmung, passim.

[34] Amtliche Verlautbarung über die Konferenz von Potsdam vom 17. Juli bis 2. August 1945, Potsdam, 2. August 1945, abgedr. bei: Ernst Deuerlein: Die Einheit Deutschlands. Die Erörterungen und Entscheidungen der Kriegs- und Nachkriegskonferenzen 1941–1949. Frankfurt a.M. ²1961, S. 350 ff.

Kartellen, Syndikaten, Trusts und Monopolvereinigungen (Wirtschaftliche Grundsätze 12)

Bei der Formulierung dieser Grundsätze haben vermutlich noch Reste der Morgenthau-Konzeption aus dem Jahr 1944 eine Rolle gespielt,[35] die auf die territoriale Zersplitterung Deutschlands, auf die weitgehende Zerstörung des deutschen Industriepotentials und auf die Umwandlung Deutschlands in einen Agrarstaat abzielte. Andererseits enthielten die Potsdamer Vereinbarungen auch konstruktive Ansätze für eine Wiederbelebung des deutschen Wirtschaftslebens. Deutschland sollte als „Wirtschaftliche Einheit" behandelt werden (Wirtschaftliche Grundsätze 14). Zu diesem Zweck sollten zentrale deutsche Verwaltungsstellen geschaffen werden, die dem alliierten Kontrollrat unterstellt werden sollten. Tatsächlich jedoch scheiterte die Einrichtung von zentralen Verwaltungsstellen sowohl an den bald zutage getretenen Meinungsverschiedenheiten zwischen den USA und der Sowjetunion in der Frage der Reparationslieferungen[36] als auch am Sicherheitsbedürfnis der Franzosen, die jegliche Ansätze zu einer zentralen deutschen Verwaltung verhindern wollten, sofern „sich deren Autorität auch auf das Rheinland und das Ruhrgebiet erstrecken sollte".[37] So blieb es bald den einzelnen Besatzungsmächten überlassen, in ihrer jeweiligen Zone Eingriffe in die Wirtschaftsstruktur nach ihren eigenen Vorstellungen und Interessen zu unternehmen.

Großbritannien verfolgte in seiner Besatzungszone im wesentlichen zwei Ziele:[38] Zum einen sollten Personen, die den Nationalsozialismus aktiv unterstützt hatten, aus den Schaltstellen von Wirtschaft und Verwaltung entfernt werden. Zweitens sollte die industrielle Produktion, vor allem der Kohlenbergbau, möglichst schnell wieder ingang gesetzt werden, damit die Selbstversorgung der Bevölkerung bis zu einem gewissen Grade gesichert und die britischen Nahrungsmittelzuschüsse reduziert werden konnten; das erforderte jedoch die Aufrechterhaltung einer zentralen Wirtschaftsplanung in den ersten beiden Nachkriegsjahren.[39] Beide Ziele trugen dazu bei, daß die britische Militärregierung die wichtigsten Stellen in der Wirtschaftsverwaltung mit Männern besetzte, die planwirtschaftlich orientiert waren, in den meisten Fällen allerdings einer dezentralen Planung und indirekten Lenkungsmethoden – unter dem Einfluß der Keynesianischen Konjunkturtheorie – den Vorzug gaben.[40] Hierbei spielte sicherlich auch die politische Affinität der britischen Labourregierung zu den Anhängern eines planwirtschaftlichen Konzeptes eine Rolle.

---

[35] Thilo Vogelsang: Das geteilte Deutschland. München 1966, S. 22.

[36] E. Schmidt: Die verhinderte Neuordnung, S. 21 ff.

[37] Werner Abelshauser: Wirtschaft in Westdeutschland 1945–1948. Rekonstruktion und Wachstumsbedingungen in der amerikanischen und britischen Zone. Stuttgart 1975, S. 91.

[38] Eine detaillierte Analyse der britischen Politik bezüglich des Ruhrproblems bietet: Rolf Steininger: Die Rhein-Ruhr-Frage im Kontext britischer Deutschlandpolitik 1945/46. In: Politische Weichenstellungen, S. 111–166.

[39] Werner Abelshauser: Die verhinderte Neuordnung? Wirtschaftsordnung und Sozialstaatsprinzip in der Nachkriegszeit. In: Politische Bildung 9/1976, S. 53–72, hier: S. 58.

[40] Ebenda, S. 61 f.

Konkrete Maßnahmen zur Ausschaltung belasteter Unternehmer waren die Verhaftungen von 44 führenden Vertretern des Rheinisch-Westfälischen Kohlensyndikats und von 116 Führungskräften des Bergbaus und der Eisen- und Stahlindustrie im Herbst 1945 wegen ihrer Zusammenarbeit mit den Nationalsozialisten.[41] Am 16. November 1945 beschlagnahmte die britische Militärregierung die Firma Friedrich Krupp, am 22. Dezember 1945 sämtliche Kohlenbergbaugesellschaften, und am 20. August 1946 wurden alle übrigen Eisen- und Stahlunternehmen unter die Kontrolle der britischen Militärregierung gestellt.[42] Damit wurden den früheren Besitzern die Verfügungsrechte über diese Unternehmen entzogen, die Aktien einer treuhänderischen Verwaltung unterstellt.[43]

Die britischen Besatzungsbehörden kündigten im Zusammenhang mit der Beschlagnahme und Kontrolle der Eisen- und Stahlindustrie eine grundlegende Neuordnung der Eigentumsverhältnisse an. In einer Erklärung der britischen Stahlkontrollbehörde vom 20. August 1946 hieß es: „Hauptziel der Kontrolle ist die Sicherstellung einer Verwaltung der gesamten Eisen- und Stahlindustrie in der britischen Zone auf der Basis einer gleichmäßigen Behandlung, solange eine Entscheidung über die Zukunft dieser Industrie noch nicht gefallen ist. In jedem Falle werden die Besitzer enteignet und nie wieder in den Besitz der Werke gelangen."[44] Während in dieser Ankündigung die zukünftigen Eigentumsverhältnisse nur negativ definiert waren, sprach sich der britische Außenminister Bevin am 22. Oktober 1946 vor dem britischen Unterhaus für die Überführung dieser Industriezweige in öffentliches Eigentum aus: „Wir wünschen, daß alle diese Industrien in Zukunft in das Eigentum des deutschen Volkes übergehen und vom deutschen Volke selbst kontrolliert werden. Die rechtliche Form der Sozialisierung und öffentlichen Kontrolle wird jetzt ausgearbeitet. Diese Industrien müssen Eigentum des Volkes sein und vom Volk betrieben werden, unbeschadet der internationalen Kontrolle, durch die die Gewähr dafür gegeben wird, daß sie niemals mehr zu einer Gefahr für die Nachbarn Deutschlands werden ... Wir wollen die deutschen Bestrebungen zur Sozialisierung der Schlüsselindustrien tatkräftig fördern."[45] Verlautbarungen ähnlichen Inhaltes gaben die Vertreter der britischen Besatzungsmacht in den folgenden Monaten bei Verhandlungen mit deutschen Instanzen immer wieder ab.[46] Jedoch fehlte es auch diesen Absichtserklärungen an Klarheit und Verbindlichkeit.[47] In

---

[41] Peter Hüttenberger: Die Anfänge der Gesellschaftspolitik in der britischen Zone. In: VfZ 21 (1973), S. 173.

[42] Die Neuordnung der Eisen- und Stahlindustrie im Gebiet der Bundesrepublik Deutschland. Ein Bericht der Stahltreuhändervereinigung. München und Berlin 1954, S. 62 (im folgenden zitiert: NESI).

[43] Vgl. dazu auch: Steininger, in: Politische Weichenstellungen, S. 138 ff.

[44] Zitiert nach: Potthoff: Der Kampf um die Montanmitbestimmung, S. 34. In ähnlicher Weise äußerte sich auch der Oberbefehlshaber der britischen Besatzungsmacht bei der Bekanntgabe der Kontrollmaßnahmen vor dem alliierten Kontrollrat am 20. 8. 1946. NESI, S. 62.

[45] Zitiert nach: E. Schmidt: Die verhinderte Neuordnung, S. 83.

[46] Im Aktenbestand BA, B 109 („Stahltreuhändervereinigung ...") sind einige Protokolle von Verhandlungen der britischen Militärregierung mit deutschen Verwaltungsstellen, Gewerkschaften und Unternehmern enthalten, aus denen entsprechende Äußerungen hervorgehen.

[47] Abelshauser: Die verhinderte Neuordnung?, S. 59.

der Praxis taten die britischen Besatzungsbehörden kaum etwas, was die Sozialisierung gefördert hätte.[48] Die Entscheidung über die Sozialisierung sollte den künftigen demokratisch legitimierten deutschen Gremien überlassen bleiben, die Briten gedachten dabei allenfalls, „die Rolle eines ermunternden und die alten Eigentumsverhältnisse jedenfalls ausschließenden Paten zu übernehmen".[49]

Die Chancen für die Sozialisierung der Grundstoffindustrien reduzierten sich erheblich mit der amerikanischen Einflußnahme auf die britische Zone nach der Gründung der Bizone. Zunächst allerdings hatte es noch so ausgesehen, als wollten die Amerikaner gegen Sozialisierungen keine Einwände erheben. Am 17. Dezember 1946 erklärte der amerikanische Außenminister Byrnes, daß die USA keine Einwände gegen die von den Briten verfolgten Sozialisierungspläne hätten, sofern diese den Wünschen des deutschen Volkes entsprächen und auf demokratischem Wege verwirklicht würden.[50] Byrnes' Erklärung war vermutlich mehr als ein bloßer propagandistischer Trick; sie entsprach der im State Department zu dieser Zeit noch vorherrschenden Auffassung, daß Verstaatlichungen in gewissem Umfang sogar wünschenswert seien, wobei es allerdings nötig sei, daß sich die Deutschen selbst dafür entschieden.[51] Die Realisierung dieser liberalen Politik scheiterte jedoch am Widerstand des amerikanischen Militärgouverneurs Clay, der sich auf die konservativen Militärs im amerikanischen Kriegs- und Marineministerium stützen konnte. Diese Kreise lehnten Eingriffe in die sozioökonomische Struktur, wie sie durch Sozialisierungen oder durch die Einführung der Mitbestimmung geplant waren, als Ausdruck von Sozialismus und Kommunismus ab.[52]

In den Jahren 1947/48 wurde immer deutlicher, welche Auswirkungen die restriktive Politik Clays in bezug auf die Sozialisierung der Ruhrindustrie hatte. Während die Briten nach Bevins Rede vom 22. Oktober 1946 noch die Rückgabe der beschlagnahmten Kohlenbergwerke in deutsche Hand zum 1. April 1947 angekündigt hatten – worin vor allem die Gewerkschaften einen Ansatzpunkt für die Sozialisierung erblickten –, wurde die Übergabe des Kohlenbergbaus an deutsche Instanzen tatsächlich immer weiter

---

[48] Rudzio, in: Glück auf Kameraden!, S. 385. Vgl. auch Horst Lademacher, Die britische Sozialisierungspolitik im Rhein-Ruhr-Raum 1945–1948. In: Claus Scharf und Hans-Jürgen Schröder (Hrsg.): Die Deutschlandpolitik Großbritanniens und die britische Zone 1945–1949. Wiesbaden 1979; Wolfang Rudzio: Die ausgebliebene Sozialisierung an Rhein und Ruhr. Zur Sozialisierungspolitik von Labour-Regierung und SPD 1945-1948. In: AfS XVIII (1978), S. 1–39.

[49] Ebenda, S. 370.

[50] NESI, S. 698.

[51] Dörte Winkler: Die amerikanische Sozialisierungspolitik in Deutschland 1945–1948. In: Politische Weichenstellungen, S. 93 ff. Entgegen vielen weitverbreiteten Darstellungen, die von einer ab Herbst 1946 eindimensionalen, auf die „Restauration" des Kapitalismus in Deutschland ausgerichteten Politik der USA ausgehen (Beispiele hierfür sind: Huster u. a., U. Schmidt/T. Fichter sowie E. Schmidt), arbeitet D. Winkler in diesem Aufsatz die gegensätzlichen Positionen innerhalb des amerikanischen Regierungslagers, vor allem zwischen Außenministerium und Kriegsministerium (einschließlich der Militärregierung in Deutschland) heraus.

[52] Ebenda, S. 93 ff. und S. 107. Vgl. dazu auch: Rolf Steininger: Reform und Realität. Ruhrfrage und Sozialisierung in der anglo-amerikanischen Deutschlandpolitik 1947/48. In: VfZ 27 (1979), S. 167–241.

hinausgeschoben.[53] Stattdessen beschlossen die Amerikaner und Briten im September 1947, die Kontrolle des Ruhrbergbaus von nun an gemeinsam durchzuführen. Die Vermögenswerte der beschlagnahmten Bergwerksgesellschaften sollten bis auf weiteres von der bereits im September 1945 gegründeten „North German Coal Control" (NGCC) treuhänderisch verwaltet werden. Dieser Kontrollbehörde wurde auf deutscher Seite zur Beratung und für die konkrete Verwaltungstätigkeit die „Deutsche Kohlenbergbau-Leitung" (DKBL) unterstellt, die eigens zu diesem Zweck im November 1947 gegründet wurde. Mit der Weiterführung der alliierten Kontrollen wurde aber ein möglicher „demokratisch legitimierter Sozialisierungszugriff von deutscher Seite" behindert.[54] Darüberhinaus setzten die Amerikaner bei der britischen Militärregierung einen Beschluß durch, wonach die Sozialisierung um fünf Jahre verschoben werden sollte.[55] Damit war eine Vorentscheidung über die künftige Wirtschaftsstruktur, weit über den Bereich des Kohlenbergbaus hinaus, gefallen.[56]

Am 6. August 1948 verabschiedete der nordrhein-westfälische Landtag nach einem mehr als einjährigen Tauziehen[57] ein Gesetz zur Sozialisierung des Kohlenbergbaus mit den Stimmen der SPD, der KPD und des Zentrums bei Stimmenthaltung der CDU. Die britische Besatzungsmacht verweigerte dem Gesetz am 23. August 1948 die Zustimmung.[58] Eine ähnliche Haltung nahm der amerikanische Militärgouverneur General Clay wiederholt ein, so gegenüber den Bestrebungen der hessischen Landesregierung, die Eisen- und Stahlindustrie sowie den Kohlenbergbau zu sozialisieren.[59] Die Begründungen, mit denen die Zustimmungen versagt wurden, waren im Prinzip immer die gleichen: Diese Gesetze beinhalteten so weitreichende und bedeutsame Veränderungen, daß sie nur von einem künftigen zentralen deutschen Parlament, nicht aber von einem einzelnen Länderparlament beschlossen werden könnten. Deshalb müßten die Vermögenswerte sowohl des Kohlenbergbaus als auch der Eisen- und Stahlindustrie bis zur endgültigen Klärung der Eigentumsverhältnisse unter treuhänderischer Verwaltung verbleiben. Der von den Alliierten erzwungene Aufschub einer Entscheidung über die Eigentumsverhältnisse stellte sich jedoch längerfristig, infolge der mehr und mehr zugunsten des bürgerlichen Lagers veränderten Kräfteverhältnisse, als Vorbedingung einer Lösung im Sinne der alten Besitzer dar. Das „Verbot aller Präjudizierungen" präjudizierte – so erscheint es aus der Retrospektive – weitgehend die Rekonstruktion privatwirtschaftlicher Eigentumsstrukturen.[60]

Im formaljuristischen Sinn blieben die Eigentumsverhältnisse in der Montanindustrie

---

[53] Rudzio, in: Glück auf, Kameraden!, S. 375 f.
[54] Ebenda, S. 376.
[55] John Gimbel: Amerikanische Besatzungspolitik in Deutschland 1945–1949. Frankfurt a. M. 1971, S. 206 ff. Vgl. dazu auch: Hans-Hermann Hartwich: Sozialstaatspostulat und gesellschaftlicher status quo. Köln, Opladen 1970, S. 79.
[56] Abelshauser: Die verhinderte Neuordnung?, S. 67.
[57] Rudzio, in: Glück auf, Kameraden!, S. 380 ff.
[58] E. Schmidt: Die verhinderte Neuordnung, S. 150 ff.
[59] Gimbel: Amerikanische Besatzungspolitik, S. 159 und 225 f.
[60] Hartwich: Sozialstaatspostulat, S. 68.

allerdings bis zum Mai 1951 offen. Zu diesem Zeitpunkt fiel die Entscheidung der Alliierten Hohen Kommission nach Absprache mit Bundeskanzler Adenauer, die beschlagnahmten Vermögenswerte der Eisen- und Stahlindustrie und des Kohlenbergbaus unter bestimmten Auflagen an die alten Eigentümer zurückzugeben. Die These von der Politik der Präjudizierung durch das Verbot aller Präjudizierungen sollte deshalb nicht so verstanden werden, daß bereits 1948 *alle* möglichen Hemmnisse für eine Rekonstruktion der alten Eigentumsverhältnisse beseitigt gewesen seien. Daß sich die Rückgabe der Vermögenswerte schließlich unter weitgehender Ausschaltung der parlamentarischen Instanzen und ohne nennenswerten Widerstand seitens der Arbeiterparteien und der Gewerkschaften vollziehen konnte – dafür waren die bis zum Jahr 1952 gewandelten politischen Verhältnisse, insbesondere der Beitritt der Bundesrepublik zur Montanunion, und in diesem Zusammenhang die Konzentration der Politik der DGB-Führung auf die Durchsetzung der paritätischen Mitbestimmung, von wesentlicher Bedeutung.

3. Die Entflechtung der Konzerne und die Einführung der paritätischen Mitbestimmung

Unabhängig von der Frage der künftigen Eigentumsverhältnisse setzte die britische Besatzungsmacht ab 1946 die Entflechtung der Montankonzerne durch. In welchem Maß waren nun diese Konzerne miteinander verflochten, so daß sie unter Artikel 12 der wirtschaftlichen Grundsätze des Potsdamer Abkommens fielen, der die „Vernichtung der bestehenden übermäßigen Konzentration der Wirtschaftskraft" verlangte? Gemessen an den übrigen kontinentaleuropäischen Ländern befand sich im Gebiet der heutigen Bundesrepublik die größte räumliche Konzentration der Schwerindustrie: 1938 entfielen 54,6%, 1952 37,8% der Rohstahlerzeugung der in der Montanindustrie zusammengeschlossenen Länder auf die im heutigen Bundesgebiet (ohne Saarland) liegenden Unternehmen. Die Ruhrkonzerne erzeugten im Jahr 1929 81% des gesamten im damaligen Deutschland hergestellten Rohstahls.[61] 72,7% der deutschen Rohstahlerzeugung des Jahres 1938 stammten aus den folgenden sechs Konzernen:[62]

Vereinigte Stahlwerke AG[63]	: 38,7%
Friedrich Krupp AG	: 10,5%
Hoesch AG	: 6,4%
Gutehoffnungshütte Oberhausen AG	: 6,5%
Klöckner Werke AG	: 5,4%
Mannesmannröhrenwerke AG	: 5,2%

[61] NESI, S. 3.

[62] Kurt Pritzkoleit: Männer, Mächte, Monopole. Hinter den Türen der westdeutschen Wirtschaft. Düsseldorf 1953, S. 196.

[63] Die Vereinigten Stahlwerke wurden 1926 durch Zusammenschluß von vier Montangruppen gegründet: Thyssen, Rheinstahl, Phoenix und Rhein-Elbe-Union. NESI, S. 19. Die Vereinigte Stahl-

Der eigentumsmäßige Anteil der Eisen- und Stahlkonzerne an der Steinkohlenförderung betrug im Jahr 1944 insgesamt ca. 55%, allein die Vereinigten Stahlwerke waren über die Gelsenkirchener Bergwerks-AG (GBAG), in der ihre Bergbauinteressen zusammengefaßt waren, mit knapp 19% an der Steinkohlenförderung beteiligt. Von 145 Zechen des Ruhrgebietes gehörten 23 zur GBAG.[64] Die konzerngebundenen Zechen produzierten zusammen über das Doppelte der für die Eisen- und Stahlproduktion ihrer Muttergesellschaften benötigten Kohle.[65] Nur 45% der Zechen des Ruhrgebietes waren „freie" Zechen, d. h. sie waren nicht mit den Konzernen verbunden. Der enorme Konzentrationsgrad zeigte sich auch in der Anzahl der Tochtergesellschaften der einzelnen Konzerne:[66]

Vereinigte Stahlwerke, Düsseldorf	:	177
Friedrich Krupp, Essen	:	60
Klöckner, Duisburg	:	30
Mannesmann, Düsseldorf	:	30
Gutehoffnungshütte, Oberhausen	:	28
Hoesch, Dortmund	:	21
Otto Wolff, Köln	:	21

Diese Zusammenhänge zu zerschlagen, die Konzerne in möglichst kleine Wirtschaftseinheiten aufzuteilen, sicherlich auch, um lästige Konkurrenz auszuschalten, dies wurde nun zu einem vorrangigen Ziel der britischen Besatzungspolitik. In einem – nicht veröffentlichten – Plan der britischen Militärregierung vom 6. Juli 1946 wurden drei Etappen genannt, in denen dieses Ziel realisiert werden sollte:[67]
In der 1. Phase sollten die Unternehmen auf ihre finanzielle, wirtschaftliche und rechtliche Struktur überprüft werden, um die Grundlage für weitere Maßnahmen zu schaffen. In der 2. Phase sollten die Konzerne aufgeteilt werden und die für die weitere Produktion zugelassenen Werke vollständig von den Konzernen gelöst werden. Die einzelnen Unternehmen sollten grundsätzlich auf eine Produktionsstufe beschränkt werden. Für die 3. Phase war eine Finanzkontrolle über die weiterproduzierenden Werke sowie die Liquidation der für Reparationen oder zur Demontage vorgesehenen Werke geplant. Bei allen Maßnahmen sollte vordringlich darauf geachtet werden, daß „die Konzerne nicht mehr unter einheitlicher Leitung auf vertikaler Grundlage wiederaufgebaut werden könnten".[68] Allerdings wurde dieser Grundsatz später modifiziert: Die

werke waren nach der United Steel Corporation der zweitgrößte Eisen- und Stahlerzeuger der Welt. Siehe dazu auch: Ottfried Dascher: Probleme der Konzernorganisation. In: Industrielles System und politische Entwicklung in der Weimarer Republik. Hrsg. von Hans Mommsen, Dietmar Petzina und Bernd Weisbrod, 2 Bde. Kronberg/Ts., Düsseldorf 1977, hier: Bd. 1, S. 127–135.

[64] Martiny, in: Glück auf, Kameraden!, S. 390.
[65] NESI, S. 136.
[66] NESI, S. 570 f.
[67] NESI, S. 59 f.
[68] NESI, S. 60.

Beschränkung der neuen Unternehmen auf eine Produktionsstufe (horizontale Gliederung) sollte nicht „dogmatisch" erfolgen, besonders auf dem Gebiet der Weiterverarbeitung sollte in jedem Einzelfall geprüft werden, ob eine vertikale Verflechtung möglich wäre.[69]

Mit der Verordnung der britischen Militärregierung vom 20. August 1946 über die Beschlagnahme und Kontrolle der Eisen- und Stahlindustrie wurde die „North German Iron and Steel Control" (NGISC) als für die Planung und Durchführung der Neuordnung zuständige Behörde gegründet.[70] Nicht zum Kompetenzbereich der North German Iron and Steel Control gehörten die Demontagen. Am 15. Oktober 1946 wurde durch Anordnung der North German Iron and Steel Control die „Treuhandverwaltung im Auftrag der North German Iron and Steel Control" (TrHV) errichtet. Sie war die der Iron and Steel Control untergeordnete Dienststelle und hatte den Status einer juristischen Person. Ihre Aufgaben waren die Kontrolle und Liquidation der Konzerne sowie die Ausarbeitung von Entflechtungs- und Neuordnungsplänen.[71] Außerdem oblag ihr die treuhänderische Verwaltung der Aktien der beschlagnahmten Konzerne.

Als Leiter der Treuhandverwaltung wurde Heinrich Dinkelbach eingesetzt. Er war vorher Vorstandsmitglied der Vereinigten Stahlwerke gewesen und hatte sich schon bald nach dem Zusammenbruch des Dritten Reiches mit sozialen und wirtschaftlichen Fragen des Neuaufbaus aus der Sicht der katholischen Soziallehre beschäftigt.[72] Ferner – und das machte ihn für die britische Militärregierung wesentlich interessanter – hatte sich Dinkelbach bereits im Oktober 1945 bei Vertretern von Konzernen, Banken und Industrie- und Handelskammern für eine freiwillige Neuordnung der Ruhrwirtschaft, die er hauptsächlich mit wirtschaftlichen Notwendigkeiten begründete, eingesetzt. Nach seinen Vorstellungen sollten alle wirtschaftlich lebensfähigen Betriebe, sofern ihnen von der Militärregierung die Genehmigung zur Produktion erteilt worden war, aus ihrem Konzernverbund ausgegliedert und als „Übergangsfirmen" mit eigener Rechtsträgerschaft neu gegründet werden. Dinkelbach war jedoch mit seinen Vorschlägen seinerzeit überwiegend auf Skepsis und Ablehnung bei seinen Gesprächspartnern aus der Wirtschaft gestoßen.[73] Immerhin aber zeigten seine Entflechtungspläne auffällige strukturelle Ähnlichkeiten mit den später von Großbritannien durchgesetzten Entflechtungsmaßnahmen.[74]

---

[69] „Stellungnahme der TrHV im Auftrag der NGISC: Die Entflechtung und Neuordnung der Eisen schaffenden Industrie" (vom April 1948). Abgedruckt in: NESI, S. 561–620, hier: S. 569 f.

[70] NESI, S. 60 ff.

[71] NESI, S. 61 f.

[72] Erich Potthoff, Otto Blume und Helmut Duvernell: Zwischenbilanz der Mitbestimmung. Tübingen 1962, S. 34.

[73] Zu Dinkelbachs Neuordnungsvorschlägen und zur Reaktion seiner Gesprächspartner: BA, B 109, 2605.

[74] Inwieweit Dinkelbach bereits längere Zeit vor seiner Berufung zum Leiter der TrHV Kontakte zur britischen Militärregierung hatte und ob er auf den britischen Entflechtungsplan vom 6. 7. 1946 Einfluß nahm, läßt sich aus den mir bekannten Aktenbeständen nicht erschließen. Eine derartige Verbindung wurde jedoch in dem Brief von Reusch, Jarres und Hehemann an den Leiter des Verwaltungsamtes für Wirtschaft in Minden, Viktor Agartz, vom 21. 1. 1947, in dem sich die Konzernver-

Bereits unmittelbar nach der Errichtung der Treuhandverwaltung, am 15. Oktober 1946, nahm die North German Iron and Steel Control Kontakt zu führenden Gewerkschaftern Nordrhein-Westfalens auf.[75] Die Gewerkschaften wurden damit relativ frühzeitig über die Entflechtungsabsichten der britischen Besatzungsmacht informiert und aufgefordert, Fachleute für die Mitarbeit an konkreten Entflechtungs- und Neuordnungsplänen zu benennen. Die Gewerkschaftsvertreter hatten vom Prinzip her nichts einzuwenden, zumal Harris-Burland, der Leiter der North German Iron and Steel Control, betonte, daß die „Unternehmungen [. . .] den früheren Besitzern nicht zurückgegeben werden" und daß die „Interessen der Gesamtheit der Arbeiter so weit wie eben möglich Berücksichtigung finden" sollten.[76]

Die ersten Entflechtungspläne wurden am 30. November 1946 von der North German Iron and Steel Control beschlossen[77] und der Gewerkschaftsführung in einer Besprechung am 14. Dezember 1946 erläutert. Diese Pläne sahen vor, daß zunächst vier eisenschaffende Betriebe aus den Altkonzernen ausgegliedert und als rechtlich eigenständige Unternehmen gegründet werden sollten. Dinkelbach erwähnte in dieser Besprechung zum ersten Mal explizit, daß die Aufsichtsräte der neuen Gesellschaften paritätisch mit Vertretern der Konzerne sowie der Arbeiter und Gewerkschaften besetzt werden sollten. Auf der gleichen Sitzung forderte Hans Böckler die Einrichtung eines besonderen Vorstandspostens für Personal- und Sozialfragen.[78]

In den folgenden Wochen fanden mehrere Gespräche zwischen der Treuhandverwaltung und den Gewerkschaften statt,[79] auf denen die genaueren Modalitäten der Mitbestimmung festgelegt wurden. Die Verhandlungen kamen so zügig voran, daß bereits am 8. Januar 1947 über die Besetzung von Vorstands- und Aufsichtsratsposten in den ersten vier entflochtenen Werken gesprochen werden konnte.[80] Die Unternehmer waren an diesen Entscheidungen nicht beteiligt. Zwar wurden die Vertreter der von der Ausgliederung der ersten vier Werke betroffenen Konzerne am 18. Dezember 1946 über die Entflechtungspläne der North German Iron and Steel Control in groben Zügen informiert,[81] den ganzen Umfang der geplanten Neuordnung erfuhren sie offiziell jedoch erst am 17. Januar 1947.

---

treter gegen die Entflechtung der Konzerne wenden, indirekt unterstellt. In seinem Antwortschreiben vom 29. 1. 1947 verwahrte sich Dinkelbach gegen diese Behauptung. Beide Briefe sind abgedruckt in: NESI, S. 610 ff. Auch der Leiter der NGISC, Harris-Burland, bestritt in einer Besprechung zur Konzernentflechtung am 6. 2. 1947 derartige Kontakte. BA, B 109, 169.

[75] Protokoll dieser Besprechung in: BA, B 109, 4943. Eine gründliche Darstellung dieser Phase der Einführung der paritätischen Mitbestimmung in den entflochtenen Werken bei E. Schmidt: Die verhinderte Neuordnung, S. 74 ff.

[76] Zit. nach: E. Schmidt, ebenda, S. 77.

[77] Das teilte Dinkelbach in der Besprechung der NGISC mit Vertretern der Unternehmer und der Gewerkschaften am 6. 2. 1947 mit. S. o., Anm. 74.

[78] E. Schmidt, Die verhinderte Neuordnung, S. 77.

[79] Auf gewerkschaftlicher Seite nahmen vor allem Erich Potthoff und Karl Strohmenger (später Arbeitsdirektor bei der Hüttenwerke Oberhausen AG) an den Verhandlungen teil.

[80] Kurzprotokolle dieser Besprechungen von Ende Dezember 1946/Anfang Januar 1947 in: BA, B 109, 144.

[81] Protokoll der Besprechung der TrHV mit den Konzernvertretern am 18. 12. 1946 in: BA, B 109, 169.

Einige Konzerne (Gutehoffnungshütte, Klöckner, Otto Wolff) reagierten auf die nun offensichtlich veränderte Situation in Briefen an die „Einheitsgewerkschaft" in Köln und an das Verwaltungsamt für Wirtschaft in Minden am 18. und 21. Januar 1947.[82] Darin bezeichneten die Konzernvertreter die geplante Entflechtungsmaßnahme als „lebensgefährliche Amputation" und schlugen vor, daß die Konzernleitungen selbst als beste Kenner der Eisen- und Stahlindustrie unter Beachtung eines in Kürze zu erwartenden Dekartellisierungsgesetzes und in Übereinstimmung mit den Interessen der Arbeitnehmerschaft Vorschläge für eine „organische" Durchführung der Entflechtung machen sollten. Als Gegenleistung erklärten sie sich bereit, „den Belegschaften und den Gewerkschaften volle Mitwirkungsrechte" einzuräumen, die Konzerne in „gemischtwirtschaftlichen Besitz – gegebenenfalls unter kapitalmäßiger Beteiligung der Gewerkschaften" überzuführen,[83] den „Aufsichtsrat durch Zuwahl von Vertretern der Arbeitnehmer bzw. Gewerkschaft" zu erweitern[84] oder den Aufsichtsrat „nach dem Grundsatz der Gleichstellung von ‚Kapital und Arbeit' " umzubilden.[85] Das Hauptziel der Konzernleitungen war eine möglichst weitgehende Erhaltung der alten Konzernzusammenhänge; sie befürchteten, daß durch die Ausgliederung der eisenschaffenden Betriebe die wirtschaftlich gesündesten Teile der Konzerne der Verfügungsgewalt der Konzernleitungen entzogen werden würden und daß damit die Substanz des Konzerns, d. h. der Besitzstand der Aktionäre, gefährdet wäre.[86] Die Mitbestimmungsangebote der Konzerne erwiesen sich jedoch als überholt: Die paritätische Mitbestimmung in den ausgegliederten Werken war bereits in den Verhandlungen der Gewerkschaften mit der Treuhandverwaltung Anfang Januar 1947 festgelegt worden.[87] Bis zum 1. März 1947 wurden vier, bis zum 1. April 1948 insgesamt 25 eisen- und stahl-

---

[82] Diese Briefe werden in der Fachliteratur häufig zitiert; abgedruckt sind sie u. a. bei: Potthoff: Der Kampf um die Montanmitbestimmung, S. 42 ff. und in: NESI, S. 609 f.

[83] Brief Reusch (Gutehoffnungshütte), Jarres (Klöckner) und Hehemann (Otto Wolff) an das Verwaltungsamt für Wirtschaft vom 21. 1. 1947.

[84] Brief Reusch/Hilbert (GHH) an die „Einheitsgewerkschaft" vom 18. 1. 1947.

[85] Brief Jarres an die „Einheitsgewerkschaft" vom 18. 1. 1947.

[86] Auf der Besprechung der NGISC und der TrHV mit Vertretern der Konzerne und der Gewerkschaften am 6. 2. 1947 wandten sich Reusch und Jarres vor allem mit dem Argument, daß sie die Rechte der kleineren und mittleren Sparer und Aktionäre zu schützen hätten, gegen die Entflechtungspläne. Es kann jedoch angenommen werden, daß beide Herren dabei auch an die Großaktionäre dachten. Überhaupt erscheint es in diesem Zusammenhang bemerkenswert, daß es sich bei den Unterzeichnern der Briefe durchweg um Repräsentanten von Konzernen handelte, deren Aktien sich überwiegend in Familienbesitz befanden oder daß die Unterzeichner der Briefe enge Beziehungen zu den Großaktionären hatten bzw. selbst mit beträchtlichen Anteilen beteiligt waren. Zu den Besitzverhältnissen in den Montankonzernen: Potthoff: Der Kampf um die Montanmitbestimmung, S. 103 f.; NESI, S. 286 ff.; Pritzkoleit: Männer, Mächte, Monopole, S. 268 ff. und passim. Protokoll der Besprechung vom 6. 2. 1947 in: BA, B 109, 169. Vgl. dazu auch: E. Schmidt: Die verhinderte Neuordnung, S. 79 f.

[87] Es ist hier Hirsch-Weber: Gewerkschaften in der Politik, S. 87, zu widersprechen, der schreibt, daß die Einführung der paritätischen Mitbestimmung im ausdrücklichen Einverständnis mit den Unternehmern erfolgt sei. Die Unternehmer sprachen sich erst dann für die (paritätische) Mitbestimmung aus, als die Entscheidung für ihre Einführung in den ausgegliederten Betrieben bereits gefallen war.

erzeugende Unternehmen aus ihren Altkonzernen ausgegliedert. In diesen Unternehmen wurde die paritätische Mitbestimmung von der Treuhandverwaltung in ihrer Eigenschaft als alleiniger nomineller Aktionär nach folgendem Modell eingeführt: Die Aufsichtsräte der Gesellschaften hatten jeweils elf Mitglieder, davon vertraten je fünf die Interessen der Unternehmer und der Arbeitnehmer; das neutrale 11. Mitglied, das regelmäßig den Vorsitz innehatte, wurde von der Treuhandverwaltung gestellt. Die Unternehmerseite setzte sich aus drei Vertretern der Konzerne, einem Vertreter des neuen Unternehmens und einem Vertreter der öffentlichen Hand, die Arbeitnehmerseite aus zwei Betriebsratsmitgliedern (einem Arbeiter und einem Angestellten), zwei Gewerkschaftsvertretern (DGB und IG Metall) und einem Vertreter der öffentlichen Hand zusammen. Die Vorstände bestanden aus drei gleichberechtigten Vorstandsmitgliedern, die gemeinsam die Verantwortung für die Geschäftsführung trugen: Einem technischen Direktor, einem kaufmännischen Direktor und einem Arbeitsdirektor. Der Arbeitsdirektor wurde wie die anderen Vorstandsmitglieder vom Aufsichtsrat bestellt; er konnte jedoch nicht gegen den Willen der Vertreter des Betriebsrates und der Gewerkschaften berufen werden.

Dieses 1947/48 durch Verordnung der britischen Militärregierung eingeführte Mitbestimmungsmodell bildete die Grundlage für das am 10. April 1951 vom Bundestag verabschiedete Gesetz über die paritätische Mitbestimmung in der Montanindustrie. Die Jahre 1948 bis 1950 waren überwiegend durch eine relativ konstruktive und konfliktfreie Praktizierung der neuen Mitbestimmungsregelung in den betroffenen Unternehmen gekennzeichnet. Die gesellschaftspolitischen Aktivitäten der Gewerkschaften hatten aber grundsätzlich eine umfassende Realisierung der betrieblichen und überbetrieblichen Mitbestimmung zum Ziel, wobei für die Ebene der betrieblichen Mitbestimmung die in den entflochtenen Betrieben praktizierte paritätische Mitbestimmung als Vorbild diente. Zur Konzentrierung der gewerkschaftlichen Aktivitäten auf den Bereich der Montanindustrie kam es erst im Herbst 1950, als die paritätische Mitbestimmung in der Montanindustrie einer von der Bundesregierung initiierten und von der bürgerlichen Mehrheit des Bundestages getragenen allgemeinen drittelparitätischen Mitbestimmungsregelung geopfert zu werden drohte. Die Auseinandersetzungen vom November 1950 bis Januar 1951 fanden allerdings unter wesentlich veränderten innen- und außenpolitischen Vorzeichen statt.

II. Die Ausgangssituation der Jahre 1949/50

Mit der Gründung der Bundesrepublik und der Bildung einer bürgerlichen Koalitions-
regierung aus CDU/CSU, FDP und DP unter Bundeskanzler Konrad Adenauer veränderten sich auch die Bedingungen für die Regelung der Mitbestimmung. Nun waren
die Voraussetzungen gegeben, die nach 1945 verabschiedeten, nur partiell gültigen
Länderbetriebsrätegesetze, deren die wirtschaftliche Mitbestimmung der Betriebsräte
betreffende Paragraphen auf Druck der Militärregierungen allerdings zum Teil su-
spendiert worden waren,[1] sowie die von den Alliierten erlassenen Gesetze und Verordnungen über die Mitbestimmung durch ein einheitliches Bundesgesetz zu regeln.
Übereinstimmung zwischen der Bundesregierung und dem größten Teil der Opposition[2] bestand darin, daß die gesetzliche Regelung der Betriebsverfassung und der Mitbestimmung eine wichtige Aufgabe des ersten Deutschen Bundestages sei; von der inhaltlichen Ausgestaltung eines solchen Gesetzes hatten jedoch beide Seiten völlig verschiedene Auffassungen. Die SPD wollte – in Übereinstimmung mit dem DGB – eine
umfassende Regelung der Mitbestimmung auf betrieblicher und überbetrieblicher
Ebene. Die in den entflochtenen Betrieben der Eisen- und Stahlindustrie 1947/48 eingeführte paritätische Mitbestimmung diente dabei als Modell für die Mitbestimmung
in den größeren Unternehmen aller anderen Industriezweige. Demgegenüber war die
Regierungskoalition bemüht – wie sich im Verlauf des Jahres 1950 immer deutlicher
zeigte – den Einfluß der Arbeitnehmer und besonders der Gewerkschaften bezüglich
der Mitbestimmung in den Aufsichtsräten und Vorständen auf eine Drittelparität zu
beschränken.
Die Forderung nach einer besonderen gesetzlichen Regelung der Mitbestimmung in
der Montanindustrie wurde erstmals im November 1950 von der DGB-Führung erhoben. Zu diesem Zeitpunkt war es der DGB-Führung deutlich geworden, daß weder
von den Unternehmerverbänden noch von der Bundesregierung und den sie tragenden
Parteien wesentliche Zugeständnisse in der Frage einer allgemeinen Mitbestimmungsregelung zu erwarten waren. Außerdem waren zu dieser Zeit Bestrebungen innerhalb
der Bundesregierung bekannt geworden, die auf eine Abschaffung der paritätischen
Mitbestimmung in den entflochtenen Eisen- und Stahlwerken hinausliefen. Diese Bestrebungen standen ebenso im Zusammenhang mit der technisch-organisatorischen

---

[1] Siehe dazu E. Schmidt: Die verhinderte Neuordnung, S. 161 ff.
[2] Im folgenden kann nur auf die Politik der SPD eingegangen werden. Das scheint jedoch aus folgenden Gründen gerechtfertigt zu sein: 1. Die SPD war die größte Oppositionspartei und hatte ein
dementsprechend großes parlamentarisches Gewicht. 2. Die SPD repräsentierte in der Mitbestimmungsfrage weitgehend die Position der Gewerkschaften, um deren Politik es in dieser Arbeit primär gehen soll.

Neuordnung der Montanindustrie und dem Schumanplan wie die gewerkschaftlichen Aktionen zur Verteidigung der Montanmitbestimmung.

1. Die politischen Auseinandersetzungen um eine allgemeine Regelung der Mitbestimmung

a) Die ersten Verhandlungen zwischen Gewerkschaften und Arbeitgeberverbänden und die ihnen zugrundeliegenden Interessen und Strategien (November 1949 bis März 1950)

Die Regierungserklärung Bundeskanzler Adenauers vom 20. September 1949, in der er davon sprach, daß die Rechtsbeziehungen zwischen Arbeitnehmern und Arbeitgebern zeitgemäß neu geordnet werden müßten, ein entsprechender Antrag der CDU/CSU-Fraktion vom 19. Oktober 1949 im Bundestag, sowie der am 4. November 1949 mit Mehrheit gefaßte Bundestagsbeschluß, der die Bundesregierung beauftragte, den Entwurf eines Betriebsverfassungsgesetzes vorzulegen,[3] zeigten, daß auch die Bundesregierung und die sie tragenden bürgerlichen Parteien an einer gesetzlichen Regelung der Mitbestimmungs- und Betriebsverfassungsfragen interessiert waren.

Zunächst schaltete sich allerdings die Bundesregierung nicht aktiv in die Fragen der Mitbestimmung und der Betriebsverfassung ein. Sie begnügte sich damit, den Gang der Verhandlungen zwischen Gewerkschaften und Arbeitgeberverbänden über die betriebliche und überbetriebliche Mitbestimmung abzuwarten. Diese Verhandlungen fanden am 9. Januar 1950 und am 30./31. März 1950 in Hattenheim statt, nachdem eine Besprechung des DGB-Vorsitzenden Böckler mit Walter Raymond und Hans Bilstein von der Bundesvereinigung der Arbeitgeberverbände im November 1949 zu der gegenseitigen Versicherung geführt hatte, „daß die beiden Spitzenverbände in dieser, wie in allen anderen Fragen vertrauensvoll zusammenarbeiten wollten".[4]

Die Verlagerung des gesellschaftspolitisch brisanten Mitbestimmungskomplexes auf die Ebene der sozialen Gegenspieler kam zu diesem Zeitpunkt den Interessen der Bundesregierung sehr entgegen. Einerseits hatten die Vorüberlegungen und Sondierungen innerhalb der Bundesregierung und bei den Koalitionsparteien noch keinerlei konkrete Gestalt angenommen. Andererseits konnte sich die Bundesregierung aus innen- wie außenpolitischen Gründen nicht leisten, die Fragen der Mitbestimmung einfach zu ignorieren oder ihre Lösung unbegrenzt hinauszuzögern. Das bekannte Adenauer selbst in der Kabinettssitzung vom 28. Februar 1950, in der er es „für unbedingt erforderlich" hielt, „daß die Koalitionsparteien in der Frage des Mitbestimmungsrechts greifbare Erfolge erzielen".[5]

Außenpolitisch stand die Bundesregierung unter dem Druck des amerikanischen Ho-

---

[3] E. Schmidt: Die verhinderte Neuordnung, S. 193.
[4] Bericht (gez. Bilstein und Raymond) über diese Besprechung vom 15. 11. 1949. BA, B 136, 721 (Abschrift).
[5] Zitiert nach einem Brief von Erhard an Adenauer vom 20. 4. 1950. BA, B 136, 719.

hen Kommissars McCloy, der Bundeskanzler Adenauer aufforderte, in absehbarer Zeit für eine gesetzliche Regelung der Mitbestimmung zu sorgen, worauf ihm Adenauer, unter Hinweis auf die Verhandlungen der „Sozialpartner", im Januar 1950 in Aussicht stellte, „daß die Bundesregierung bis zum 1. April 1950 einen Gesetzentwurf über das Mitbestimmungsrecht der Arbeiter in sozialen, personellen und wirtschaftlichen Fragen einbringen werde".[6] McCloy setzte sich aus dem Grund für das baldige Zustandekommen eines solchen Gesetzes ein, weil nach der Gründung der Bundesrepublik die Argumente wegfielen, mit denen General Clay 1948 die Suspendierung der Artikel über das wirtschaftliche Mitbestimmungsrecht der Arbeitnehmer in verschiedenen Länderbetriebsrätegesetzen verfügt hatte.[7] Clays Begründung hatte damals gelautet, daß so weitgehende wirtschaftspolitische Entscheidungen, wie sie in diesen Artikeln enthalten seien, einer künftigen gesamtdeutschen Regierung vorbehalten sein müßten.

Am 7. April 1950 erteilte McCloy die Genehmigung zur Inkraftsetzung der Betriebsrätegesetze von Hessen und Württemberg-Baden in der ursprünglichen Form.[8] Er brachte damit auch die Arbeitgeberverbände in Zugzwang, denn das Inkrafttreten der wirtschaftlichen Mitbestimmung in diesen beiden Ländern bedeutete eine partielle Stärkung der Position der Gewerkschaften. In diesem Sinne wirkten die Unternehmerverbände wiederholt auf McCloy ein, um ihm von seinem Vorhaben abzubringen. Der Vorsitzende der Bundesvereinigung der Arbeitgeberverbände, Raymond, berichtete an Adenauer, daß er McCloy bereits im Dezember 1949 „auf die Gefahren aufmerksam gemacht [habe], die sowohl durch einen verfrühten Gesetzentwurf der Regierung als auch durch die Aufhebung der Suspendierung für die Durchführung der Verhandlungen zwischen beiden Parteien entstehen würden".[9] Raymond brachte damit die Bedenken zum Ausdruck, die ein großer Teil der Unternehmer gegenüber der frühzeitigen Verabschiedung eines Betriebsverfassungsgesetzes hegte: Sie befürchteten eine zu weitgehende Verankerung von Mitbestimmungsrechten der Arbeitnehmer und ihrer Gewerkschaften, weil in der ersten Hälfte des Jahres 1950 die Regierungsparteien in gesellschaftspolitischen Fragen nicht durchwegs einen gefestigten, die Arbeitgeberinteressen einseitig begünstigenden Block bildeten, und daher eine partielle Zusammenarbeit der christlichen Gewerkschaften in der CDU mit der SPD-Fraktion in Mitbestimmungsfragen für möglich gehalten werden konnte.[10]

Damit ist auch das innenpolitische Motiv bezeichnet, weswegen die Bundesregierung Anfang 1950 die Verhandlungen zwischen Gewerkschaften und Unternehmern unterstützte: Diese Verhandlungen ermöglichten es ihr – und das galt insbesondere für den

---

[6] Das geht aus einem Schreiben Adenauers an McCloy vom 29. 3. 1950 hervor. BA, B 136, 719 (Abschrift).

[7] So die Argumentation McCloys in den Schreiben an die Ministerpräsidenten von Hessen und Baden-Württemberg, Stock und Maier, vom 7. 4. 1950. BA, B 136, 719 (Abschriften von Übersetzungen).

[8] Ebenda.

[9] Schreiben Raymond an Adenauer vom 4. 4. 1950. BA, B 136, 721.

[10] Vgl. dazu Kapitel II, Anm. 25.

großen Taktiker Konrad Adenauer –, sich in einem wichtigen gesellschaftspolitischen Problemkomplex abwartend und nach außen hin neutral zu verhalten. Eine offensichtliche Parteinahme von Bundeskanzler Adenauer zugunsten der Position der Unternehmer hätte vermutlich zu einem offenen Konflikt mit den Gewerkschaften geführt, die Auswirkungen eines solchen Konfliktes wären in diesem frühen Stadium des Bestehens der Bundesrepublik, in dem die politischen und wirtschaftlichen Verhältnisse noch wenig gefestigt waren, kaum zu kalkulieren gewesen. Andererseits hätte eine kompromißbereite Haltung gegenüber den Gewerkschaften zu einer Koalitionskrise führen können, denn die rechts von der CDU stehenden Koalitionspartner FDP und DP waren zu Zugeständnissen in der Mitbestimmungsfrage noch weniger bereit als die Mehrheit der CDU/CSU-Minister und -Abgeordneten.[11]

Die beste Lösung für die Bundesregierung wäre zweifellos gewesen, wenn die Verhandlungen von Arbeitgeberverbänden und Gewerkschaften in der Mitbestimmungsfrage zu greifbaren Ergebnissen geführt hätten. Die Bundesregierung hätte diese Ergebnisse zur Grundlage eines Gesetzentwurfes machen können; sie hätte sich dabei gesellschaftspolitisch nicht exponieren müssen, da eine breite Legitimationsbasis bereits durch Zustimmung der beiden Spitzenverbände gegeben gewesen wäre. Doch selbst das Scheitern dieser Verhandlungen hatte für die Bundesregierung noch einen positiven Aspekt: Da die Gewerkschaften während der Verhandlungen auf offene Kampfmaßnahmen verzichtet hatten, konnte die Bundesregierung Zeit für die Ausarbeitung eines eigenen Mitbestimmungskonzepts gewinnen.

Am Zustandekommen der Hattenheimer Verhandlungen waren auch die Gewerkschaften wesentlich beteiligt. In der Politik der partnerschaftlichen Zusammenarbeit mit den Unternehmerverbänden sah die DGB-Führung eine der wenigen noch verbliebenen Möglichkeiten zur Realisierung ihrer Mitbestimmungsvorstellungen, nachdem der traditionelle Bündnispartner, die SPD, als Folge der Oppositionsrolle kaum direkten Einfluß auf die konkrete Regierungspolitik ausüben konnte. Die Aussichten solcher Verhandlungen beurteilte Hans Böckler relativ optimistisch: In der ersten Sitzung des Bundesausschusses des DGB vom 24./25. Januar 1950, in der eine Entschließung zur wirtschaftlichen Mitbestimmung der Arbeitnehmer verabschiedet wurde, die dann als Grundlage für die Hattenheimer Verhandlungen diente, vertrat er die Auffassung, „daß [. . .] die Situation sich im Laufe der letzten zwei Jahre geändert hätte und heute weitere Arbeitgeberkreise den Forderungen der Gewerkschaften nicht mehr so ablehnend gegenüberständen, wie es vor zwei Jahren der Fall gewesen sei".[12] Ähnlich optimistisch und verständigungsbereit hatte sich Böckler bereits im November 1949 in einer Besprechung mit Arbeitgebervertretern gezeigt, als er auf gemeinsame Interessen von Unternehmern und Gewerkschaften verwiesen hatte. Oberstes Ziel der gemeinsa-

---

[11] Das zeigte sich wenig später bei den Auseinandersetzungen innerhalb der Bundesregierung und der Koalitionsparteien um den CDU/CSU-Entwurf und den Regierungsentwurf eines Betriebsverfassungsgesetzes sowie bei den Montanmitbestimmungsverhandlungen im Januar 1951. Siehe dazu die Ausführungen in den weiteren Kapiteln dieser Arbeit.

[12] Protokoll der 1. Sitzung des Bundesausschusses des DGB vom 24./25. 1. 1950. DGB-Archiv.

men Bemühungen müsse die Steigerung der Produktion sein, das Mitbestimmungsrecht dürfe niemals die Produktion beeinträchtigen.[13]

Böcklers Betonung der gemeinsamen Interessen von Gewerkschaften und Unternehmern machte deutlich, daß die DGB-Führung aus einer eher defensiven Position heraus verhandelte. Die Hoffnungen der DGB-Führung waren in dieser Phase der Auseinandersetzungen um die Mitbestimmung nicht durch bestimmte Machtpositionen,
die man gegenüber dem Verhandlungspartner hätte ausspielen können, begründet,
sondern in dem Glauben an die entgegenkommende Haltung „fortschrittlicher" Unternehmer, die eingesehen hätten, daß die Realisierung der gewerkschaftlichen Forderungen letztendlich einem gemeinsamen Interesse der „Sozialpartner" und somit ihren
eigenen längerfristigen Interessen entspräche.

Die Unterscheidung von „fortschrittlichen" und „reaktionären" Unternehmern spielte
im innergewerkschaftlichen Willensbildungsprozeß der Jahre 1948–1950 über die
Möglichkeiten einer Zusammenarbeit mit den Unternehmern immer wieder eine wichtige Rolle. So berichtete bereits im März 1948 der Sekretär des Gewerkschaftsrates der
britischen und amerikanischen Zone, Fritz Tarnow, einer der entschiedensten Befürworter einer kooperativen Politik, über eine Besprechung mit Unternehmervertretern:
„Auf der Unternehmerseite gibt es keineswegs nur ‚eine reaktionäre Masse', sondern es
gibt auch einen fortschrittlich ausgerichteten Flügel, der etwas davon begreift, daß die
Wirtschaft in der alten Verfassung nicht wieder erstehen kann. Ich glaube, daß es in un-
serem Interesse liegt, wenn wir alles tun, um zu verhindern, daß die Unternehmer zu
einem einheitlichen Block sozial-reaktionärer Prägung wieder zusammengetrieben
werden. Wir sollten also den fortschrittlich gesinnten Teil ermuntern und ernsthaft versuchen, ausfindig zu machen, inwieweit und wo wir ein Stück gemeinsam gehen können."[14] Mit dem gleichen Argument empfahl Erich Bührig, der als für das Arbeits- und
Betriebsräterecht zuständiges Vorstandsmitglied des DGB die Hattenheimer Verhandlungen leitete, die Möglichkeit einer Zusammenarbeit mit fortschrittlichen Unternehmern zu überprüfen. Als geeignete Verhandlungspartner sah er dabei Walter
Raymond und Gerhard Erdmann (Vorsitzender bzw. Geschäftsführer der Bundesvereinigung der Arbeitgeberverbände, Wiesbaden) an.[15] Dagegen wurde der uneinsichti-
ge, reaktionäre Unternehmerflügel nach der Beurteilung verschiedener DGB-Funk-
tionäre von Wilhelm Vorwerk, dem Vorsitzenden der Arbeitgeberverbände von
Nordrhein-Westfalen, repräsentiert,[16] der bezüglich des wirtschaftlichen Mitbestim-

---

[13] Bericht (gez.: Raymond und Bilstein, Vereinigung der Arbeitgeberverbände) über die Besprechung
mit Böckler vom 15. 11. 1949. BA, B 136, 721 (Abschrift).

[14] Brief Tarnow an Böckler vom 11. 3. 1948. DGB-Archiv.

[15] Brief Bührig an Böckler vom 1. 6. 1949. DGB-Archiv.

[16] So die Beurteilung von Tarnow in seinem Brief an Böckler vom 11. 3. 1948 (DGB-Archiv). Ähnlich
auch die Beurteilung von Ludwig Rosenberg (Mitglied des Bundesvorstandes des DGB) in einer
Aktennotiz für Böckler vom 27. 10. 1950. DGB-Archiv. Rosenberg bezeichnet darin die „Gruppe
Vorwerk" als „besonders gefährliche Gegner". Das Argument von der Spaltung der Unternehmerschaft in einen gewerkschaftsfreundlichen und einen reaktionären Flügel fand selbst noch im Oktober 1950, drei Monate nach dem offensichtlichen Scheitern der Verhandlungen mit den Arbeitgeberverbänden von Bonn und Maria Laach, in internen gewerkschaftlichen Diskussionen Verwen-

mungsrechtes wiederholt einen unnachgiebigen Herr-im-Haus-Standpunkt demonstriert hatte.

Allerdings zeigten schon die Hattenheimer Verhandlungen von Ende März 1950, daß der auf die einsichtige Haltung fortschrittlicher Unternehmer gegründete Optimismus der Gewerkschaften der Realität nicht entsprach. Zwar konnten sich beide Seiten auf die überbetriebliche Mitbestimmung grundsätzlich einigen – vorgesehen waren ein paritätisch zusammengesetzter Bundeswirtschaftsrat sowie paritätisch zusammengesetzte Landeswirtschaftsräte und Wirtschaftskammern, wobei letztere die Aufgaben der Industrie- und Handelskammern ausüben sollten – hinsichtlich der betrieblichen Mitbestimmung gab es jedoch keine Verständigung.[17] Die paritätische Besetzung der Aufsichtsräte, wie sie von den Gewerkschaften nach dem Modell der entflochtenen Montanbetriebe gefordert wurde, wiesen die Unternehmer mit dem Argument zurück, daß dadurch eine „derartige Machtzusammenballung" gegeben wäre, „mit deren Hilfe [. . .] die Beeinflussung der gesamten deutschen Wirtschaft von einer einzigen Stelle aus möglich ist".[18] Damit stellten die Arbeitgeberverbände, deren Mitglieder zu einem großen Teil aus patriarchalisch geprägten mittelständischen Unternehmen kamen, unmißverständlich klar, daß sie von sich aus nicht bereit waren, ihre unternehmerische Dispositionsfreiheit durch „außerbetriebliche Einflüsse"[19] beschneiden zu lassen, und daß ihr Hauptwiderstand der Besetzung der Aufsichtsräte durch nicht dem Betrieb angehörige Gewerkschaftsfunktionäre galt.

Das Recht, die für die Aufsichtsräte vorgesehenen Arbeitnehmervertreter bestimmen zu können, war jedoch neben der paritätischen Besetzung der Aufsichtsräte die zentrale Forderung der Gewerkschaften. Nach dem Scheitern der Hattenheimer Verhandlungen mußten die Gewerkschaften deshalb andere Wege zur Durchsetzung ihrer Vorstellungen suchen. Die folgende Phase der Auseinandersetzungen um die Mitbestimmung war durch die Verlagerung auf die parlamentarische Ebene einerseits und durch die Wiederaufnahme der Verhandlungen der sozialen Gegenspieler unter Vermittlung des Arbeitsministers andererseits gekennzeichnet.

---

dung. So berichtet Rosenberg in der Aktennotiz für Böckler von einem „Kampf der beiden Gruppen innerhalb der Arbeitgeberfront", „die versuchen, sich gegenseitig auszuspielen oder bei Verhandlungen abzuhängen. Raymond und Erdmann, die man als zu ‚gewerkschaftsfreundlich' ansieht, sollen bei Besprechungen in der Zukunft nach Möglichkeit von der Gruppe Vorwerk und anderen zurückgedrängt werden." Eine ähnliche Beurteilung der Unternehmerschaft lag auch bei Walter Freitag, dem Vorsitzenden der IG Metall, vor, der am 27.7.1950 vor dem Bundestag über die Verhandlungen mit den Arbeitgebern äußerte: „Die Herren, die in der Verhandlungskommission waren, haben sich ernstlich und redlich bemüht, zu einer Verständigung zu kommen". Verhandlungen des Deutschen Bundestages, 1. Wahlperiode, Band 4, 80. Sitzung vom 27.7.1950, S. 2939 f.

[17] Schreiben Böckler an Adenauer vom 5.4.1950. BA, B 136, 719. Und Schreiben Raymond an Adenauer vom 4.4.1950. BA, B 136, 721.

[18] Schreiben Raymond an Adenauer vom 4.4.1950.

[19] Protokoll der Hattenheimer Verhandlungen vom 30.3.1950. (o. Verf.) DGB-Archiv.

b) Die Verlagerung der Auseinandersetzungen um die Mitbestimmung auf die parlamentarisch-politische Ebene und die Aufnahme neuer Verhandlungen zwischen Gewerkschaften und Arbeitgeberverbänden (April bis Oktober 1950)

Eingeleitet wurde die neue Phase der Auseinandersetzungen von der einstimmigen Verabschiedung der „Vorschläge zur Neuordnung der deutschen Wirtschaft"[20] durch den Bundesausschuß des DGB am 14. April 1950, die als überparteilicher Initiativantrag am 22. Mai 1950 der Bundesregierung, dem Bundestag und dem Bundesrat überreicht und in kaum veränderter Form in den späteren SPD-Gesetzentwurf zur Regelung der Mitbestimmung übernommen wurden.[21] In ihnen waren die bekannten Forderungen der Gewerkschaften nach paritätischer Mitbestimmung auf der betrieblichen und überbetrieblichen Ebene detailliert ausgeführt.

Mit der öffentlichen Propagierung der Mitbestimmungsvorschläge unternahm der DGB den Versuch, aus der Defensive, in der er sich bei den Hattenheimer Verhandlungen befunden hatte, herauszukommen, um durch Aufklärung einer breiteren Öffentlichkeit und besonders der eigenen Mitgliedschaft die Ausgangsbedingungen für eine den gewerkschaftlichen Interessen entsprechende parlamentarische Behandlung des Mitbestimmungsproblems zu verbessern. Bei der Verabschiedung der Vorschläge wurde im Bundesausschuß die Notwendigkeit betont, „mit diesem Tage einen entschiedenen Kampf um die Anerkennung des Mitbestimmungsrechtes zu beginnen. Alle propagandistischen Möglichkeiten sollen ausgeschöpft werden, [...] um zu erreichen, daß jedes einzelne Mitglied diesen Kampf zu seiner eigenen Sache macht".[22] Böckler gar verwies „auf die Bedeutung der Veröffentlichung der gewerkschaftlichen Vorschläge, die nicht nur innerhalb des Landes, sondern in der Weltöffentlichkeit mit großem Interesse erwartet würden".[23]

Trotz des in diesen Äußerungen enthaltenen Zweckoptimismus, der die führenden Gewerkschaftsfunktionäre in ihrer Überzeugung von der Richtigkeit der DGB-Politik bestärken sollte, und trotz der offensichtlichen Überschätzung der von der Verabschiedung der Neuordnungsvorschläge erwarteten Wirkung auf die Öffentlichkeit, hatte der Gewerkschaftsentwurf nicht nur – wie Eberhard Schmidt schreibt – deklamatorischen Charakter.[24] Für die Bundesregierung stellte der Gewerkschaftsentwurf eine Herausforderung dar, nun in die Regelung der Mitbestimmung selbst aktiv einzugreifen, um zu verhindern, daß einzelne der CDU/CSU angehörige Gewerkschafter im Bundestag mit der SPD stimmen könnten; dies hätte nämlich den Bestand der jungen Regierungskoalition in Frage stellen können, da sie nur über eine sehr knappe parlamentarische Mehrheit verfügte und bis dahin auch kaum durch innen- und außenpoli-

---

[20] „Vorschläge des DGB für das Gebiet der Bundesrepublik Deutschland zur Neuordnung der deutschen Wirtschaft, vom 14.4. 1950. Hrsg. vom Deutschen Gewerkschaftsbund für das Gebiet der Bundesrepublik Deutschland. Düsseldorf 1950." (Abgedruckt in: Informations- und Nachrichtendienst der Bundespressestelle des DGB I (1950), S. 27 ff.).

[21] Verhandlungen des Deutschen Bundestages, 1. Wahlperiode, Band 5, Drucksache 1229 vom 25.7. 1950.

[22] Protokoll der 2. Sitzung des Bundesausschusses des DGB vom 14.4. 1950. DGB-Archiv.

[23] Ebenda.

[24] Vgl. E. Schmidt: Die verhinderte Neuordnung, S. 197.

tische Erfolge gefestigt war. Aus dieser Besorgnis hielt es Bundeswirtschaftsminister Erhard in einem Brief vom 20. April 1950 an Bundeskanzler Adenauer für wichtig, daß die Bundesregierung mit der CDU spräche, „damit nicht die von den Gewerkschaften ausgearbeiteten Vorschläge auf dem Wege über einen interfraktionellen Antrag von einigen Abgeordneten der CDU und der SPD in den Bundestag gelangen".[25] Die Bedeutung, die die Bundesregierung der Mitbestimmungsfrage beimaß, verdeutlichte der Schlußsatz in Erhards Schreiben: „Jede Fraktion muß sich klar darüber sein, welche Verantwortung in dieser Frage sie für die nächsten Jahrzehnte übernimmt."

Aus diesem Grund wurde Bundesarbeitsminister Anton Storch, der aus der christlichen Gewerkschaftsbewegung stammte, mit der Erarbeitung eines Regierungsentwurfs zur Mitbestimmung beauftragt. Dieser Regierungsentwurf sollte eine Doppelfunktion erfüllen: Zum einen sollte er auf den Arbeitnehmerflügel der CDU/CSU-Fraktion disziplinierend einwirken, um die Einheit von Bundesregierung und größter Regierungsfraktion in der Mitbestimmungsfrage zu gewährleisten, also einen Alleingang der sozialreformerischen Kräfte in der CDU/CSU oder gar eine Zusammenarbeit dieses Flügels mit der SPD zu verhindern, was nur möglich war, wenn der Regierungsentwurf den gewerkschaftlichen Vorstellungen ein Stück entgegenkam. Andererseits durfte dieser Entwurf im Sinne der Teile der CDU/CSU, die die Interessen des Unternehmertums vertraten, sowie der nationalliberal orientierten FDP und der konservativen DP nicht gravierend von den Vorstellungen der Unternehmerschaft abweichen.

Das Disziplinierungskonzept der Bundesregierung ging jedoch zunächst nicht auf. Vor der Fertigstellung des Regierungsentwurfes, am 17. Mai 1950, brachte die CDU/CSU-Fraktion einen eigenen Entwurf zur Regelung der Betriebsverfassung bzw. der Mitbestimmung im Bundestag ein,[26] der nicht mit dem Bundeskabinett abgestimmt war und zu einer Kontroverse des Bundeskanzlers mit dem CDU/CSU-Fraktionsvorstand führte. In der Begründung dieses Gesetzentwurfs verwies sein Urheber, Gerhard Schröder,[27] der als Vermittler zwischen dem linken und dem rechten Flügel der CDU/CSU-Fraktion fungierte, auf die mangelnde Initiative der Bundesregierung in der Mitbestimmung.[28] Einen weiteren Grund nannte der Fraktionsvorsitzende der CDU/CSU im Bundestag, Heinrich von Brentano, in einem Brief an Bundeskanzler Adenauer: Die CDU/CSU-Fraktion habe sich gezwungen gesehen, dem DGB-/SPD-Entwurf durch einen eigenen Entwurf zuvorzukommen.[29] Zugleich wandte von Brentano sich gegen die im Bundeskanzleramt verbreitete Auffassung, daß der CDU/CSU-Entwurf nur aus taktischen Gründen ausgearbeitet worden sei, und betonte, daß sich die gesamte Fraktion auf ihn geeinigt habe.[30] Gegenüber der heftigen Kritik Ade-

---

[25] Brief Erhard an Adenauer vom 20. 4. 1950. BA, B 136, 719.

[26] Deutscher Bundestag, 1. Wahlperiode, Drucksache Nr. 970 vom 17. 5. 1950.

[27] Mitteilung des SPD-Abgeordneten Keuning in der 1. Lesung der Betriebsverfassungsgesetzentwürfe der CDU/CSU und der SPD im Bundestag am 27. 7. 1950. Verhandlungen des Deutschen Bundestages, 1. Wahlperiode, Band 4, S. 2972.

[28] Ebenda, S. 2928.

[29] Brief von Brentano an Adenauer vom 26. 5. 1950. BA, NL Kaiser, 37 (Abschrift).

[30] Brief von Brentano an Adenauer vom 13. 5. 1950. BA, B 136, 721.

nauers am CDU/CSU-Entwurf und einer entsprechenden Erklärung des Regierungssprechers hob von Brentano das Recht der Regierungsfraktionen hervor, eigenständige Gesetzentwürfe im Bundestag einzubringen: „Die Erklärung läßt logischerweise nur einen Schluß zu: daß nämlich das Kabinett der Meinung ist, es sei letzten Endes Aufgabe der Fraktionen der Koalition auf Regierungsentwürfe zu warten und zu Regierungsentwürfen ja zu sagen [. . .] ich halte es für ein Gebot der Offenheit, Ihnen verehrter Herr Dr. Adenauer, mit allem Ernst aber auch mit allem Nachdruck zu sagen, daß ich gar nicht daran denke, mich einer solchen abwegigen Interpretation anzuschließen oder gar in Zukunft danach zu handeln."[31]

Die Kontroverse zwischen der CDU/CSU-Fraktion und der Bundesregierung bezeichnete nicht nur ein formales, die gegenseitigen Kompetenzen betreffendes Problem, sondern in erster Linie ein politisches: Infolge der Festlegung der größten Regierungsfraktion auf eine gemäßigt-reformerische Mitbestimmungsregelung war für die Bundesregierung und die von ihr vertretenen konservativen Kräfte die Gefahr gegeben, daß ihre restriktivere Mitbestimmungskonzeption mit der Unterstützung einer parlamentarischen Mehrheit nicht mehr ohne weiteres rechnen konnte. Dann wäre allerdings die Möglichkeit des Bruchs der Regierungskoalition[32] oder zumindest des Prestigeverlustes einer der beiden Seiten nicht mehr auszuschließen gewesen. Der Vorsitzende der FDP und Vizekanzler Franz Blücher warnte deshalb Adenauer vor der Verabschiedung eines gesonderten CDU/CSU-Entwurfes und forderte stattdessen Verhandlungen zwischen der CDU/CSU, der FDP und der DP,[33] konnte die Veröffentlichung des CDU/CSU-Entwurfes aber nicht mehr verhindern.

In inhaltlicher Hinsicht machte der CDU/CSU-Entwurf den Gewerkschaften mehr Zugeständnisse als der spätere, von der FDP und der DP mitgetragene Regierungsentwurf. Für die Besetzung der Aufsichtsräte der Kapitalgesellschaften war ein Anteil von „mindestens" einem Drittel für die Vertreter der Arbeitnehmer vorgesehen. Dabei war den im Betrieb vertretenen Gewerkschaften ebenso wie dem Betriebsrat ein Vorschlagsrecht eingeräumt, die Gewerkschaften konnten jedoch nicht selbständig Vertreter in die Aufsichtsräte entsenden, wie es nach ihrem Entwurf möglich sein sollte. Immerhin war aber die Wahl betriebsfremder Arbeitnehmer in die Aufsichtsräte zugelassen. Die Wahl der Arbeitnehmervertreter sollte durch die Belegschaften vollzogen werden.

Den Unternehmerverbänden ging der CDU/CSU-Entwurf zu weit. In der „Denk-

---

[31] Brief von Brentano an Adenauer vom 26.5.1950, a.a.O.

[32] Daß ein Bruch der Koalition wegen der Mitbestimmungsfrage durchaus im Bereich des Möglichen lag, bestätigt auch eine Rede des FDP-Abgeordneten Freiherr von Rechenberg in Köln, in der dieser, nach Mitteilung des SPD-Abgeordneten Freidhof am 27.7.1950 im Bundestag, erklärt haben soll, daß ein Austritt der FDP aus der Regierungskoalition möglich sei, wenn die CDU gemeinsam mit der SPD das Mitbestimmungsrecht durchsetzen würde. Verhandlungen des Deutschen Bundestages, 1.Wahlperiode, Band 4, S.2984. Im gleichen Sinn hatte sich Blücher schon am 19.11. 1949 in einer Sitzung des Gesamtvorstandes der FDP und des Vorstandes der FDP-Bundestagsfraktion geäußert: Die Frage der Mitbestimmung könne die Koalition sprengen. BA, NL Blücher, 231 (Protokoll dieser Sitzung).

[33] Brief Blücher an Adenauer vom 10.5.1950. BA, NL Blücher, 78 (Abschrift).

schrift über das Problem des Mitbestimmungsrechtes" des Gemeinschaftsausschusses der deutschen Wirtschaft, die im Mai 1950 veröffentlicht wurde, war den Arbeitnehmervertretern „höchstens" ein Drittel der Aufsichtsratssitze zugestanden; die Arbeitnehmervertreter sollten vom Betriebsrat aus den Belegschaftsmitgliedern benannt werden.[34] Ein Einfluß der Gewerkschaften auf die Unternehmensführungen sollte damit weitgehend ausgeschlossen werden. Direkte Kritik am CDU/CSU-Entwurf übte Wilhelm Vorwerk auf einer internen Zusammenkunft von Unternehmen der Industrie- und Handelskammer Essen am 3. Juli 1950, als er betonte, daß auch auf die CDU in der Mitbestimmungsfrage kein Verlaß sei. Den Mitbestimmungsentwurf des Bundesarbeitsministeriums, der inzwischen in seinen Grundzügen fertiggestellt war, bezeichnete er dagegen „als brauchbare Diskussionsgrundlage", Bundesarbeitsminister Storch selbst als „gute Stütze, [. . .] mit dessen Hilfe man das Gesetz so durchzubringen hoffe, wie es im Interesse der Unternehmerschaft wichtig sei".[35]

Im Laufe des Monats August wurde der Entwurf des Arbeitsministeriums fertiggestellt, so daß er Ende August im Bundeskabinett beraten werden konnte. Nach diesem Entwurf sollte den Arbeitnehmern ein Drittel der Aufsichtsratssitze eingeräumt werden, die Wahl durch die Betriebsräte erfolgen, wobei bis zur Hälfte der den Arbeitnehmern vorbehaltenen Aufsichtsratssitze durch außerbetriebliche Gewerkschaftsvertreter besetzt werden konnten.[36] Damit war den Gewerkschaften ein gewisser, wenngleich nicht gravierender, Einfluß auf die Führung der Unternehmen zugestanden. Obwohl die Unternehmerverbände in den – letztlich gescheiterten – Verhandlungen mit den Gewerkschaften von Bonn und Maria Laach im Juli 1950 dieser Mitbestimmungsregelung zugestimmt hatten,[37] wurde der Gesetzentwurf auf Betreiben der von FDP und DP geleiteten Ministerien weiter zuungunsten der gewerkschaftlichen Vorstellungen verändert:[38] Nach der endgültigen Fassung des in der gleichen Kabinettssitzung verabschiedeten und am 31. Oktober 1950 dem Bundestag zugeleiteten Regierungsentwurfs sollten nur noch Betriebsangehörige auf Vorschlag des Betriebsrates oder der im Betrieb vertretenen Gewerkschaften durch die Hauptversammlung in den Aufsichtsrat wählbar sein.[39] Die Bundesregierung war also bestrebt, den Einfluß der Gewerkschaf-

---

[34] „Denkschrift über das Problem des Mitbestimmungsrechtes. Stellungnahme und Vorschläge der Unternehmerschaft vom Mai 1950. Hrsg. vom Gemeinschaftsausschuß der deutschen Wirtschaft." Vervielfältigt, DGB-Archiv.

[35] Informations- und Nachrichtendienst der Bundespressestelle des DGB II (1951), S. 30 f.

[36] Vermerk (Verf.: Petz, Mitbestimmungsreferent im BK) zur Kabinettssitzung vom 31. 8. 1950. BA, B 136, 719.

[37] Ebenda. Über die Verhandlungen von Bonn und Maria Laach siehe die weiteren Ausführungen in diesem Kapitel.

[38] Ebenda. In dem Vermerk heißt es: „Die Bundesminister der Justiz [Dehler, FDP], für Verkehr [Seebohm, DP] und für Angelegenheiten des Bundesrates [Hellwege, DP], stehen auf dem Standpunkt, daß nur Betriebsangehörige auf Vorschlag des Betriebsrates gewählt werden können. Der Bundesminister für Wirtschaft hat einen Vermittlungsvorschlag vorgelegt, wonach Betriebsangehörige auf Vorschlag des Betriebsrates oder einer im Betrieb vertretenen Gewerkschaft gewählt werden können."

[39] Deutscher Bundestag, 1. Wahlperiode, Drucksache 1546 vom 31. 10. 1950. Die FDP und die DP lehnten eine Mitbestimmung durch die Gewerkschaften völlig ab. Im „Wangerooger Wirtschafts-

ten in den Aufsichtsräten der Unternehmen selbst über das von den Arbeitgebervertretern in den Verhandlungen mit den Gewerkschaften zugestandene Maß hinaus zu beschränken, womit sie sich ganz offenkundig zum besten Sachwalter der Unternehmerinteressen machte. Auch hinsichtlich des Mitbestimmungsrechts in sozialen und personellen Angelegenheiten brachte der Regierungsentwurf im Vergleich zum Entwurf der CDU/CSU erhebliche Verschlechterungen für die Arbeitnehmer. Das zeigte sehr deutlich, daß die Bundesregierung keine neutrale Vermittlerrolle zwischen den beiden sozialen Gegenspielern, Unternehmern und Gewerkschaften, einnahm, sondern letztlich die Interessen der Kapitalseite vertrat. Von einer solchermaßen interessengebundenen Bundesregierung war demnach nicht zu erwarten, daß sie sich ohne politischen Druck für eine den gewerkschaftlichen Vorstellungen auch nur halbwegs entsprechende Verankerung von Mitbestimmungsrechten einsetzen würde.

Der Bundesregierung gelang es jedoch eine ganze Zeit lang, diese Funktion den Gewerkschaften gegenüber zu verschleiern. Bezeichnend dafür war, daß die Gewerkschaften auf Vermittlung der Bundesregierung Ende Mai 1950 erneut in Verhandlungen mit den Unternehmern über das Mitbestimmungsrecht eintraten, obwohl sie sich nur wenige Wochen vorher, nach den Hattenheimer Gesprächen Ende März, „von weiteren Verhandlungen keinen Erfolg mehr versprechen [zu] können" glaubten.[40] Ein Grund für dieses widersprüchliche Verhalten war, neben dem Fehlen einer klaren gewerkschaftlichen Strategie, auch Bundeskanzler Adenauers taktisches Geschick, in Situationen, in denen ernsthafte soziale Konflikte zu befürchten waren, sich gegenüber den Gewerkschaften glaubhaft als neutraler Vermittler darstellen zu können. In seiner Eröffnungsansprache bei den Verhandlungen in Bonn betonte Adenauer, daß aus politischen Gründen eine Verständigung zwischen Unternehmern und Gewerkschaften gefunden werden müsse;[41] damit bestärkte der Bundeskanzler die bei den Gewerkschaften ohnehin vorhandene Hoffnung, daß sich die Bundesregierung im Interesse politischer und sozialer Stabilität für eine akzeptable Mitbestimmungsregelung einsetzen würde. Aus ähnlichen Erwägungen beauftragte Adenauer seinen Arbeitsminister Storch als ständigen Vermittler zwischen den beiden Interessengruppen.

Im Verlauf der Verhandlungen von Bonn und Maria Laach wurde immer deutlicher sichtbar, daß weder die Unternehmer noch die Bundesregierung an einer Verständigung mit den Gewerkschaften auf der Basis gegenseitiger Zugeständnisse ernsthaft interessiert waren. Den Unternehmern ging es wohl in erster Linie darum, die Verhandlungen hinhaltend zu führen und Zeit zu gewinnen,[42] da angesichts der politischen

---

programm" der FDP vom Januar 1948 war z.B. lediglich die „Mitwirkung" der Betriebsräte (also nur dem Betrieb angehöriger Arbeitnehmer) am betrieblichen Geschehen vorgesehen. Dazu auch Wolfgang Hirsch-Weber: Gewerkschaften in der Politik, S. 83.

[40] Schreiben Böckler an Adenauer vom 5.4.1950, a.a.O.

[41] Protokoll der 3. Sitzung des Bundesausschusses des DGB vom 17./18.7.1950, in der über die Verhandlungen von Bonn und Maria Laach berichtet wurde. DGB-Archiv.

[42] Diesen Standpunkt vertrat explizit Wilhelm Vorwerk auf der Zusammenkunft der Unternehmer der Industrie- und Handelskammer Essen am 3.7.1950. Informations- und Nachrichtendienst der Bundespressestelle des DGB II (1951), S. 30 f.

Tendenzen der beiden letzten Jahre mit einer zunehmenden Konsolidierung der Regierung Adenauer und infolgedessen eher mit einer Veränderung der gesellschaftlichen Kräfteverhältnisse zugunsten der Unternehmer als zugunsten der Gewerkschaften gerechnet werden konnte.

Symptomatisch für die ursprünglichen Illusionen der DGB-Führung über die Kompromißbereitschaft der Unternehmer und für die zunehmende Enttäuschung dieser Illusionen im Verlauf der Verhandlungen war ein Brief Hans vom Hoffs, der als Leiter der Hauptabteilung Wirtschaft im Bundesvorstand des DGB vor allem bei den späteren Mitbestimmungsverhandlungen maßgeblich beteiligt war, an seinen Gewerkschaftskollegen, Bundesarbeitsminister Storch, in dem es u. a. hieß: „Ich habe ehrlich geglaubt, daß wir in der Frage des Mitbestimmungsrechtes zu einer für beide Teile tragbaren Regelung kommen würden. Der Verlauf der letzten Sitzung [. . .] hat mich allerdings sehr bedenklich gestimmt. Du wirst Dich erinnern, daß Herr Dr. Raymond zu Beginn der Verhandlungen sagte: ‚Wir wollen mit Ehrlichkeit und Offenheit und nicht mit Schlauheit verhandeln!' Ich werde das Gefühl nicht los, daß ich auf diese Darlegungen hereingefallen bin."[43]

Am 7. Juli 1950 wurden die Verhandlungen abgebrochen, nachdem in der Frage des betrieblichen Mitbestimmungsrechtes wiederum keine Einigung erzielt werden konnte. Übereinstimmung zwischen Unternehmervertretern und Gewerkschaften bestand lediglich, wie schon bei den Hattenheimer Verhandlungen, in der Einrichtung eines paritätisch besetzten Bundeswirtschaftsrates und paritätisch besetzter Landeswirtschaftsräte und Wirtschaftskammern. Seit den Hattenheimer Verhandlungen waren damit mehr als drei Monate vergangen, die den Gewerkschaften keinerlei Fortschritte in der Mitbestimmungsfrage gebracht hatten. Der Bundesausschuß des DGB beschloß deshalb in seiner Sitzung am 17./18. Juli 1950, „gewerkschaftliche Kampfmittel" zur Durchsetzung der Mitbestimmungsforderungen einzusetzen.[44]

Trotz dieses eindeutigen Beschlusses blieb die Haltung der Führungsspitze des DGB noch eine Zeitlang widersprüchlich und kompromißbereit. In seiner Sitzung vom 23. Oktober 1950 bekundete der geschäftsführende Vorstand des DGB nach „unverbindlichen Anfragen bezüglich Aufnahme erneuter Besprechungen" seitens der Unternehmer seine Bereitschaft, wiederum in Verhandlungen über das Mitbestimmungsrecht einzutreten. Voraussetzung dafür sei lediglich, daß die Verhandlungen direkt zwischen den Beteiligten geführt würden, „da Kollege Storch nicht mehr als unparteiischer Vorsitzender anzusehen" sei.[45] Die gewerkschaftliche Bereitschaft zu neuen Verhandlungen gründete sich auf die Hoffnung, daß man zu einer gemeinsamen Kor-

---

[43] Brief vom Hoff an Storch vom 18. 6. 1950. DGB-Archiv (Abschrift). Der vertrauliche Ton des Briefes zeigt zugleich auch, wie wenig vom Hoff (und mit ihm die gesamte DGB-Führung) die Alibifunktion der Bundesregierung, speziell des Bundesarbeitsministers, in diesen Verhandlungen begriffen hat.

[44] Protokoll der 3. Sitzung des Bundesausschusses des DGB vom 17./18. 7. 1950. DGB-Archiv.

[45] Protokoll der 41. Sitzung des geschäftsführenden Vorstandes des DGB vom 23. 10. 1950. DGB-Archiv.

rektur einiger Detailbestimmungen des Regierungsentwurfes, die den Vorstellungen beider Seiten widersprachen, kommen könnte.[46]

Zu nennenswerten Kontakten zwischen Gewerkschaften und Unternehmern kam es jedoch in den Monaten Oktober und November 1950 nicht, da sich die Aktivitäten der Gewerkschaften nun ganz auf die gesetzliche Sicherung der paritätischen Mitbestimmung in der Montanindustrie konzentrierten. Damit kam der Beschluß des Bundesausschusses des DGB vom 17./18. Juli 1950, für die Durchsetzung des Mitbestimmungsrechts gewerkschaftliche Kampfmittel einzusetzen, doch noch zur Anwendung, wenn auch nur in einem Teilbereich der Wirtschaft. Der Kampf um die gesetzliche Sicherung der Montanmitbestimmung war allerdings an eine Reihe von Voraussetzungen und Bedingungen geknüpft, die für die anderen Industriezweige nicht gegeben waren. Wichtige Bedingungsfaktoren waren die Entflechtung und Neuordnung der Montanindustrie, insbesondere unter dem Aspekt der mit dem Schumanplan intendierten Westintegration.

2. Die Entflechtung und Neuordnung der Montanindustrie unter den Bedingungen des Schumanplans und ihr Zusammenhang mit der gesonderten gesetzlichen Regelung der Montanmitbestimmung

Die gesetzliche Verankerung der Montanmitbestimmung vollzog sich in einem politischen Umfeld, das im wesentlichen durch zwei Tendenzen gekennzeichnet war: Durch die von den drei westlichen Alliierten verfügte und verhältnismäßig rigide durchgeführte Entflechtung der Eisen- und Stahlindustrie und des Kohlenbergbaus, die auf deutscher Seite bei Regierung, Parteien und Verbänden heftige Gegenwehr hervorrief, und andererseits durch die im Schumanplan intendierte Integration der westdeutschen Montanindustrie in einen gemeinsamen Markt, die die Möglichkeit einer schrittweisen Loslösung von alliierten Vorbehaltsrechten implizierte. Beide Aspekte waren eng miteinander verbunden. Die Bundesregierung versuchte ab Oktober 1950 im Zusammenhang mit den Schumanplanverhandlungen, einen von allen deutschen Interessengruppen unterstützten Neuordnungsplan gegen die weitergehenden Entflechtungsvorstellungen der Alliierten durchzusetzen. Die DGB-Führung verband die Zustimmung zu dem gemeinsamen Entflechtungsplan mit der Forderung nach gesetzlicher Absicherung der paritätischen Mitbestimmung in der Montanindustrie. Bevor jedoch auf diese Zusammenhänge eingegangen wird, sollen die rechtlichen und institutionellen Grundlagen der Neuordnung skizziert werden, unter besonderer Berücksichtigung der Positionen von Bundesregierung und DGB.

---

[46] Aktennotiz Bührig für Böckler vom 2.11.1950. DGB-Archiv. Bereits am 18.9.1950 hatte der geschäftsführende Vorstand des DGB beschlossen, „von der Erstellung eines eigenen Gesetzentwurfs zur Neuregelung des Betriebsverfassungsgesetzes (Betriebsrätewesen) abzusehen und die Auffassungen des Deutschen Gewerkschaftsbundes in einer Denkschrift zum Entwurf der Bundesregierung für ein Betriebsverfassungsgesetz niederzulegen". Protokoll der 35. Sitzung des geschäftsführenden Vorstandes des DGB vom 18.9.1950. DGB-Archiv.

a) Gesetzliche und institutionelle Grundlagen der Entflechtung und Neuordnung der Eisen- und Stahlindustrie und des Kohlenbergbaus

Auch nach Konstituierung der Bundesrepublik war es den Alliierten aufgrund des Artikels 2 b des Besatzungsstatutes vom 21. September 1949 vorbehalten, auf dem Gebiet der Entflechtung und Dekartellisierung Gesetze zu erlassen. Damit war ein wichtiger Wirtschaftszweig dem direkten Einfluß der Bundesregierung und den auf deutscher Seite Betroffenen vorläufig entzogen.

Die gesetzliche Grundlage der Entflechtungs- und Neuordnungsmaßnahmen im Bereich der westdeutschen Montanindustrie waren das alliierte Gesetz Nr. 75 vom 10. November 1948 und das Gesetz Nr. 27 vom 20. Mai 1950, das das Gesetz Nr. 75 ablöste.[47] Das Gesetz Nr. 75 war für die amerikanische und die britische Besatzungszone erlassen worden und hatte die Verordnungen Nr. 78 und das Gesetz Nr. 56 der britischen Militärregierung abgelöst, auf deren Grundlage bis Ende 1948 25 Betriebe der Eisen- und Stahlindustrie aus den alten Konzernzusammenhängen ausgegliedert worden waren. Das Gesetz Nr. 27 umfaßte das gesamte Gebiet der Bundesrepublik – also auch die ehemalige französische Besatzungszone – und enthielt einige Veränderungen im Bereich des Bergbaus gegenüber dem Gesetz Nr. 75. Es wurde gegen den Protest des französischen Hohen Kommissars durch Mehrheitsentscheidung des amerikanischen und britischen Hohen Kommissars erlassen. Die französische Besatzungsmacht verweigerte ihre Zustimmung, weil sie die in der Präambel enthaltene Bestimmung, daß die Entscheidung über die endgültige Eigentumsregelung im Kohlenbergbau und in der Eisen- und Stahlindustrie „einer aus freien Wahlen hervorgegangenen, den politischen Willen der Bevölkerung zum Ausdruck bringenden deutschen Regierung zu überlassen" sei, nicht akzeptieren wollte.[48]

Ziel dieser Gesetze war es, die „übermäßige Konzentration wirtschaftlicher Macht zu beseitigen und die Entwicklung eines Kriegspotentials zu verhindern".[49] Zu diesem Zweck waren im Anhang zu Gesetz Nr. 27 sämtliche von der Neuordnung betroffene Unternehmen aufgeführt. Bei den Gesellschaften des Anhangs A handelte es sich überwiegend um die zur Auflösung und Umgestaltung bestimmten Altkonzerne, Anhang B enthielt die ebenfalls zur Auflösung bestimmten Kohlenhandelsgesellschaften, Anhang D die 25 in den Jahren 1947/48 aus den alten Konzernen ausgegliederten Unternehmen der Eisen- und Stahlindustrie. Bei den Auseinandersetzungen um die technisch-organisatorischen Aspekte der Neuordnung 1950/51 spielten insbesondere die Unternehmen des Anhangs C eine Rolle. Es waren größtenteils „freie", d. h. technisch und eigentumsmäßig nicht mit den alten Konzernen verbundene Bergwerksbetriebe, die vor 1945 einen Anteil von ca. 45% an der gesamten Kohlenförderung des Ruhrgebietes innehatten.[50] Diese Bergwerksgesellschaften stellten nach Ansicht der Alliierten Hohen Kommission keine übermäßige Zusammenballung wirtschaftlicher Macht dar,

---

[47] Abgedruckt in NESI, S. 329 ff. und S. 341 ff.

[48] NESI, S. 87.

[49] Präambel des Gesetzes Nr. 27; ähnlich lautete die entsprechende Stelle der Gesetze Nr. 75.

[50] Die übrigen 55% der Ruhrkohlenförderung vor 1945 entfielen auf die konzerngebundenen Zechen; diese sind im einzelnen nicht im Anhang des Gesetzes Nr. 27 aufgeführt.

sondern waren mit dem Ziel des Aufbaus einer leistungsfähigen Wirtschaft durch Bildung optimaler Einheiten in das Gesetz Nr. 27 aufgenommen worden.[51] Sie schienen am ehesten für eine von den alten Eigentums- und Konzernstrukturen unabhängige, nur an technischer und wirtschaftlicher Rationalität orientierte Neuordnung geeignet, waren aber vom Zwang zur Neuordnung befreit, so daß es letztlich den Eigentümern überlassen blieb, ob und in welchem Umfang sie sich an der Neuordnung beteiligen wollten.

Die letzte Entscheidung über die Durchführung der Neuordnung lag nach Art. 4 des Gesetzes Nr. 27 bei den Alliierten, die auch nach der Gründung der Bundesrepublik nie Zweifel darüber aufkommen ließen, daß sie an diesem Recht festzuhalten gewillt waren.[52] Vorbereitendes und beratendes Organ der Alliierten Hohen Kommission war die UK-/US-Steel-Group, die Mitte 1950 in die Combined Steel Group (CSG) umgewandelt wurde und in erster Linie aus alliierten Wirtschafts- und Rechtsexperten bestand. Ihr Pendant auf deutscher Seite war die Stahltreuhändervereinigung (STV), die an der Planung und Durchführung der Neuordnung sowie an der Kontrolle der für die Neuordnung vorgesehenen Vermögenskomplexe mitwirkte. Bei der Planung der Neuordnung war die Stahltreuhändervereinigung frei und nicht an Weisungen der Alliierten gebunden; sie legte ihre Vorschläge der Combined Steel Group vor, der es freistand, diese an die Alliierte Hohe Kommission weiterzuleiten oder ihr eigene abweichende Vorschläge zu unterbreiten.

Die Stahltreuhändervereinigung wurde von der Alliierten Hohen Kommission nach Vorschlägen des Verwaltungsrats des Vereinigten Wirtschaftsgebiets in Frankfurt a. M. und nach Gesprächen mit den Gewerkschaften, der Wirtschaftsvereinigung Eisen und Stahl und den betroffenen Landesregierungen im August 1949 berufen.[53] Bei der Auswahl der 11 Mitglieder wurden unterschiedliche Interessen berücksichtigt: Neben Vertretern des montanindustriellen Managements, der privaten Wirtschaft und der öffentlichen Verwaltungen waren die Gewerkschaften mit vier Vertretern beteiligt, so daß für sie ein gewisser Einfluß garantiert war.[54]

---

[51] NESI, S. 96.

[52] Ebenda, S. 116.

[53] Ebenda, S. 110 f.

[54] Die Zusammensetzung der STV: Karl Barich (Direktor der Geisweider Eisenwerke AG), Heinrich Deist (Wirtschaftsexperte der SPD und des DGB), Heinrich Dinkelbach (Vorsitzender der STV, vorher Leiter der TrHV im Auftrage der NGISC, ehemaliger Finanzdirektor der Vereinigten Stahlwerke AG), Gotthard Freiherr von Falkenhausen (Chef des Essener Bankhauses Burkhardt & Co.), Willy Geldmacher (Oberbürgermeister in Bochum, SPD-Landtagsabgeordneter, Vertreter des DGB), Fritz Harders (Direktor der Hüttenwerke Hörde AG), Heinrich Meier (Landesrat a. D., Vertreter des DGB), Arthur Menge (früherer Oberbürgermeister von Hannover, gehörte vor 1933 der „Deutsch-Hannoverschen Partei" an), Herbert Monden (Stellvertretender Leiter des Verwaltungsamtes Eisen und Stahl), Erich Potthoff (Leiter des Wirtschaftswissenschaftlichen Instituts des DGB), Alfons Wagner (Honorarprofessor für Metallurgie, vorher im Vorstand großer Konzerne). Als 12. Mitglied war ursprünglich noch Günter Henle vom Klöcknerkonzern, Duisburg, später CDU-Bundestagsabgeordneter, vorgesehen. Als er die Tätigkeit ablehnte, wurde für ihn kein 12. Mann berufen.

Die Stahltreuhändervereinigung verstand sich selbst jedoch als ein partei- und interessenpolitisch neutrales Gremium, als ein Team von Neuordnungsexperten, das die sachlich bedingten deutschen Interessen gegen möglicherweise davon abweichende alliierte Vorstellungen bei den für die Neuordnung zuständigen alliierten Gremien geltend zu machen hatte. Die politische Bedeutung der Stahltreuhändervereinigung war auch insofern eingeschränkt, als sie auf die Regelung der Mitbestimmung und der Eigentumsverhältnisse keinen Einfluß hatte. Allerdings ist zu fragen, ob die konkreten technisch-organisatorischen Neuordnungsmaßnahmen nur durch reine Sachzwänge bedingt waren oder ob nicht hinter den – vor allem in der zweiten Hälfte des Jahres 1950 immer deutlicher werdenden – Bestrebungen zur Wiederherstellung des wirtschaftlichen Verbundes zwischen Hütten und Zechen das – im weitesten Sinne – politische Interesse an einer Rekonstruktion der alten Konzernzusammenhänge stand.[55]

Für die Neuordnungsplanung im Bereich des Kohlenbergbaus war auf deutscher Seite die Deutsche Kohlenbergbau-Leitung (DKBL) zuständig. Sie war aufgrund einer Verordnung der britischen Militärregierung im November 1947 gebildet worden und zunächst für die Verwaltung der Bergbauunternehmen, für die Sicherung ihrer Leistungsfähigkeit, für die Lenkung der Produktion und für den Absatz der Kohle verantwortlich. Durch eine Anordnung der North German Coal Control, einer Institution, die der britischen und amerikanischen Militärregierung unterstand und nach Erlaß des Gesetzes Nr. 27 in die Combined Coal Control Group (CCCG) umgestaltet wurde, wurde die Deutsche Kohlenbergbau-Leitung am 6. Juli 1949 mit der Ausarbeitung von Neuordnungsplänen beauftragt.[56]

Die Spitze der Deutschen Kohlenbergbau-Leitung bestand aus einem Generaldirektor und sechs Abteilungsleitern, von denen zwei durch die Gewerkschaften vorgeschlagen werden konnten. Die Position des Generaldirektors nahm Heinrich Kost ein, er war ein vom Nationalsozialismus unbelasteter Repräsentant der „freien" Bergwerksgesellschaften. Dem Direktorium stand ein aus Vertretern der Bergwerksunternehmen und aus Vertretern der Gewerkschaften paritätisch besetzter Beirat zur Seite. Dieser Beirat wurde vom Generaldirektor berufen und mußte durch die North German Coal Control bestätigt werden, seine Funktion beschränkte sich im wesentlichen auf die Beratung des Direktoriums.

Die Gewerkschaften kritisierten an der Deutschen Kohlenbergbau-Leitung ihren undemokratischen Aufbau.[57] Vor allem herrsche im Direktorium das „Führerprinzip", da die einzelnen Abteilungsdirektoren nur dem Generaldirektor verantwortlich seien,

---

[55] Diese Frage wird auch nach den Ausführungen in diesem Kapitel kaum eindeutig zu beantworten sein. Es soll jedoch versucht werden, die unterschiedlichen Sichtweisen etwas deutlicher werden zu lassen.

[56] NESI, S. 153. Zur DKBL vgl. auch Martiny, in: Glück auf, Kameraden!, S. 394 ff.

[57] „Stellungnahme der Industriegewerkschaft Bergbau zur Neugliederung in der Kohlenwirtschaft" vom 5. 4. 1949. DGB-Archiv. Böckler übersandte diese Stellungnahme am 11. 4. 1949 dem britischen Militärgouverneur Robertson. Antwort Robertson an Böckler vom 22. 4. 1949 (Übersetzung) im DGB-Archiv. Außerdem fertigte der DGB mit dem Datum 29. 4. 1949 ein neues, elfseitiges Memorandum an: „Stellungnahme der Gewerkschaften zur Umgestaltung des Kohlenbergbaus (II. Memorandum)". DGB-Archiv.

eine Verantwortlichkeit des Direktoriums gegenüber dem Beirat bestehe nicht. Außerdem seien die nicht auf Vorschlag der Gewerkschaften bestellten Direktoren zum großen Teil mit den Vorständen der alten Bergbaugesellschaften identisch, so daß die Mitarbeit der IG Bergbau in der Deutschen Kohlenbergbau-Leitung nur unter großen Bedenken erfolgen könne. Die Gewerkschaften forderten deshalb die Schaffung eines offiziellen deutschen Gremiums nach dem Vorbild der Stahltreuhändervereinigung, dessen Mitglieder zur Hälfte von den deutschen Gewerkschaften vorzuschlagen wären.[58] Es gelang den Gewerkschaften nur zum Teil, bei den Alliierten die gewünschten Veränderungen in der Zusammensetzung der Deutschen Kohlenbergbau-Leitung zu erreichen, jedoch wurde die DKBL von der Militärregierung angewiesen, die Neuordnungspläne nur gemeinsam mit ihrem Beirat auszuarbeiten und dessen Ansichten genügend Beachtung zu widmen.[59]

Zu Verhandlungen zwischen der Deutschen Kohlenbergbau-Leitung und der Stahltreuhändervereinigung kam es ab April 1950. Dabei ging es vor allem um den künftigen eigentumsmäßigen Verbund von Kohle und Eisen, ungeachtet der Frage, wem diese Betriebe endgültig übereignet werden sollten.[60] Im ersten Jahr des Bestehens der Bundesrepublik waren also die den Gesamtkomplex der Neuordnung der Montanindustrie betreffenden Souveränitätsrechte zwischen der Bundesregierung und der Alliierten Hohen Kommission aufgespalten. Für die Regelung der Mitbestimmung und der Eigentumsverhältnisse waren die Bundesregierung bzw. die parlamentarischen Instanzen zuständig, die technisch-organisatorische und betriebswirtschaftliche Seite der Neuordnung, also Fragen der Größe der neuzubildenden Unternehmen, des Verbundes verschiedener Produktionsstufen, blieben der Entscheidung der Hohen Kommissare vorbehalten. So kam es dazu, daß bei der Neuordnung der Montanindustrie zunächst verschiedene deutsche Institutionen miteinander konkurrierten: Während die Stahltreuhändervereinigung und die Deutsche Kohlenbergbau-Leitung im Auftrag der Alliierten, wenn auch nicht an deren Weisungen gebunden, ihre Neuordnungspläne erarbeiteten, versuchte die Bundesregierung, die für die Wirtschaftspolitik insgesamt verantwortlich war, ihrerseits Einfluß auf die Neuordnung eines der wichtigsten Wirtschaftszweige zu gewinnen.

b) Die Vorstellungen der Stahltreuhändervereinigung, der Deutschen
Kohlenbergbau-Leitung und der Gewerkschaften zur Neuordnung der
Montanindustrie bis zur Einschaltung der Bundesregierung
(April 1949 bis Oktober 1950)

Im Mittelpunkt der Diskussionen über die Neuordnung der Montanindustrie stand die Frage, in welchem Ausmaß die aus den alten Konzernen ausgegliederten Unterneh-

---

[58] Stellungnahme des DGB vom 29.4.1949.

[59] Anordnung der NGCC vom 7.6.1949. Den Inhalt dieser Anordnung teilte der stellvertretende amerikanische Militärgouverneur Hays am 13.7.1949 brieflich Hans Böckler mit. DGB-Archiv. Hays beantwortete damit ein Schreiben Böcklers vom 30.6.1949, in dem dieser erneut gefordert hatte, daß die Neuordnung des Kohlenbergbaus analog dem Gesetz Nr.75 gehandhabt werden sollte. Vgl. dazu auch Martiny, in: Glück auf, Kameraden!, S.401f.   [60] NESI, S.153.

men der Eisen- und Stahlindustrie mit Bergbaubetrieben eigentumsmäßig verbunden werden sollten. In dieser Frage gab es erhebliche Unterschiede zwischen den Auffassungen der Deutschen Kohlenbergbau-Leitung, der Stahltreuhändervereinigung, den Gewerkschaften, der Bundesregierung und den Alliierten.

Die Gewerkschaften bezogen zu den Problemen der Neuordnung in den Jahren 1949 und 1950 wiederholt Stellung.[61] Dabei betonten sie die Forderung, daß die neuen Unternehmen völlig unabhängig von den bisherigen Eigentumsgrenzen, vor allem von den Altkonzernen, geschaffen werden sollten. Bei der Planung der neuen Unternehmen dürften nur technische und wirtschaftliche Gesichtspunkte eine Rolle spielen. Die neuen Unternehmen sollten einerseits eine bestimmte Mindestgröße haben, um international konkurrieren zu können, andererseits dort ihre Grenze finden, „wo sie zu unerwünschten wirtschaftlichen und politischen Machtgebilden" würden.[62] Bezüglich des Kohlenbergbaus wurde die Schaffung von 20 selbständigen Kohlegesellschaften vorgeschlagen, zudem sollten an der Neuordnung die „freien", nicht konzerngebundenen Bergwerksgesellschaften beteiligt werden, die nach Gesetz Nr. 27, Anhang C, vom Zwang zur Neuordnung ausgenommen waren.[63] Weniger konkret waren die gewerkschaftlichen Vorstellungen zur Neuordnung in der Eisen- und Stahlindustrie. Hier beschränkte man sich auf die Feststellung allgemeiner Grundsätze, vermutlich weil man es für überflüssig hielt, den Detailplanungen der Stahltreuhändervereinigung ein eigenes Konzept entgegenzusetzen, da an ihnen mit Potthoff und Deist gewerkschaftliche Neuordnungsexperten beteiligt waren. In der Stellungnahme des DGB vom 29. März 1950 hieß es bezüglich der neuen Eisen- und Stahlgesellschaften, daß diese „naturgemäß wesentlich kleiner sein werden als die jetzt der Auflösung verfallenden Großkonzerne", gleichzeitig aber auch, daß „eine Zusammenfassung mehrerer Werke der gleichen wie auch verschiedener Produktionsstufen zu größeren Unternehmungen aus wirtschaftlichen Gründen unerläßlich" sei. Daraus war zu entnehmen, daß der DGB in bestimmten sachlich begründeten Fällen einer Verbindung von Kohlen- und Eisengesellschaften zustimmen würde. Insgesamt gingen die Neuordnungsvorstellungen der Gewerkschaften jedoch vom Prinzip der Trennung der beiden Industriezweige Kohle und Eisen aus; dies zeigte sich auch an der Forderung nach jeweils einem „besonderen Spitzenorgan" für jeden Industriezweig, das die Koordination der einzelnen Unternehmen in wirtschaftlicher Hinsicht übernehmen sollte.[64]

Die Deutsche Kohlenbergbau-Leitung legte im September 1950 einen Neuordnungsplan vor, der die Gründung von 23 von der Eisen- und Stahlindustrie unabhängigen

---

[61] Stellungnahme der IG Bergbau vom 5.4. 1949 und des DGB vom 29.4. 1949 (vgl. Kapitel II, Anm. 57); „Stellungnahme der Gewerkschaften zum Ruhrstatut und Gesetz Nr. 75 vom 21.11. 1949. Hrsg. vom Deutschen Gewerkschaftsbund. Düsseldorf 1949; „Stellungnahme des Deutschen Gewerkschaftsbundes zum Gesetz Nr. 75" vom 1.2. 1950. DGB-Archiv; „Stellungnahme zur Neuregelung der Grundstoffindustrien" des DGB vom 29.3. 1950. In: Informations- und Nachrichtendienst der Bundespressestelle des DGB I (1950), S. 16 ff.; „Stellungnahme der IG Bergbau zum Gesetz Nr. 27" vom 12.6. 1950. DGB-Archiv.

[62] Stellungnahme des DGB vom 29.3. 1950, a.a.O.

[63] Stellungnahme der IG Bergbau vom 12.6. 1950, a.a.O.

[64] Stellungnahme des DGB vom 29.3. 1950, a.a.O.

Bergbaugesellschaften vorsah, wobei die unter Anhang C im Gesetz Nr. 27 genannten Bergwerksgesellschaften mit einbezogen werden sollten. Dieser Plan war gemeinsam mit den Vertretern der IG Bergbau im Beirat der Deutschen Kohlenbergbau-Leitung erarbeitet worden und wurde in mehreren Kundgebungen durch die IG Bergbau öffentlich unterstützt.[65] Die Frage der Eigentumsverhältnisse war allerdings ausgeklammert. Die Übereinstimmung zwischen der IG Bergbau und den in der Deutschen Kohlenbergbau-Leitung vertretenen Unternehmern hatte ihre Ursache darin, daß in der DKBL in erster Linie Unternehmer vertreten waren, deren Bergwerksunternehmen in der Vergangenheit von den Altkonzernen relativ unabhängig waren[66] und die in Übereinstimmung mit der IG Bergbau befürchteten, daß eine eigentumsmäßige Verbindung von Bergwerks- und Eisengesellschaften letztlich zu einer Dominanz der Eisen- und Stahlseite, und somit zu einer Restauration der Altkonzerne führen könnte.

Im Gegensatz zur Deutschen Kohlenbergbau-Leitung setzte sich in der Stahltreuhändervereinigung die Auffassung durch, daß eine gemäßigte eigentumsrechtliche Verbindung von Kohle und Eisen – es ging zunächst speziell um drei Fälle[67] – für die internationale Konkurrenzfähigkeit der westdeutschen Eisen- und Stahlindustrie unerläßlich sei. In dem am 23. November 1950 veröffentlichten Neuordnungsplan[68] wurden die Fragen des Verbunds nicht behandelt, da zwar am 27. Oktober 1950 auf Initiative des Bundeswirtschaftsministeriums eine allgemeine Vereinbarung zwischen Vertretern der Stahltreuhändervereinigung und der Deutschen Kohlenbergbau-Leitung über den wirtschaftlichen Verbund von Kohle und Eisen abgeschlossen worden war, detailliertere Regelungen jedoch nicht getroffen worden waren.

Die Haltung der Gewerkschaften zur Verbundfrage war im September/Oktober 1950 noch uneinheitlich, wie sich auf einer Besprechung führender Gewerkschafter über den aktuellen Stand der Montan-Neuordnung am 3. Oktober 1950 zeigte.[69] Eine weitgehend ablehnende Haltung nahmen die Vertreter der IG Bergbau, aber auch Hans Böckler ein, der „die alte Verbundwirtschaft im Rahmen der Konzerne mit der Herrschaft des Stahls über die Kohle" als „nicht mehr diskutabel" bezeichnete.[70] Als Befürworter einer eng begrenzten Verbundwirtschaft traten die in der Stahltreuhändervereinigung vertretenen Gewerkschafter Potthoff, Deist und Geldmacher auf. Sie schlossen

---

[65] Martiny, in: Glück auf, Kameraden!, S. 402 f.

[66] Diese Einschätzung gab Günter Henle, Teilhaber der Firma Klöckner, CDU-Bundestagsabgeordneter und – wie einige der mir bekannten Akten zeigen – einflußreicher Berater Adenauers in den Montanneuordnungsfragen, in einem Brief an Adenauer vom 9. 2. 1950. BA, B 136, 2456.

[67] NESI, S. 153. Es handelte sich dabei um folgende drei „klassische Fälle der Verbundwirtschaft": 1. Hamborner Hütten (August-Thyssen-Hütte) mit der Hamborner Zechengruppe der Gelsenkirchener Bergwerks AG, 2. Hütte Oberhausen mit den Oberhausener Zechen der Gutehoffnungshütte, 3. Westfalenhütte mit den Dortmunder Hoesch-Zechen. Bezeichnenderweise hatten die für eine wirtschaftliche Verbindung vorgeschlagenen Kohle- und Eisengesellschaften vorher jeweils den gleichen Konzernen angehört: 1. Vereinigte Stahlwerke, 2. Gutehoffnungshütte, 3. Hoesch.

[68] NESI, S. 154 ff.

[69] „Bericht über die Besprechung betr. Kohle-, Eisen- und Stahlneuordnung am 3. 10. 1950" (gez.: Stenzel, Mitarbeiter Hans vom Hoffs) DGB-Archiv.

[70] Ebenda.

sich der von anderen Mitgliedern der Vereinigung vertretenen Meinung an, daß der bestehende technische Verbund zwischen Hütten, Zechen und Kokereien in bestimmten Einzelfällen entsprechende eigentumsmäßige Verbindungen notwendig machen würde. Diese Argumentation blieb nicht ohne Wirkung auf die übrigen Teilnehmer der Besprechung; verbindliche Beschlüsse wurden jedoch nicht gefaßt. Erhöhte Bedeutung kam der gewerkschaftlichen Haltung zur Neuordnung der Montanindustrie zu, als sich die Bundesregierung ab Oktober 1950 aktiv in die Neuordnung der Montanindustrie einschaltete.

c) Die Einschaltung der Bundesregierung in die Neuordnung unter den Bedingungen des Schumanplans und der alliierten Entflechtungspolitik (September bis November 1950)

Die Bundesregierung versuchte schon wenige Monate nach ihrer Konstituierung, Einfluß auf die Neuordnung der Montanindustrie zu nehmen. Bereits am 22. Januar 1950 wandte sich Bundeskanzler Adenauer an die Alliierte Hohe Kommission mit der Frage, ob die Bundesregierung eigene Vorschläge zur Neuordnung des Montanbereiches erarbeiten solle.[71] In diesem Zusammenhang forderte Adenauer einige Persönlichkeiten aus dem Unternehmerlager auf, ihm geeignete Vorschläge zu unterbreiten.[72] Die Hohen Kommissare wiesen mit Schreiben vom 23. Februar 1950 die Frage der Bundesregierung zurück und betonten ihre besonderen Vorbehaltsrechte. Damit war der Versuch der Einflußnahme durch die Bundesregierung vorläufig gescheitert.

Die Situation veränderte sich mit der Verkündung des Schumanplans am 9. Mai 1950. Der Schumanplan sah die Schaffung eines gemeinsamen Marktes für Kohle-, Eisen- und Stahlprodukte sowie die Unterstellung der Montanindustrien unter eine gemeinsame Kontrollbehörde vor. Betroffen waren in erster Linie die Bundesrepublik Deutschland und Frankreich, der Plan erlaubte jedoch die Einbeziehung weiterer westeuropäischer Länder. Das Bundeskabinett stimmte bereits am 9. Mai 1950 den Grundgedanken des Schumanplans zu.[73] Die Verhandlungen wurden im Juni 1950 aufgenommen und am 18. April 1951 mit der Unterzeichnung des Montanunion-Vertrags in Paris abgeschlossen.

Für Bundeskanzler Adenauer war die mit dem Schumanplan intendierte Integration der Bundesrepublik in das westliche Staatensystem vor allem unter dem Aspekt der schrittweisen Erlangung der staatlichen Souveränität von Bedeutung.[74] Einen ersten

---

[71] Das geht aus einer vom BWM für den internen Gebrauch erstellten Übersicht über die mit der Neuordnung der Montanindustrie zusammenhängenden Vorgänge hervor. BA, B 102, 60668.

[72] Das läßt sich aus den entsprechenden Antwortschreiben erschließen. In BA, B 136, 2456 sind folgende Schreiben enthalten: Heinrich Kost (DKBL) vom 12.1.1950, Franz Etzel (Vorsitzender des Wirtschaftsausschusses der CDU/britische Zone) vom 3.2.1950 und Günter Henle vom 9.2.1950. Offensichtlich erging an die Gewerkschaften keine Aufforderung zur Stellungnahme.

[73] Konrad Adenauer: Erinnerungen 1945–1953. Stuttgart 1965, S. 327.

[74] Es ist im Rahmen dieser Arbeit nicht möglich, aber auch nicht erforderlich, die komplexen politischen und wirtschaftlichen Interessen, die mit dem Schumanplan zusammenhängen, zu analysieren. Hier geht es nur um die Aspekte, die im Zusammenhang mit der Neuordnung der westdeutschen Montanindustrie stehen. Es sei hier nur auf einige Literaturtitel zu diesem Thema ver-

Schritt auf diesem Weg hatte Adenauer schon im November 1949 mit der Unterzeichnung des „Petersberger Abkommens" vollzogen, in dem die Alliierten eine Einschränkung der Demontagen zugestanden hatten und im Gegenzug Adenauer den Beitritt der Bundesregierung in die internationale Ruhrbehörde erklärt hatte. Der Schumanplan enthielt darüberhinaus die Möglichkeit zur Ablösung der auf dem Gebiet der Neuordnung der Eisen- und Stahlindustrie sowie des Kohlenbergbaus weiterhin bestehenden alliierten Kontroll- und Verordnungsrechte durch bilaterale, auf der Basis einer annähernden Gleichberechtigung abgeschlossene Vereinbarungen. Gleichberechtigung aber bedeutete für Adenauer und die Bundesregierung, wie sich im Verlauf des Jahres 1951 immer mehr zeigte, die Rückgewinnung der freien Verfügung der deutschen Eigentümer über ihr 1945/46 unter Treuhandverwaltung gestelltes Eigentum.[75]

Während der Schumanplan ein eher großzügiges Angebot an die Bundesrepublik darstellte – von Frankreich initiiert, von Großbritannien und den USA unterstützt –, blieb die Politik der Alliierten auf dem Gebiet der Entflechtung weiterhin sehr restriktiv. So wurde das Gesetz Nr. 27 im Mai 1950 von der Alliierten Hohen Kommission ohne vorherige Konsultation deutscher Stellen erlassen. Auch zeigten die Verhandlungen mit den alliierten Behörden, daß für diese der Aspekt der Entflechtung, d. h. der Aufteilung der Konzerne in verhältnismäßig kleine, möglicherweise international nicht konkurrenzfähige[76] Unternehmen, im Zentrum ihrer Überlegungen stand. Demgegenüber wollten die deutschen Stellen eine möglichst umfassende und konstruktive Neuordnung durchführen.

Die scheinbare Paradoxie in der Politik der Alliierten wird jedoch erklärbar, wenn man die zugrundeliegenden Interessen berücksichtigt. Der Schumanplan ist als Versuch Frankreichs zu verstehen, die westdeutsche Montanindustrie langfristig in einen gemeinsamen Markt zu integrieren und einer supranationalen Kontrollbehörde zu unterwerfen. Diese Politik war durch die Erkenntnis motiviert, daß aufgrund der internationalen politischen Lage, besonders des Kalten Krieges, die bestehende einseitige Kontrolle der westdeutschen Montanindustrie sich in Kürze als politisch obsolet erweisen würde.[77] Eine restriktiv praktizierte Entflechtungspolitik lag insofern im fran-

---

wiesen: Carl Horst Hahn: Der Schumanplan. Eine Untersuchung im besonderen Hinblick auf die deutsch-französische Stahlindustrie. München 1953; Fritz Hellwig: Westeuropas Montanwirtschaft. Kohle und Stahl beim Start der Montanunion. Köln 1953; William Diebold jr.: The Schuman Plan. A Study in Economic Cooperation 1950–1959. New York 1959; Heinz Potthoff: Vom Besatzungsstaat zur Europäischen Gemeinschaft. Ruhrbehörde, Montanunion, EWG, Euratom. Hannover 1964; Ders.: Die Montanunion in der europäischen Gemeinschaft. Eine Zwischenbilanz. Hannover 1965; Gilbert Ziebura: Die deutsch-französischen Beziehungen seit 1945. Mythen und Realitäten. Pfullingen 1970; Volker Bahl: Staatliche Politik am Beispiel der Kohle. Frankfurt a. M. und New York 1977, S. 118–124.

[75] Siehe dazu Kapitel V.

[76] So lautete zumindest das auf deutscher Seite immer wieder zu hörende Argument gegen die Entflechtung.

[77] Vgl. dazu das „Monnet-Memorandum" vom 3.5.1950. Abgedruckt (in deutscher Übersetzung) in Ziebura: Die deutsch-französischen Beziehungen, S. 195–200.

zösischen Interesse, als damit für die westdeutsche Montanindustrie, die in der Vergangenheit immer wieder eine Bedrohung Frankreichs dargestellt hatte, ungünstigere Ausgangsbedingungen für den gemeinsamen Markt geschaffen werden sollten. Das gleiche Motiv – Schwächung der deutschen Montanindustrie auf dem Weltmarkt – galt im Prinzip für die britische Politik,[78] während die amerikanische Haltung überwiegend ideologisch, im Sinne einer strengen Anti-Trust-Politik, fixiert war.[79]

Angesichts der restriktiven Entflechtungspolitik der Alliierten war es jedoch für Bundeskanzler Adenauer schwer, den Schumanplan gegenüber seinen politischen Gegnern oder gar nur gegenüber Skeptikern aus den eigenen Reihen zu vertreten. Adenauer erwartete als Ergebnis des Schumanplans die Realisierung der wirtschaftlichen und politischen Gleichberechtigung gerade auf dem wichtigen Gebiet der Eisen- und Stahlindustrie und des Kohlenbergbaus. Gleichzeitig mußte er aber tatenlos zusehen, wie die Alliierten ihre Entflechtungspolitik durchsetzten, ohne die Vorstellungen der Bundesregierung überhaupt zur Kenntnis zu nehmen. Schlimmer noch: Er mußte untätig mit ansehen, wie die Alliierten im Begriff waren, der westdeutschen Montanindustrie vor ihrer angestrebten Integration in einen gemeinsamen Markt möglichst ungünstige Ausgangsbedingungen zu diktieren. Daß die alliierte Entflechtungspolitik auf deutscher Seite auch erhebliche Zweifel bezüglich des Schumanplans hervorrief, erscheint unter diesen Bedingungen verständlich.

Wie aber hätte Adenauer nun noch überzeugend zugunsten künftiger Vorteile des Schumanplans plädieren sollen? Um diesem Dilemma zu entkommen, mußte die Bundesregierung versuchen, selbst Einfluß auf die Entflechtung und Neuordnung der Montanindustrie zu gewinnen.[80] Die Chancen dafür waren größer als zu Beginn des Jahres 1950, denn nun konnte die Bundesregierung mit einem Scheitern der Schumanplanverhandlungen drohen.[81]

Die Bundesregierung wandte sich in Fragen der Neuordnung erstmals nach ihrem gescheiterten Versuch vom Januar 1950 am 2. Oktober 1950 an die Alliierte Hohe Kom-

---

[78] Bahl: Staatliche Politik, S. 115 ff.

[79] NESI, S. 38 f.

[80] Der Zusammenhang von Schumanplan und Einschaltung der Bundesregierung geht aus zahlreichen internen Vermerken des Bundeskanzleramts hervor. BA, B 136, 2456–2458. Ein Beispiel (Vermerk Rust, BK, vom 25. 9. 1950, in: BA, B 136, 2456): „Es kommt jetzt vielmehr darauf an, bei der Art der Durchführung und der bevorstehenden Neuordnung der Konzerne deutscherseits verantwortlich mitsprechen zu dürfen und auch tatsächlich mitzusprechen. [. . .] Die weitaus überwiegende [deutsche] Auffassung geht dahin, daß im Interesse der Konkurrenzfähigkeit der deutschen Eisen- und Stahlwirtschaft auf die augenfälligen Vorteile einer Verbundwirtschaft nicht verzichtet werden kann. Dies gilt m. E. ganz besonders, wenn man an die Verwirklichung des Schuman-Planes denkt." Vgl. dazu auch die Darstellung der Stahltreuhändervereinigung, NESI, S. 116 ff.

[81] Hans Korsch, der als gewerkschaftlicher Vertreter dem Beirat der IG Bergbau angehörte, berichtete am 6. 10. 1950 dem Vorsitzenden der IG Bergbau, August Schmidt, daß er „von verschiedenen Seiten" gehört habe, „daß der Bundeskanzler auf dem Petersberg [dem Sitz der AHK] eine wesentliche Versteifung der deutschen Haltung beim Schumanplan angedroht haben soll, wenn nicht sofort eine entscheidende Einschaltung der Bundesregierung beim Gesetz Nr. 27 erfolge". Da sich weitere Mitteilungen von Korsch m. E. als zutreffend erwiesen haben, zweifele ich nicht am Gehalt dieser Information. Brief Korsch an Schmidt vom 6. 10. 1950. (Abschrift) DGB-Archiv.

mission.[82] Zu dieser Zeit war der Neuordnungsplan der Deutschen Kohlenbergbau-Leitung gerade fertiggestellt, seine Vorlage bei der Combined Coal Control Group stand unmittelbar bevor. Auch die Neuordnungsplanung der Stahltreuhändervereinigung befand sich kurz vor ihrem Abschluß. Ziel der Intervention der Bundesregierung war es sicherzustellen, daß die Hohen Kommissare über diese Pläne keine Entscheidung trafen, solange die Bundesregierung nicht ihrerseits Gelegenheit zur Stellungnahme gehabt hatte. In dem Antwortschreiben vom 26. Oktober 1950 räumte die Alliierte Hohe Kommission der Bundesregierung die Möglichkeit zur eigenen Stellungnahme ein.[83] In den folgenden Monaten kam es zu komplizierten und langwierigen Verhandlungen, die sich bis März 1951 hinzogen und in denen es hauptsächlich um das Ausmaß der eigentumsmäßigen Verbindungen von Kohlen- und Eisengesellschaften ging. Zur Positionsbestimmung wurden verschiedene Memoranden ausgetauscht.[84]

Die Bundesregierung versuchte in diesen Verhandlungen die Alliierte Hohe Kommission davon zu überzeugen, daß ihre restriktive Dekartellisierungspolitik zu einer – angesichts des Ost-West-Konflikts fatalen – Schwächung der westdeutschen Montanindustrie und zu ungleichen Startbedingungen bezüglich des angestrebten gemeinsamen Marktes für Kohle und Stahl führen würde. Feste Vorstellungen von der inhaltlichen Ausgestaltung eines Neuordnungsplans hatten die zuständigen Stellen des Bundeskanzleramtes bereits Ende September 1950 entwickelt, zum Zeitpunkt der Einschaltung der Bundesregierung in die Neuordnung: Unverzichtbar war demnach ein möglichst weitgehender Verbund von Kohle und Eisen. Die Gegner einer solchen Lösung seien bei den Gewerkschaften und im Bereich des Kohlenbergbaus zu suchen.[85] Dagegen blieb das Bundeswirtschaftsministerium in der Frage der Neuordnung lange Zeit untätig, was Bundeskanzler Adenauer zu einer scharfen internen Kritik an seinem Bundeswirtschaftsminister veranlaßte. In einem Brief an Erhard schrieb Adenauer am 18. Oktober 1950 diesbezüglich: „Ich habe den Eindruck, daß das von Ihnen geleitete Ministerium in der Frage der Dekonzentration schon lange viel aktiver hätte sein müssen. Das ist übrigens auch der Eindruck maßgebender Kreise des Bundestages. [. . .] Wenn durch ein Versagen des Wirtschaftsministeriums die Dekonzentration in einer den deutschen Interessen abträglichen Weise einseitig von den Westalliierten vorgenommen wird, werden Ihre ganzen Verdienste um die Hebung der deutschen Wirtschaft demgegenüber verblassen und es wird auch für die Bundesregierung eine höchst gefahrvolle Lage heraufbeschworen."[86] Auch die Mitte Oktober vom Bundeswirtschaftsministerium vorgelegte Stellungnahme zur Neuordnung entsprach nicht den

[82] Note des Bundeskanzlers an die AHK vom 2. 10. 1950. Abgedruckt in: NESI, S. 413 f.

[83] Note der AHK an den Bundeskanzler vom 26. 10. 1950. Ebenda, S. 414.

[84] Bundeskanzler an AHK vom 3. 11. 1950. Ebenda, S. 415 ff.; AHK an Bundeskanzler vom 12. 12. 1950, ebenda, S. 417 ff.; Bundeskanzler an AHK vom 15. 1. 1951, ebenda, S. 447 ff.; Bundeskanzler an AHK vom 14. 3. 1951, ebenda, S. 455 ff.; AHK an Bundeskanzler vom 30. 3. 1951, ebenda, S. 457 f.

[85] Vermerk (Verf.: Rust, Ref. I/6, BK) vom 25. 9. 1950. BA, B 136, 2456.

[86] Brief Adenauer an Erhard vom 18. 10. 1950 (Abschrift). BA, B 136, 2456.

Vorstellungen des Bundeskanzleramtes. Es wurde vor allem daran Kritik geübt, daß sich diese Stellungnahme zu stark an den Vorschlag der Deutschen Kohlenbergbau-Leitung vom September 1950 anlehne, das Problem des eigentumsmäßigen Verbundes von Kohle und Eisen nicht berücksichtige und durch die Einbeziehung der im Anhang C des Gesetzes Nr. 27 genannten Bergbaugesellschaften die alliierten Entflechtungsgesetze „auch noch extensiv" anwende.[87]

In den folgenden Wochen bemühte sich das Bundeswirtschaftsministerium, ein den verbundwirtschaftlichen Vorstellungen des Bundeskanzleramtes entsprechendes Neuordnungskonzept zu erarbeiten. Zu diesem Zweck konstituierte sich auf Initiative des Bundeswirtschaftsministeriums ein Arbeitskreis „Entflechtung", dem neben Beamten des Bundeswirtschaftsministeriums Vertreter der Stahltreuhändervereinigung und der Deutschen Kohlenbergbau-Leitung angehörten. Am 27. Oktober wurde zwischen Vertretern der Stahltreuhänder und der Deutschen Kohlenbergbau-Leitung eine für die kommenden Monate grundlegende Vereinbarung über die eigentumsmäßige Verbindung von Kohle und Eisen abgeschlossen. Bei dieser Sitzung waren auch Vertreter der Altkonzerne Vereinigte Stahlwerke, Mannesmann und Klöckner auf Einladung des Ministeriums anwesend;[88] Gewerkschafter waren dagegen nur in ihrer Rolle als Mitglieder in der Stahltreuhändervereinigung bzw. Deutschen Kohlenbergbau-Leitung vertreten.[89] Die Vereinbarung sah die eigentumsmäßige Verbindung von Kohle und Eisen nicht nur in den drei „klassischen Fällen der Verbundwirtschaft" Duisburg-Hamborn, Oberhausen und Dortmund,[90] sondern darüberhinaus auch in den Räumen Gelsenkirchen und Bochum vor. Insgesamt sollte sich die eigentumsmäßige Verbindung von Kohle und Eisen auf ca. 25% der Kohlenförderung an der Ruhr beziehen.[91]

Mit der Vereinbarung vom 27. Oktober war die Position, die die Bundesregierung in den Verhandlungen mit der Alliierten Hohen Kommission in den Monaten November 1950 bis März 1951 einnahm, im Prinzip vorgezeichnet. Auch der Gemeinschaftsplan von Stahltreuhändervereinigung und Deutsche Kohlenbergbau-Leitung vom 15. Januar 1951[92] ging von dem Grundsatz aus, daß bis zu 25% der Kohlenförderung aus Zechen stammen sollten, die eigentumsmäßig mit der Eisen- und Stahlindustrie verbunden waren. Allerdings gelang es der Bundesregierung nur zum Teil, diese Position durchzusetzen. Da sich die Alliierte Hohe Kommission ungewöhnlich unnachgiebig erwies, stimmte die Bundesregierung in dem Memorandum vom 14. März 1951 einer Lösung zu, die eine eigentumsmäßige Bindung von höchstens 15% der Kohlenförde-

---

[87] Vermerk Rust (BK) vom 16. 10. 1950. BA, B 136, 2456.

[88] „Vereinbarung zwischen den Vertretern der DKBL, den Vertretern der Stahltreuhändervereinigung über die Abgrenzung zwischen Kohle und Eisen." DGB-Archiv.

[89] Auf diese Differenzierung wurde von Seiten der Gewerkschaften Wert gelegt, um zu betonen, daß die Gewerkschaften der Verbundwirtschaft *offiziell nicht* zugestimmt haben. Vgl. Brief Stenzel an Böckler vom 8. 11. 1950. (Abschrift) DGB-Archiv.

[90] Vgl. Kapitel II, Anm. 67.

[91] „Besprechungsergebnis der Sitzung von Direktorium und Beirat der DKBL am 15. November 1950." DGB-Archiv.

[92] NESI, S. 183.

rung an die Eisenindustrie vorsah.[93] Obgleich nur ein Teilerfolg, war dieses Ergebnis nur möglich, weil sich die Bundesregierung auf die Zustimmung aller von der Neuordnung betroffenen deutschen Interessengruppen stützen konnte.

d) Die Verschlechterung der gewerkschaftlichen Position im Zusammenhang mit der Einschaltung der Bundesregierung in die Neuordnung (September bis November 1950)

Mit der Einschaltung der Bundesregierung in die Neuordnung der Montanindustrie gewannen diejenigen Kräfte mehr und mehr Einfluß, die eine grundlegende, von den alten Eigentumsstrukturen unabhängige Neuordnung dieser Industriezweige ablehnten und stattdessen einen engen wirtschaftlichen Verbund von Kohle und Eisen im Rahmen der Altkonzerne befürworteten. Das zeigte sich allein schon daran, daß die Bundesregierung das Konzept eines engen wirtschaftlichen Verbundes von Kohle und Eisen, wie es von den Altkonzernen vertreten wurde, weitgehend übernahm. Das verbundwirtschaftliche Konzept, auf das sich am 27. Oktober 1950 Vertreter der Stahltreuhändervereinigung und der Deutschen Kohlenbergbau-Leitung auf Initiative des Bundeswirtschaftsministeriums und in Anwesenheit von Vertretern von drei Altkonzernen geeinigt hatten, war in dieser Form noch wenige Wochen vorher weder von den Stahltreuhändern noch von der Kohlenbergbau-Leitung oder den Gewerkschaften gebilligt worden. Daß dieses Ergebnis schließlich doch zustande kam, muß als Folge des Drucks angesehen werden, den die Altkonzerne im Zusammenhang mit den Schumanplanverhandlungen auf die Bundesregierung und indirekt auf die Stahltreuhändervereinigung und die Deutsche Kohlenbergbau-Leitung ausübten.[94]

Die Bevorzugung der Interessen der Altkonzerne dokumentierte sich auch in dem Ausmaß der Zusammenarbeit der Bundesregierung und ihrer Ministerialbürokratie mit Vertretern der Altkonzerne[95] und mit Interessengemeinschaften der Anteilseigner

---

[93] Ebenda, S. 189 f. Die Verhandlungen der Bundesregierung mit den Alliierten in den Monaten Dezember 1950 bis März 1951 sind im Zusammenhang mit der Montanmitbestimmung kaum relevant; deshalb wird hier auch nicht näher auf sie eingegangen.

[94] Das berichtete Hans Korsch an August Schmidt (Vorsitzender der IG Bergbau) in einem Brief vom 6. 10. 1950. DGB-Archiv. Diese Ansicht wird auch durch das Protokoll einer Sitzung des Unterausschusses Kohle/Eisen der STV vom 6. 9. 1950 gestützt. Danach habe Günter Henle (Klöckner) in einem Gespräch mit Dinkelbach geäußert, „daß, wenn die alte Position Klöckner-Eisen und Klöckner-Kohle nicht verbunden bleibe, ein großer wirtschaftlicher Fehler gemacht würde und Klöckner mit allen Mitteln kämpfen werde, um diesen Fehler zu verhindern". Eine ähnliche Haltung nahm Wilhelm Zangen (Vorstandsvorsitzender des Mannesmann-Konzerns) ein, der gegenüber Dinkelbach erklärte, daß „die ganze Ruhrindustrie geschlossen" Pläne, die von einer weitgehenden Trennung von Kohle und Eisen ausgingen, „in aller Konsequenz bekämpfen werde". Protokoll „Verbindung Kohle/Eisen" vom 6. 9. 1950. BA, B 109, 1124.

[95] Zahlreiche Akten der Bundesarchiv-Bestände B 102 und B 136 lassen auf die enge personelle Zusammenarbeit von Bundesregierung und Altkonzernen schließen. Im Rahmen dieser Arbeit ist es allerdings nicht möglich, genauer auf diese Verbindungen einzugehen, da sie sich zum großen Teil nur unvollständig und bruchstückhaft in den Akten niedergeschlagen haben. Hingewiesen sei hier nur auf die engen Beziehungen zwischen Bundeskanzler Adenauer und dem Bankier und Aufsichtsratsvorsitzenden der entflochtenen und neugegründeten August-Thyssen-Hütte-AG, Robert Pferdmenges, dessen Vermittlungstätigkeit in wirtschaftlichen und politischen Angelegenheiten

sowie in der weitgehenden Abschirmung gewerkschaftlichen Einflusses. So bestand nach einer vertraulichen Mitteilung des Gewerkschaftsreferenten im Bundeswirtschaftsministerium, Bömcke, an Viktor Agartz, dem damaligen Leiter des Wirtschaftswissenschaftlichen Institutes der Gewerkschaften, innerhalb seines Ministeriums die Anweisung, keine Gesetzesvorlagen mit den Gewerkschaften zu besprechen, bevor das Kabinett einen solchen Entwurf genehmigt habe. Dies habe – so Agartz – den praktischen Ausschluß der Gewerkschaften bei der Ausarbeitung von Gesetzentwürfen, im Gegensatz zu anderen Verbänden, zur Folge.[96]

Für die prinzipielle Richtigkeit der Einschätzung von Agartz sprachen auch die Umstände, die die Ausarbeitung des Entwurfes einer Durchführungsverordnung zum alliierten Entflechtungsgesetz Nr. 27 begleiteten. Dieser Entwurf, der im November 1950 zum Anlaß der gewerkschaftlichen Kampfmaßnahmen im Bereich der Montanindustrie wurde, sollte nach den Vorstellungen des Bundeswirtschaftsministeriums von den drei westlichen Alliierten als Durchführungsverordnung zu Gesetz Nr. 27 übernommen werden.[97] Der Entwurf entstand in den Monaten August bis November 1950 in enger Zusammenarbeit mit der „Arbeitsgemeinschaft der Schutzvereinigungen für Wertpapierbesitz", die die Interessen der Anteilseigner der Montankonzerne vertrat. Die Initiative zur Einschaltung dieser Interessengemeinschaft ging dabei vom Leiter der Abteilung Wirtschaftspolitik im Bundeswirtschaftsministerium, Graf, aus.[98] Graf schlug dem Vorsitzenden der Arbeitsgemeinschaft, Carl Christian Schmid, „vertraulich" die Bildung eines Ausschusses von Experten vor, die sich mit den technischen Problemen des Aktientausches, d.h. der Ausgabe der Aktien der neugegründeten Gesellschaften an die Altbesitzer im Tausch gegen deren Altkonzernaktien, beschäftigen sollten. Schmid hielt diese Idee „für ganz ausgezeichnet" und benannte zur Beratung des Bundeswirtschaftsministeriums fünf „in die Materie eingearbeitete Persönlichkei-

---

der westdeutschen Montanindustrie nicht unterschätzt werden darf; ferner auf die regelmäßigen Kontakte Adenauers zu Günter Henle, dem CDU-Abgeordneten und Teilhaber des Klöckner-Konzerns und auf die Verbindungen des Bundeswirtschaftsministeriums mit Hans-Günther Sohl, dem Vorstandsmitglied der ehemaligen Vereinigten Stahlwerke bzw. Vorstandsvorsitzenden der August-Thyssen-Hütte-AG und späteren Präsidenten des Bundesverbandes der Deutschen Industrie (BDI). Dazu auch Rolf Badstübner und Siegfried Thomas: Restauration und Spaltung. Entstehung und Entwicklung der BRD 1945–1955. Köln 1975, S. 389 ff.

[96] Das berichtete Viktor Agartz an Hans Böckler. Brief Agartz an Böckler vom 5.10.1950. DGB-Archiv. In ähnlicher Tendenz: Brief Korsch an vom Hoff vom 22.11.1950. DGB-Archiv (Abschrift).

[97] „Entwurf einer (alliierten) Durchführungsverordnung zum Gesetz Nr. 27 der Alliierten Hohen Kommission" von Ende Oktober 1950. Daneben gab es noch einen zweiten Entwurf vom 20.11.1950, der in diesem Zusammenhang jedoch uninteressant ist, da in ihm einige Einzelbestimmungen des 1. Entwurfes fehlen und er insgesamt keine neuen Aspekte beinhaltet. BA, B 109, 649. In der Note von Bundeskanzler Adenauer an den Amerikanischen Hohen Kommissar McCloy über die Neuordnung der Montanindustrie vom 3.11.1950 wurde ebenfalls darauf hingewiesen, daß die Bundesregierung zu dieser Zeit eine Durchführungsverordnung zu Gesetz Nr. 27 ausarbeitete, die im Fall der Billigung durch die AHK als alliierte Durchführungsverordnung in Kraft treten sollte. Diese Note ist abgedruckt in: NESI, S. 415 ff.

[98] Das geht aus einem Brief von Schmid an Graf vom 25.8.1950 hervor. BA, B 102, 60662 (Abschrift).

ten",[99] die enge Verbindungen zu den Konzernverwaltungen hatten und über Erfahrungen in den mit der Neuordnung der Montanindustrie zusammenhängenden Rechtsfragen verfügten. Mit großer Wahrscheinlichkeit war der Entwurf des Bundeswirtschaftsministeriums von Ende Oktober 1950 mit einem vom Geschäftsführer der „Treuhandgesellschaft des deutschen Wertpapierbesitzes", Küster, angefertigten Entwurf weitgehend identisch.[100]

Eine Analyse des Entwurfes bestätigt die Annahme von der einseitigen Berücksichtigung der Interessen der Anteilseigner durch das Bundeswirtschaftsministerium. Neben der Regelung der technisch-organisatorischen Fragen der Neuordnung war darin auch die Lösung der Mitbestimmungs- und Eigentumsfrage vorgesehen. Zur Eigentumsregelung hieß es: „Die Aktien der Nachfolgegesellschaften sind zunächst einem oder mehreren vom Bundeswirtschaftsminister zu bestellenden Treuhändern zu übergeben. [. . .] Die Treuhänder haben die Aktien unverzüglich den Anteilseignern der alten Unternehmen zu übereignen." Das Bundeswirtschaftsministerium war also ganz offensichtlich gewillt, die privatwirtschaftlichen Eigentumsverhältnisse, wie sie vor Beginn der Treuhandverwaltung in der Montanindustrie bestanden hatten, im Zusammenwirken mit den Interessengruppen der Anteilseigner auf administrativem Weg, unter Ausschaltung der parlamentarischen Instanzen, wiederherzustellen. Diese Auffassung stand im direkten Gegensatz zu den wirtschaftsdemokratischen Vorstellungen

---

[99] Brief Schmid an Graf vom 25. 8. 1950. BA, B 102, 60662 (Abschrift). Es handelte sich dabei um folgende Personen (die folgenden gekennzeichneten Zitate sind dem o. a. Brief Schmids entnommen): 1) Dr. Wolfgang Küster, Rechtsanwalt, Geschäftsführer der Treuhandgesellschaft des deutschen Wertpapierbesitzes, Düsseldorf, 2) Dr. Erhard Schmidt, Bankdirektor, „hat für die Vereinigten Stahlwerke bereits für den Aktientausch umfangreiche Gutachten und praktische Vorschläge ausgearbeitet", 3) Dr. Hans Pinckernelle, Rechtsanwalt und Erster juristischer Berater der Klöckner AG (später: Vorstandsmitglied des Klöckner-Konzerns), 4) Dr. Edwin Hasenjäger, Oberbürgermeister a. D., Gerichtsassessor a. D., DNVP-Mitglied des Reichstages 1932–33, „hat sich als unser Mitarbeiter [d. h. der Schutzvereinigung für Wertpapierbesitz, deren späteres Vorstandsmitglied er ebenfalls war] mit der Technik des Aktientausches eingehend befaßt", 5) Dr. Otto Nolte, Rechtsanwalt, Mitglied des Grubenvorstandes der Gewerkschaft Vereinigte Konstantin der Große, Bochum.

[100] Der Entwurf Küsters selbst lag mir nicht vor, jedoch spricht ein Brief Küsters an den Leiter des Entflechtungsreferats im Bundeswirtschaftsministerium, Thiesing, vom 25. 10. 1950 für diese Annahme. BA, B 102, 60662. Darin hieß es u. a.: „Im Anschluß an unsere heutige telephonische Unterhaltung übermittle ich Ihnen beigeschlossen die neue Fassung meines gestern übersandten Entwurfs für eine all. Durchführungsverordnung zum Gesetz Nr. 27. Sie werden finden, daß ich einige Ihrer telefonischen Bemerkungen bereits berücksichtigt habe." Vgl. auch das Urteil von Lothar Engeln (Justitiar der Hüttenwerke Ilsede-Peine) über den BWM-Entwurf einer Durchführungsverordnung zu Gesetz Nr. 27: „Der Entwurf selbst stammt m. E. offensichtlich aus der Feder eines Mitarbeiters der Schutzvereinigung für Wertpapierbesitz". Brief Engeln an Hartmann (Mitarbeiter der STV) vom 9. 11. 1950. BA, B 109, 649. Zur Strategie der Kapitalseite sind noch folgende Sätze aus dem Brief Küsters an Thiesing interessant: „Aus naheliegenden Gründen hätte ich gerne umgehend gewußt, ob Aussicht besteht, daß dieser oder ein ähnlicher Entwurf aus Ihrer Feder Aussicht hat [sic!], sich innerhalb des Wirtschaftsministeriums durchzusetzen. Es kommt jetzt natürlich sehr darauf an, die Bemühungen der interessierten Kreise, insbesondere auch derjenigen Herren aus der Industrie zu koordinieren, die in dieser Sache direkten Kontakt mit dem Bundeskanzler haben."

der Gewerkschaften, die sich auf die von Großbritannien in den ersten Nachkriegsjahren immer wieder gegebene Zusage, daß die Werke der Montanindustrie nie mehr an die alten Eigentümer zurückgegeben werden sollten, berufen konnten. Nach Auffassung der Gewerkschaften widersprachen die Bestrebungen des Bundeswirtschaftsministeriums auch den Präambeln der Gesetze Nr. 75 und Nr. 27, nach denen die Regelung der Eigentumsverhältnisse „einer aus freien Wahlen hervorgegangenen, den politischen Willen zum Ausdruck bringenden deutschen Regierung zu überlassen sei",[101] was, nach einer Interpretation von Heinrich Deist, nur bedeuten konnte, „daß es sich bei den entsprechenden deutschen Maßnahmen nur um einen Gesetzgebungsakt und damit einen Akt des Parlaments handeln kann".[102]

Ähnliche restaurative Tendenzen mußten die Gewerkschaften auch bezüglich der Mitbestimmung befürchten. Zur Frage der Vertretung der Arbeitnehmer in den Aufsichtsräten der neuen Gesellschaften hieß es im Entwurf des Bundeswirtschaftsministeriums lediglich: „Die Vertretung der Arbeitnehmer im Aufsichtsrat richtet sich nach den bestehenden oder noch ergehenden Vorschriften."[103] Ferner sollten die Treuhänder die neuen Gesellschaften „nach den Vorschriften des deutschen Rechts" gründen. Das deutsche Aktienrecht enthielt jedoch keine der paritätischen Besetzung der Aufsichtsräte entsprechende Vorschrift, weshalb die seit 1947 praktizierte Montanmitbestimmung als mit dem deutschen Aktienrecht nicht vereinbar gelten konnte. Da andererseits die Auseinandersetzungen der vergangenen Monate um ein allgemeines Betriebsverfassungs- und Mitbestimmungsrecht gezeigt hatten, daß die dafür „noch ergehenden gesetzlichen Vorschriften" den gewerkschaftlichen Vorstellungen von paritätischer Mitbestimmung kaum entsprechen würden, sahen die Gewerkschaften auch die Montanmitbestimmung gefährdet.

Die Bestrebungen der Bundesregierung zur Zurücknahme der paritätischen Mitbestimmung und zur Wiederherstellung der alten Eigentumsverhältnisse in der Montanindustrie verdeutlichten ebenso wie die vorhergegangenen ergebnislosen Verhandlungen über ein allgemeines Mitbestimmungsrecht das zuungunsten der Gewerkschaften geänderte gesellschaftliche Kräfteverhältnis. Für die Gewerkschaften war die Gefahr gegeben, auf die traditionelle Rolle des bloßen Tarifpartners, der auf strukturelle Entscheidungen in wirtschafts- und gesellschaftspolitischen Fragen keinen Einfluß hat, beschränkt zu werden, was den endgültigen Verzicht auf die Durchsetzung wirtschaftsdemokratischer Vorstellungen bedeutet hätte. Angesichts dieser Situation benötigten die Gewerkschaften einen politischen Erfolg, wenn sie nicht bei ihren eigenen Mitgliedern an Glaubwürdigkeit und damit als gesellschaftspolitischer Machtfaktor erheblich an Bedeutung verlieren wollten.

---

[101] Abgedruckt in: NESI, S. 319 und S. 341.

[102] Stellungnahme von Heinrich Deist, dem Wirtschaftsexperten der SPD und gewerkschaftlichen Mitglied in der STV, vom 23. 11. 1950 zu den beiden Referenten-Entwürfen des BWM. Deist war vom BWM um eine Stellungnahme gebeten worden. DGB-Archiv (Abschrift).

[103] S. o. Kapitel II, Anm. 97.

e) Das Interesse der Bundesregierung an einer Unterstützung ihrer Neuordnungspolitik durch die Gewerkschaften und die daraus resultierende gewerkschaftliche Forderung nach Absicherung der Montanmitbestimmung (November 1950 bis Januar 1951)

Die Aussichten für einen politischen Erfolg der Gewerkschaften waren um die Jahreswende 1950/51 recht günstig. Die Bundesregierung konnte nämlich nur dann auf eine innenpolitische und parlamentarische Unterstützung ihrer Schumanplanpolitik hoffen, wenn es ihr gelang, die Alliierten von ihrer restriktiven Entflechtungspolitik abzubringen. Voraussetzung dafür war jedoch wiederum, daß sich die Bundesregierung auf einen Konsens aller von der Entflechtungsfrage betroffenen deutschen Interessengruppen, also auch der Gewerkschaften, berufen konnte.

Daß in der Neuordnungsfrage eine Zusammenarbeit mit den Gewerkschaften, die seit Beginn der Entflechtung in den entsprechenden Neuordnungsgremien vertreten waren, kaum zu umgehen war, war in Kreisen der Unternehmerschaft der Montanindustrie schon frühzeitig erkannt worden. Heinrich Kost forderte bereits im Januar 1950 in einem Brief an Adenauer eine Einheitsfront zwischen Gewerkschaften und Unternehmern, um die alliierten Dekartellisierungsmaßnahmen abwehren zu können: „Ich glaube aber, daß es auch von alliierter Seite aus schwierig sein wird, der deutschen Seite [...] einen den deutschen Interessen grundsätzlich zuwiderlaufenden Weg vorzuschreiben, wenn auf deutscher Seite ein einheitliches Vorgehen sämtlicher Stellen, insbesondere zwischen Unternehmern und Gewerkschaften, gesichert wird."[104] Aus ähnlichen Gründen, „damit nicht die Besatzungsmächte einander widersprechenden Vorschlägen gegenübergestellt werden", schlug Günter Henle schon im Februar 1950 die Einschaltung der Bundesregierung in die Neuordnung vor.[105]

Unter den Bedingungen der Schumanplan-Verhandlungen gewannen die Forderungen nach einer deutschen Einheitsfront zusätzlich an Aktualität. Aus der Perspektive der Gewerkschaften war die Situation im Herbst 1950 durch zwei widersprüchliche Tendenzen gekennzeichnet: Einerseits war die Bundesregierung bestrebt, die Neuordnung im Montanbereich in einer Weise durchzuführen, die überwiegend den Interessen der Altkonzerne bzw. ihrer Anteilseigner entsprach und dementsprechend auf starke Vorbehalte bei den Gewerkschaften stoßen mußte, andererseits war die Bundesregierung gerade im Hinblick auf den Schumanplan auf eine Mitwirkung der Gewerkschaften bei der Neuordnung angewiesen. Für die Gewerkschaften stellte sich die Frage, welche politische Strategie sich aus dieser Situation ableiten lassen würde. Eine Möglichkeit wäre gewesen, die Einschaltung der Bundesregierung grundsätzlich abzulehnen und auf der vorläufigen Aufrechterhaltung des status quo in der Montanindustrie zu bestehen oder bei nicht zu verhindernder Einflußnahme der Bundesregierung die eigene Mitarbeit in den Gremien aufzukündigen. Diese Politik der abstrakten Negation, die der offiziellen Haltung der SPD gegenüber der Adenauerschen Westpolitik entsprochen hätte, hätte vermutlich die Gefahr der totalen politischen Isolation der Gewerkschaften und des Verlustes jeglichen Einflusses auf die Neuordnung der

---

[104] Brief Kost an Adenauer vom 12.1.1950. BA, B 136, 2456.
[105] Brief Henle an Adenauer vom 9.2.1950. BA, B 136, 2456.

Montanindustrie mit sich gebracht. In der Sitzung des Bundesvorstandes des DGB vom 21. November 1950 wurde diese Möglichkeit abgelehnt; die Begründung Hans vom Hoffs lautete u. a.: „[. . .] eine Haltung des DGB, die eine Übertragung von Hoheitsrechten auf die Bundesregierung nicht begrüßte, würde von der Mitgliedschaft nicht verstanden werden."[106]

Anstelle abstrakter Ablehnung der Übertragung von Neuordnungskompetenzen auf die Bundesregierung entschied sich die Führung des DGB dafür, das Interesse der Bundesregierung an einer weiteren Mitarbeit der Gewerkschaften als Druckmittel für die Durchsetzung eigener Forderungen nutzbar zu machen. Die Strategie des DGB in den Auseinandersetzungen um die gesetzliche Regelung der Montanmitbestimmung bestand darin, die Zustimmung zu den Neuordnungsplänen der Bundesregierung und die Fortsetzung der eigenen konstruktiven Mitarbeit in den Neuordnungsgremien von der Aufrechterhaltung und gesetzlichen Absicherung der seit 1947 praktizierten paritätischen Mitbestimmung abhängig zu machen und dieser Politik durch die Mobilisierung der gewerkschaftlichen Basis in Form von Urabstimmung und Streikdrohung Nachdruck zu verleihen. Die DGB-Führung war also bereit, dem Konzept des wirtschaftlichen Verbundes von Kohle und Eisen, auf das sich Vertreter der Stahltreuhändervereinigung und der Deutschen Kohlenbergbau-Leitung unter dem Einfluß der Bundesregierung und der Altkonzerne am 27. Oktober 1950 geeinigt hatten, zuzustimmen oder es zumindest zu tolerieren, sofern die Montanmitbestimmung in ihrem Sinn geregelt werden würde. Von dieser vergleichsweise pragmatischen Politik war vor allem die Neuordnungskonzeption der IG Bergbau betroffen, die von einer vollständigen Trennung von Kohle und Eisen ausging. Als Gegenleistung für den Verzicht auf die Durchsetzung dieser Konzeption wurde der Bergbau in die Forderung nach gesetzlicher Absicherung der paritätischen Mitbestimmung einbezogen.

Symptomatisch für die pragmatische Wendung in der Politik des DGB war die Übertragung der Leitung der Mitbestimmungsangelegenheiten von der Hauptabteilung „Arbeitsrecht" auf die Hauptabteilung „Wirtschaft" am 23. Oktober 1950.[107] Der Leiter der Hauptabteilung Wirtschaft, Hans vom Hoff, der bei den Verhandlungen über den Schumanplan in Paris als DGB-Delegierter teilgenommen hatte und infolge dieser Tätigkeit detailliertere Einblicke in die Interessen der Bundesregierung gewonnen haben dürfte, war wohl einer der exponiertesten Pragmatiker in der DGB-Führung; er gehörte zu den eifrigsten Befürwortern einer Kooperation des DGB mit der Bundesregierung mit dem Ziel relativ kurzfristiger Erfolge.[108]

Zum ersten Mal wurde die neue Strategie am 7. November 1950 in einer Besprechung verschiedener mit der Neuordnung der Montanindustrie beschäftigter Gewerkschafter erörtert. Übereinstimmung bestand bei den Teilnehmern darüber, „daß vom deutschen Standpunkt die Einschaltung der Verantwortlichkeit der Bundesregierung ge-

---

[106] Protokoll der 11. Sitzung des Bundesvorstandes des DGB vom 21. 11. 1950. DGB-Archiv.

[107] Protokoll der 41. Sitzung des geschäftsführenden Vorstandes des DGB vom 23. 10. 1950. DGB-Archiv.

[108] Zur Beurteilung der politischen Haltung vom Hoffs vgl. Theo Pirker: Die blinde Macht. 1. Teil, S. 216.

fordert werden muß, daß aber die Einschaltung für die Absichten und Pläne der Gewerkschaften eine Gefahr bedeutet". Aus diesem Grund müßten die verantwortlichen Gewerkschaftsstellen „entscheidende Beschlüsse" fassen, wobei sie vor einer ernsten Auseinandersetzung mit der Regierung, den militärischen Stellen und der Wirtschaft nicht zurückschrecken dürften.[109] Damit war eine Vorentscheidung darüber gefallen, daß die Gewerkschaften eine Zurückdrängung ihres Einflusses in der Montanindustrie nicht kampflos hinnehmen würden, wenngleich die Maßnahmen im einzelnen noch nicht festgelegt worden waren.

Die Entscheidung über die eigene Haltung bei den Auseinandersetzungen um die Montanmitbestimmung fiel in einer Besprechung gewerkschaftlicher Spitzenfunktionäre und Neuordnungsexperten bei Hans Böckler am 19. November 1950.[110] Beschlossen wurde die Kombination von Massenmobilisierung und Kabinettspolitik: Die klassischen gewerkschaftlichen Kampfmittel der Urabstimmung und des Streiks sollten ergänzt werden durch die Aufkündigung der Mitarbeit an der Neuordnung der Montanindustrie. Bereits einen Tag später, in einer Besprechung mit Bundeswirtschaftsminister Erhard über technisch-organisatorische Probleme der Neuordnung, kündigte vom Hoff an, daß die Gewerkschaften ihre Zustimmung zu einem Verbund von Kohle und Eisen sowie zu einem einheitlichen deutschen Entflechtungsplan von der Aufrechterhaltung der Institution des Arbeitsdirektors und der paritätischen Mitbestimmung der Gewerkschaften in den Aufsichtsräten abhängig machen würden.[111] In der Sitzung des Bundesvorstandes des DGB am 21. November 1950 wurden die geplanten Maßnahmen diskutiert und befürwortet, offizielle Billigung fanden sie in einem Beschluß des Bundesausschusses vom 12. Januar 1951.[112]

In einem Brief an Adenauer vom 23. November 1950 forderte Böckler „für alle unter das Gesetz Nr. 27 fallenden Unternehmungen die Einrichtung von paritätischen Aufsichtsräten und Vorständen, in denen ein Arbeitsdirektor als vollberechtigtes Vorstandsmitglied mitarbeitet". Ferner kündigte er an, daß in den betreffenden Betrieben von der IG Metall und der IG Bergbau eine Urabstimmung über die Bereitschaft der Arbeiter, zur Erreichung dieses Zieles in den Streik zu treten, durchgeführt werde.[113]

---

[109] Aktennotiz (Verf.: Stenzel) über die Besprechung vom 7. 11. 1950. DGB-Archiv. Teilnehmer der Besprechung waren: Walter Freitag (Vors. d. IG Metall), Franz Grosse (Vertreter der IG Bergbau im Beirat der DKBL), Heinrich Deist, Willy Geldmacher, Erich Potthoff (gewerkschaftliche Mitglieder der STV), Hans vom Hoff und Adalbert Stenzel.

[110] Das geht aus einem Brief Korschs an vom Hoff vom 21. 11. 1950 hervor. DGB-Archiv; ferner aus einer Mitteilung Korschs in der Sitzung des Gemeinschaftsausschusses DKBL/STV am 22. 11. 1950. Aktennotiz über diese Sitzung: BA, B 109, 1092.

[111] Protokoll (Verf.: Bömcke, Gewerkschaftsreferent im BWM) über eine Besprechung des Bundeswirtschaftsministeriums mit dem Bundesvorstand des DGB am 20. 11. 1950. DGB-Archiv (Abschrift). Das Junktim des DGB ist auch in dem Memorandum der Bundesregierung zur Neuordnung der westdeutschen Eisen- und Stahlindustrie an die Alliierte Hohe Kommission (AHK) vom 27. 12. 1950 ausdrücklich erwähnt. NESI, S. 444 ff.

[112] Protokoll der 11. Sitzung des Bundesvorstandes des DGB am 21. 11. 1950 und Protokoll (mit Beschluß) der 5. Sitzung des Bundesausschusses des DGB am 12. 1. 1951. DGB-Archiv.

[113] Der Briefwechsel Böckler–Adenauer ist des öfteren abgedruckt. Er ist für unseren Argumentationsgang von geringerer Bedeutung, da es in diesen Briefen hauptsächlich um die Frage der Rechtmä-

Die Urabstimmung fiel dann mit einem Anteil von 96% (IG Metall) bzw. 92% (IG Bergbau) Ja-Stimmen an den abgegebenen Voten sehr deutlich zugunsten eines eventuellen Streiks aus.

Die Drohung der Aufkündigung der Mitarbeit an einem einheitlichen Entflechtungsplan wurde von den Gewerkschaften bis zum Zustandekommen der Verhandlungen über die gesetzliche Regelung der Mitbestimmung immer wieder als Druckmittel angewandt; so das letzte Mal am 13. Januar 1951 bei einer Besprechung im Bundeswirtschaftsministerium: Mit dem Argument, daß die Gewerkschaften über die Einzelheiten eines deutschen Plans zur Neuordnung nur dann verhandeln könnten, „wenn gleichzeitig die Frage des Mitbestimmungsrechts im Kohlenbergbau und in der Eisen- und Stahlindustrie geklärt werde", verließen die anwesenden Gewerkschafter demonstrativ die Sitzung, nachdem Bundeswirtschaftsminister Erhard sich als für die Mitbestimmungsfrage nicht kompetent bezeichnet hatte.[114]

Tatsächlich tangierte die Weigerung der Gewerkschaften, vorläufig an einem gemeinsamen Neuordnungsplan mitzuarbeiten, die Interessen der Bundesregierung und der von ihr vertretenen Unternehmer der Montanindustrie erheblich. Bundeswirtschaftsminister Erhard schlug deshalb dem Kanzler im Dezember 1950 vor, in der Neuordnungsfrage gegenüber den Alliierten einstweilen Zurückhaltung zu üben, da sonst „die Bundesregierung [...] angesichts der unnachgiebigen Haltung der Gewerkschaften gezwungen sein [würde], die Alliierte Hohe Kommission auf die auf deutscher Seite bestehenden Meinungsverschiedenheiten hinzuweisen"; dies würde „der Alliierten Hohen Kommission Gelegenheit geben, über voneinander abweichende deutsche Auffassungen zu entscheiden",[115] was sowohl die Bundesregierung als auch die Altkonzerne auf jeden Fall vermeiden wollten.[116]

Die große Bedeutung, die die Bundesregierung der Entflechtungsfrage beimaß, gründete in ihrer Befürchtung, daß für die Annahme des Schumanplans „bei einer Diskriminierung der deutschen Wirtschaft durch etwa im Gesetz 27 oder etwa in Verfolg des Gesetzes 27 getroffene Maßnahmen" erhebliche „politische Schwierigkeiten" zu er-

---

ßigkeit eines politischen Streiks in einer parlamentarischen Demokratie geht. Auch auf die einzelnen gewerkschaftlichen Aktionen zur Mobilisierung der Mitgliederbasis im „Kampf um die Montanmitbestimmung" soll hier nicht weiter eingegangen werden, denn darüber gibt es reichlich Literatur. Es seien nur genannt E. Potthoff: Der Kampf um die Montanmitbestimmung; E. Schmidt: Die verhinderte Neuordnung 1945–1952; Th. Pirker: Die blinde Macht. 1. Teil; W. Hirsch-Weber: Gewerkschaften in der Politik.

[114] Vermerk (Verf.: Thiesing, BWM) über eine Besprechung im Bundeswirtschaftsministerium über die Entflechtung und Neuordnung der Eisen- und Stahlindustrie am 13. 1. 1951. BA, B 109, 60666. Vgl. dazu auch Informations- und Nachrichtendienst der Bundespressestelle des DGB II (1951), S. 32 ff.

[115] Brief Erhard an Adenauer vom 15. 12. 1950. BA, B 136, 2457. Ähnlich beurteilte der Leiter der STV, Heinrich Dinkelbach, in einer Besprechung beim BWM am 3. 1. 1951 die Situation. Aktennotiz dieser Besprechung (gez. Stenzel, DGB), DGB-Archiv.

[116] Besorgt über die Gefährdung des deutschen Einheitsvorschlags durch die Gewerkschaften äußerte sich z. B. auch Gerhard Schroeder, Vorstandsmitglied des Klöckner-Konzerns (nicht zu verwechseln mit dem CDU-Bundestagsabgeordneten und Leiter der Rechtsabteilung der STV, Gerhard Schröder). Brief Schroeder an Rust (BK) vom 10. 1. 1951. BA, B 136, 725.

warten wären.[117] Dazu zählten zweifellos auch die Schwierigkeiten, die die Bundesregierung von einem Teil der Unternehmerschaft der Montanindustrie befürchten mußte, falls die Alliierten ihre Entflechtungskonzeption ohne Rücksicht auf die Vorstellungen und Interessen der Montanunternehmer durchsetzen würden. Das zeigte ein Brief Günter Henles an den Bundeskanzler, in dem er die Bundesregierung zu einer kompromißlosen Haltung in der Verbundfrage aufforderte: „Wir [die Montanunternehmer] würden in der Verbundfrage bestimmt nicht so insistieren, wäre es nicht unsere ehrliche Überzeugung, daß hier unter das Ausmaß der deutschen Vorschläge nun nicht weiter herabgegangen werden kann. Von mir persönlich aber wissen Sie, wie nachhaltig ich immer wieder für den Schumanplan geworben habe, was ich auch gerne weiter tue, wenn nicht unverständliche Unnachgiebigkeit der Gegenseite zu einer Regelung führen sollte, die mir den eigenen Leuten an der Ruhr gegenüber die Trümpfe aus der Hand schlägt."[118]

Ohne die Zustimmung des größten Teiles der vom Schumanplan betroffenen Unternehmerschaft oder gar gegen deren Widerstand wäre jedoch das Projekt eines gemeinsamen Marktes für Kohle und Stahl politisch sinnlos gewesen. Das relativ kurzfristige Interesse der Bundesregierung an einer Zusammenarbeit mit den Gewerkschaften war von dem Bestreben motiviert, durch geschlossenen Widerstand auf deutscher Seite die alliierten Entflechtungsbehörden zu einer Revision ihrer Entflechtungspläne zu bewegen, um damit wiederum die Voraussetzungen für die Zustimmung der verschiedenen Interessengruppen zum Schumanplan zu schaffen. „Politische Schwierigkeiten" bei der Durchsetzung des Schumanplans hätten sich für die Regierung Adenauer auch infolge der knappen parlamentarischen Mehrheitsverhältnisse ergeben können: Den 208 Abgeordneten der Regierungsparteien aus CDU/CSU, FDP und DP standen 194 oppositionelle Abgeordnete der SPD, KPD, BP, des Zentrums und kleinerer Splittergruppen gegenüber. Da die Bundesregierung noch keine größeren innen- und außenpolitischen Erfolge aufweisen konnte, war nicht von vornherein, vor allem nicht im Falle harter sozialpolitischer Konfrontationen, mit einer uneingeschränkten Unterstützung der Regierungspolitik durch sämtliche Abgeordnete der Koalitionsfraktionen zu rechnen. Als Unsicherheitsfaktoren mußten primär die auf dem linken Flügel der CDU/CSU angesiedelten „christlichen Gewerkschafter" gelten, die auch im DGB organisiert waren. In dieser Situation konnte sich die Bundesregierung eine massive Opposition der Gewerkschaften nicht leisten, „wollte sie sich nicht mit einer unüberbrückbaren Polarisierung das eigene Grab schaufeln".[119]

---

[117] Das äußerte Bundeswirtschaftsminister Erhard in einer Besprechung mit dem Amerikanischen Hohen Kommissar McCloy am 2. 1. 1951 über die Neuordnung der Eisen- und Stahlindustrie. Vermerk über diese Besprechung (Verf.: Günther, BWM): BA, B 102, 60685. Ebenso wurde die Entflechtungsfrage im BK beurteilt: „Bei einem Diktat der Entflechtung durch die Hohe Kommission wird sich für den Schuman-Plan keine Mehrheit im Bundestag finden." Vermerk (Verf.: Rust, BK) vom 19. 2. 1951. BA, B 136, 2458.

[118] Brief Henle an Adenauer vom 13. 2. 1951. BA, B 136, 2457 (Abschrift).

[119] Zit. nach Lutz Niethammer: Strukturreform und Wachstumspakt. In: Vom Sozialistengesetz zur Mitbestimmung, S. 356.

Konkret hieß dies: Die Bundesregierung war für die Realisierung ihres ersten größeren außenpolitischen Vertragswerks wegen der unsicheren parlamentarischen Mehrheitsverhältnisse und der noch ungenügend konsolidierten gesellschaftlichen Kräfteverhältnisse auf die Kooperation mit den Gewerkschaften angewiesen. Aus diesem Grund setzte sich bei ihr die Auffassung durch, daß man den gewerkschaftlichen Mitbestimmungsforderungen ein Stück weit nachgeben müßte, wenn damit ein Stillhalten der Gewerkschaften in anderen politischen Fragen, vor allem den außenpolitischen, zu erreichen wäre.

III. Die gesetzliche Absicherung der paritätischen Mitbestimmung in der Montanindustrie als partieller Kompromiß unterschiedlicher gesellschaftlicher und politischer Interessen (November 1950 bis April 1951)

Art und Ziel der gewerkschaftlichen Aktivitäten für die Mitbestimmung in der Montanindustrie verdeutlichten die Politisierung dieses partiellen Klassenkonfliktes, d. h. die Verschiebung der Auseinandersetzungen von der Ebene der sozialen Gegenspieler, wie dies für die Verhandlungen von Hattenheim, Bonn und Maria Laach im Frühjahr und Sommer 1950 charakteristisch war, auf die im engeren Sinn politische Ebene. Hauptgegenspieler der Gewerkschaften war nun die Bundesregierung, die dazu gezwungen werden sollte, sich für eine vom Bundestag zu verabschiedende dauerhafte gesetzliche Regelung der paritätischen Mitbestimmung im Montanbereich einzusetzen.

Die DGB-Führung ließ über den politischen Charakter ihrer Aktivitäten von Anfang an keine Zweifel aufkommen. Das zeigte sich schon daran, daß Böckler seine Briefe, in denen er die gewerkschaftlichen Kampfmaßnahmen ankündigte und verteidigte, direkt an Bundeskanzler Adenauer richtete. Auch bezüglich erneuter Verhandlungen mit den Unternehmern gab die DGB-Führung zu verstehen, „daß diese Verhandlungen zweckmäßigerweise nicht mehr unter der Federführung des Arbeitsministers oder des Wirtschaftsministers erfolgen könnten, sondern daß der Bundeskanzler selbst die Verhandlungsführung übernehmen sollte".[1] Offensichtlich erwartete die DGB-Führung von Bundeskanzler Adenauer, daß er sich nach Abwägen der innen- und außenpolitischen Situation und der beteiligten wirtschaftlichen und sozialen Interessen um der Verwirklichung umfassenderer politischer Ziele willen für eine weitgehende Realisierung der gewerkschaftlichen Forderungen einsetzen würde. Den ursprünglich für Mitbestimmungsfragen zuständigen Fachministerien für Wirtschaft und für Arbeit fehlten dergleichen umfassende Kompetenzen, weshalb die Gewerkschaften mit der Unterstützung ihrer Mitbestimmungsvorstellungen durch diese Ministerien kaum rechnen konnten. Außerdem bestärkten die negativen Erfahrungen, die sie mit beiden Ministerien in den Verhandlungen über ein allgemeines Mitbestimmungsrecht bzw. bei der Neuordnung der Montanindustrie in den vergangenen Monaten gemacht hatten, ihren Entschluß, als Vermittler nur den Bundeskanzler selbst zu akzeptieren.

1. Vorüberlegungen zur Lösung des Mitbestimmungskonflikts auf seiten der Bundesregierung und der Unternehmer

Die Entscheidung des Bundeskanzlers über seine künftige Rolle in den Auseinandersetzungen um das Mitbestimmungsrecht in der Montanindustrie setzte einen Klä-

---

[1] Das geht aus einer Aktennotiz von Rust (BK) vom 14. 12. 1950 hervor. BA, B 136, 725.

rungsprozeß bei der Bundesregierung und den bürgerlichen Parteien und Interessengruppen über das weitere Vorgehen gegenüber den gewerkschaftlichen Forderungen voraus. Eine Möglichkeit wäre gewesen, die Forderungen des DGB strikt abzulehnen; diese Haltung hätte damit begründet werden können, daß Entscheidungen des Parlamentes nicht durch den Druck einer einzelnen gesellschaftlichen Interessengruppe, oder, wie es der Präsident des Bundesverbandes der Deutschen Industrie, Fritz Berg, formulierte, durch den „Druck der Straße"[2] zustande kommen dürften. Dieser Konfrontationskurs hätte allerdings die Gefährdung der außenpolitischen Ziele Adenauers sowie soziale Konflikte und politische Instabilität – den Verlust der knappen Koalitionsmehrheit im Bundestag nicht ausgeschlossen – zur Folge haben können. Andererseits hätte die Zustimmung zu neuen Verhandlungen mit der DGB-Spitze die de-facto-Anerkennung des gewerkschaftlichen Rechts, für politische Ziele in den Streik zu treten, bedeuten können. Das allerdings wollten die Unternehmerverbände ebenso vermeiden wie die Bundesregierung und die bürgerlichen Parteien, da sie befürchteten, daß die Gewerkschaften in Zukunft eine Ausweitung der paritätischen Mitbestimmung auf die übrigen Industriezweige anstreben könnten und daß damit die paritätische Mitbestimmung als Regelfall präjudiziert werden könnte.

Bei der Bundesregierung und einem Teil der Unternehmer der Ruhrindustrie setzte sich bald nach der Ankündigung der gewerkschaftlichen Kampfmaßnahmen die Auffassung durch, daß ein Ausgleich mit den Gewerkschaften angestrebt werden müsse. So wandte sich Anfang Dezember 1950 der dem konservativen Flügel der CDU zugehörige Bundesinnenminister Robert Lehr, der schon Anfang 1946 als Oberpräsident der damaligen Nordrhein-Provinz vertrauliche Gespräche zwischen einzelnen Gewerkschaftern und Montanunternehmern zur Verhinderung der nach dem Potsdamer Abkommen drohenden Entflechtung der Ruhrkonzerne initiiert und koordiniert hatte[3] und der über gute Kontakte zu den Repräsentanten der Altkonzerne verfügte, an Bundeskanzler Adenauer, um ihn von der Notwendigkeit einer Aussprache mit Unternehmern und Gewerkschaftern „im kleinsten Kreise" zu überzeugen.[4]

Vorausgegangen war ein Gespräch Lehrs mit Hans Böckler und Matthias Föcher vom DGB sowie dem nordrheinwestfälischen Ministerpräsidenten Karl Arnold, in dem sich die Gesprächspartner für einen Ausgleich zwischen den Interessen der Unternehmer und der Gewerkschaften ausgesprochen hatten. Die Gesprächspartner Lehrs repräsentierten die politisch-parlamentarische Basis der späteren Mitbestimmungsregelung: Böckler die gemäßigten, auf „Sozialpartnerschaft" orientierten Sozialdemokraten im DGB, Föcher die im DGB organisierten christlichen Gewerkschafter und Arnold den sozialreformerischen Flügel der CDU sowie, als Ministerpräsident von Nordrhein-Westfalen, die spezifischen politischen und sozialen Verhältnisse des Ruhrgebiets.[5] Als Verhandlungspartner auf seiten der Unternehmer empfahl Lehr dem Bundeskanzler

---

[2] Fernschreiben Berg an Adenauer vom 4. 1. 1951. BA, B 136, 723.

[3] Eberhard Schmidt: Die verhinderte Neuordnung 1945–1952, S. 75.

[4] Brief Lehr an Adenauer vom 1. 12. 1950. BA, B 136, 725.

[5] Der Einfluß des Arbeitnehmerflügels der CDU auf das Zustandekommen der Mitbestimmungsverhandlungen wird weiter unten behandelt.

die beiden Altkonzernvertreter Hans-Günther Sohl (Vereinigte Stahlwerke) und Günter Henle (Klöckner).

Auch im Bundeswirtschaftsministerium wurden schon bald Überlegungen zur Lösung der Montanmitbestimmungsfrage angestellt. Der Leiter der Abteilung Wirtschaftsordnung, Ludwig Kattenstroth, schlug dem Bundeswirtschaftsminister vor, sich für eine Sonderregelung in den entflochtenen Betrieben vor der Verabschiedung eines allgemeinen Betriebsverfassungsgesetzes einzusetzen. Möglichen Bedenken von Ludwig Erhard gegen die Parität und gegen die Wahl betriebsfremder Arbeitnehmervertreter in den Aufsichtsräten begegnete Kattenstroth mit dem Hinweis auf die positiven Erfahrungen, die in den entflochtenen Betrieben seit 1947 gemacht worden seien. Es habe sich gezeigt, „daß bei den entflochtenen Betrieben die Aufsichtsratsbeschlüsse in den letzten Jahren fast immer einstimmig gefaßt worden seien". Die Wahl betriebsfremder Arbeitnehmervertreter in die Aufsichtsräte verteidigte Kattenstroth sogar mit dem Argument, „daß [...] ein betriebszugehöriger Arbeitnehmer bei der Problematik und der Größenordnung der hier in Betracht kommenden Gesellschaften nur selten in der Lage sein wird, die schwierigen Probleme, die zur Beratung und Entscheidung stehen, zu übersehen und sich ein selbständiges Urteil hierüber zu bilden".[6]

Kattenstroths Argumentation war geeignet, die betriebswirtschaftlich-funktional motivierten Vorbehalte gegen eine dauerhafte Verankerung der paritätischen Montanmitbestimmung zu zerstreuen, nicht jedoch die politischen Bedenken der Bundesregierung, daß die Kampfmaßnahmen der Gewerkschaften nach dem Beispiel der Montanindustrie Schule machen könnten, wenn den gewerkschaftlichen Forderungen in einem Teilbereich der Wirtschaft erst einmal Rechnung getragen worden sei. Aus diesem Grund vermied die Bundesregierung zunächst noch jede genauere inhaltliche Festlegung in der Mitbestimmungsfrage und ließ stattdessen nur allgemeine Verhandlungsbereitschaft erkennen. In einem Brief an Böckler stellte Bundeswirtschaftsminister Erhard lediglich eine Übergangsregelung „für den Bereich der Eisen- und Stahlindustrie und vielleicht auch des Bergbaus [...], die später bei Inkrafttreten des Betriebsverfassungsgesetzes von der in diesem Gesetz vorgesehenen Regelung abgelöst wird", in Aussicht.[7] Nach einer dem DGB zugegangenen Information aus dem Bundeswirtschaftsministerium waren infolge der gewerkschaftlichen Aktionen Teile der Bundesregierung, insbesondere das Bundeswirtschaftsministerium, zu der Auffassung gelangt, „daß es richtiger sei, bei den entflochtenen Betrieben den status quo aufrechtzuerhalten".[8] In Abwesenheit des Bundeskanzlers beschloß deshalb das Bundeskabinett, Adenauer den Vorschlag zu unterbreiten, daß er den Versuch unternehmen sollte, die Verhandlungen zwischen Gewerkschaften und Unternehmern unter seiner Leitung wieder in Gang zu bringen.[9]

Für die Wiederaufnahme von Verhandlungen unter Beteiligung von Bundeskanzler Adenauer als Vermittler intervenierten am 19. Dezember 1950 Walter Raymond, Hans

---

[6] Aktennotiz Kattenstroth für Erhard vom 30. 11. 1950. BA, B 102, 60675.
[7] Brief Erhard an Böckler vom 11. 12. 1950. DGB-Archiv.
[8] Aktennotiz (Verf.: vom Hoff) für Böckler vom 13. 12. 1950. DGB-Archiv.
[9] Ebenda.

Bilstein und Ernst-Gerhard Erdmann von der Bundesvereinigung der Deutschen Arbeitgebervereinigung (BDA) bei Bundespräsident Theodor Heuß. Oberstes Ziel der geforderten Verhandlungen sollte „die Erhaltung des sozialen Friedens" sein; Adenauer sollte mäßigend auf die Verhandlungspartner einwirken und „in seiner ernsten und eindringlichen Art alle Beteiligten darauf hinweisen, in welch ungeheurer Gefahr sich Deutschland heute befinde und welche verheerenden Folgen deshalb klassenkämpferische Auseinandersetzungen haben müßten".[10] Die Vertreter der Arbeitgeberverbände, die von den Gewerkschaften anläßlich der Hattenheimer Verhandlungen noch dem „fortschrittlichen" Flügel der Unternehmer zugerechnet worden waren,[11] ließen allerdings keine Zweifel daran, daß es in erster Linie die Interessen der Gewerkschaften seien, die zurücktreten müßten, da die Realisierung der gewerkschaftlichen Vorstellungen „schließlich zu einem völligen Dominieren der Arbeitnehmerorganisationen [. . . sowie] unweigerlich zum Zentralismus und damit zum volkseigenen Betrieb führen" müßte.[12]

In scharfer Form warnte der Präsident des Bundesverbandes der Deutschen Industrie, Fritz Berg, den Bundeskanzler vor den möglichen Folgen der gewerkschaftlichen Aktionen. Die für die entstandene Lage Verantwortlichen sah er einzig auf der Seite der Gewerkschaften stehen, die „nicht durchdacht [hätten], welche gefährliche Lawine sie hier allein wirtschaftlich auszulösen drohten" und, in politischer Hinsicht, „wie gefährlich es in Deutschland werden kann, Ansehen und Kompetenz des Parlamentes zu untergraben". Auf konkrete Vorschläge zur Beilegung der Auseinandersetzungen wollte sich allerdings auch Berg nicht festlegen; er äußerte lediglich die Hoffnung, „daß durch Vernunft und wirtschaftliche Einsicht die völlig unzeitgemäß heraufbeschworenen Gefahren noch behoben werden".[13] Nach den Vorstellungen Bergs war es die Aufgabe des Bundeskanzlers, als Sachwalter eines vermeintlich höheren, gemeinsamen Interesses auf die Gewerkschaften mäßigend einzuwirken und sie von ihren „gefährlichen" Beschlüssen abzubringen. Die Hoffnung auf die integrierende, ja disziplinierende Funktion des Bundeskanzlers machte das Dilemma deutlich, in dem sich die beiden Unternehmerverbände anläßlich der gewerkschaftlichen Aktionen befanden. Von einer unnachgiebigen Haltung befürchteten sie eine längerfristige Zuspitzung des Klassenkonflikts und damit nicht absehbare wirtschaftliche und politische Schäden; Kompromißbereitschaft andererseits schloß nach ihrer Beurteilung das Risiko der Präjudizierung der paritätischen Mitbestimmung für die übrigen Industriezweige ein.

Unterschiedlich nahmen die montanindustriellen Unternehmer zu den Mitbestimmungsforderungen der Gewerkschaften Stellung. Als repräsentativ für die Unternehmensleiter der entflochtenen, von den Altkonzernen unabhängigen Gesellschaften konnte die Meinung des Vorsitzenden der Stahltreuhändervereinigung, Heinrich

---

[10] Zit. nach einer Aufzeichnung (Verf.: Werz, Bundespräsidialamt) über die Unterredung von Raymond u. a. mit Bundespräsident Heuß am 19.12.1950. BA, B 136,721.
[11] Vgl. Kapitel II, 1 a.
[12] S. o., Anm. 10.
[13] Fernschreiben Berg an Adenauer vom 4.1.1951. BA, B 136,723.

Dinkelbach, gelten. Dinkelbach, der an der Einführung der Mitbestimmungsregelung im Jahr 1947 selbst einigen Anteil hatte, betonte gegenüber dem DGB-Vorstand, daß die Stahltreuhändervereinigung nicht daran denke, „solange ihr das Vorschlags- und Entscheidungsrecht zusteht, die bisherige Ordnung in den entflochtenen Betrieben zu beseitigen", sondern im Gegenteil „auch die neu zu bildenden Kerngesellschaften nach diesen Gesichtspunkten zu behandeln".[14]

Bei den Konzernen war man freilich zurückhaltender mit einer positiven Beurteilung der paritätischen Mitbestimmung. Hans-Günther Sohl vom Vorstand der Vereinigten Stahlwerke bekundete, daß er die bisherige Parität als dauerhafte Regelung nicht anerkennen wolle.[15] Als Kompromißangebot an die Gewerkschaften verstand sich der Vorschlag des Klöckner-Konzerns, der noch mit anderen Unternehmern der Ruhrindustrie abgesprochen war: Die Aufsichtsräte sollten mit fünf Vertretern der Privatwirtschaft (aus der Industrie und der Bankwirtschaft) und mit fünf Vertretern der Gewerkschaften (einschließlich der öffentlichen Hand) besetzt werden. Der Aufsichtsratsvorsitz sollte „der Industrie überlassen" werden, „wobei jedoch nach außen hin der Paritätsgedanke 5 : 5 hervorgekehrt werden" sollte.[16] Der Mitbestimmungsvorschlag des Klöckner-Konzerns zeigte einerseits, daß sich zumindest die politisch Denkenden unter den Altkonzern-Repräsentanten, wie beispielsweise der CDU-Abgeordnete Henle, durchaus über die Notwendigkeit einer baldigen Einigung mit den Gewerkschaften im eigenen längerfristigen Interesse klar waren, daß sie aber andererseits, so weit es irgendwie möglich war, die Vorherrschaft der Vertreter der Privatwirtschaft in den Aufsichtsräten retten wollten.

Als einer von wenigen Vertretern privatwirtschaftlicher Interessengruppen sprach sich der Vorsitzende der Arbeitsgemeinschaft der Schutzvereinigungen für Wertpapierbesitz, Carl Christian Schmid, für die Beibehaltung der paritätischen Mitbestimmung in der Montanindustrie aus.[17] Die Stellungnahme Schmids hatte vermutlich taktische Gründe: Schmids Organisation setzte sich primär für die Rückgabe des unter Treuhandverwaltung stehenden Aktienvermögens an die Altbesitzer ein; als Folge eines Zugeständnisses an die Gewerkschaften in der Mitbestimmungsfrage erwartete er wohl – realistischerweise – einen geringeren Widerstand gegen die Bestrebungen zur Wiederherstellung privatwirtschaftlicher Eigentumsverhältnisse.

Die drei westlichen Alliierten verhielten sich in der Mitbestimmungsfrage neutral. Von den alliierten Militärbehörden wurde wiederholt erklärt, daß die Regelung der Mitbestimmung ausschließlich eine deutsche Angelegenheit sei, in die sie sich in keiner Weise

---

[14] Aktennotiz (Verf.: Stenzel, DGB) über eine Besprechung des Bundesvorstands des DGB mit Vertretern der STV am 24. 11. 1950. DGB-Archiv.

[15] Diese Einschätzung der Haltung Sohls zur Mitbestimmung herrschte zumindest bei der DGB-Führung nach einem Gespräch vom Hoffs mit Boemcke vom BWM vor. Aktennotiz (Verf.: vom Hoff) für Böckler vom 13. 12. 1950. DGB-Archiv.

[16] Notiz Rust (BK) für Adenauer über eine Mitteilung von Schroeder (Klöckner) vom 4. 1. 1951. BA, B 136, 2457.

[17] Aktennotiz (Verf.: vom Hoff) vom 13. 12. 1950; Brief Agartz an Böckler vom 15. 12. 1950. DGB-Archiv.

einzumischen gedächten.[18] Damit waren die Voraussetzungen für eine von den Vorstellungen der westlichen Verbündeten unabhängige Lösung des Mitbestimmungskonflikts gegeben.

2. Die Rolle der christlichen Arbeitnehmerschaft (christliche Gewerkschafter im DGB/Sozialausschüsse der CDU/CSU)

Neben den Interessengruppen der Kapitalseite beeinflußte auch der Arbeitnehmerflügel der CDU/CSU die Haltung von Bundeskanzler Adenauer in der Mitbestimmungsfrage. Widerstand gegen die Tendenzen zur Verschlechterung der Mitbestimmungsregelung ging vor allem von den Sozialausschüssen der CDU-Ortsvereine des Ruhrgebiets aus. Exemplarisch dafür war die Entschließung des Sozialausschusses der CDU Mülheim-Ruhr vom 10. Dezember 1950, in der es u. a. hieß: „Die Versammelten müssen ihrer Besorgnis Ausdruck geben, daß sowohl die Fraktion als auch die von uns getragene Bundesregierung nach dem bisher über Gesetzentwürfe und Verhandlungen Wahrgenommenen nicht gewillt sind, den Erwartungen der christlich-demokratischen Arbeitnehmer nach einer echten Mitbestimmung zu entsprechen. Eine Fehlerquelle in seinem Fundament würde ein gesetzliches Mitbestimmungsrecht aufweisen, wenn beispielsweise die Arbeitnehmer nur zu einem Drittel in den maßgebenden Körperschaften (Aufsichtsrat, Wirtschaftskammer usw.) vertreten wären. [. . .] Wir lassen auch keinen Zweifel darüber aufkommen, daß wir uns in den wichtigen gemeinsamen Fragen nicht gegen die Gewerkschaften entscheiden werden."[19] Dieser Druck eines Teiles der Mitgliederbasis blieb nicht ohne Wirkung auf die Sozialausschüsse der Bundestagsfraktion der CDU/CSU. Auf einer Tagung der Vorsitzenden der Sozialausschüsse am 6. Januar 1951 in Bonn wurde die Beibehaltung der „fortschrittlichen Gestaltung der Betriebsverfassung der entflochtenen Betriebe der eisenschaffenden Industrie" und ihre Ausdehnung „auf weitere Bereiche der Grundindustrien" gefordert.[20]
Während in programmatischer Hinsicht weitgehende Übereinstimmung mit dem DGB bestand, unterschieden sich die Auffassungen beider Seiten über die zur Erreichung dieses Zieles angemessene Taktik grundlegend. Die Sozialausschüsse lehnten

---

[18] Vermerk (Verf.: Deist) über eine Besprechung von Gewerkschaftern mit dem amerikanischen Hohen Kommissar McCloy am 14. 12. 1950. DGB-Archiv; Aktennotiz (Verf.: Stenzel) über eine Besprechung des geschäftsführenden Ausschusses der STV mit dem Bundesvorstand des DGB am 4. 12. 1950. DGB-Archiv; Vermerk (Günther, BWM) über eine Besprechung des Bundeswirtschaftsministers mit den Wirtschaftsberatern und den Leitern der Decartelisation und Industrial Deconcentration Group der AHK am 22. 11. 1950. BA, B 136, 2457. Die Protokolle der Sitzungen der Alliierten Hohen Kommission sind im Public Record Office, London (Bestand: FO 1005) einzusehen, konnten jedoch zu dieser Untersuchung noch nicht herangezogen werden.

[19] Entschließung des Sozialausschusses der CDU Mülheim-Ruhr vom 10. 12. 1950. BA, B 136, 721.

[20] Stellungnahme der Vorsitzenden der Sozialausschüsse und der Arbeitnehmerabgeordneten der CDU/CSU-Fraktion des Bundestages zum Streikbeschluß der IG Metall, vom 6. 1. 1951. BA, NL Kaiser, 42.

die Streikdrohung der Gewerkschaften entschieden ab und begnügten sich mit Appellen an die Bundesregierung, „ohne Verzug die Initiative [zu] ergreifen und der Streikgefahr [zu] begegnen", da Kampfmaßnahmen der Gewerkschaften „sich nur verderblich gegen unseren jungen demokratischen Staat auswirken" und „nur Wasser auf die Mühlen destruktiver Elemente bedeuten" könnten. Einen möglichen Streik um die Mitbestimmung sahen sie als „Eingriff in die Rechte des Parlamentes", als „Verfassungsbruch" und als „revolutionären Akt" an;[21] sie wiederholten damit im wesentlichen die Argumente, die schon Bundeskanzler Adenauer in seinem Briefwechsel mit Böckler gegen die Streikdrohung der Gewerkschaften vorgebracht hatte.

Über die Zulässigkeit der vom DGB angekündigten Kampfmaßnahmen kam es zu einem Konflikt innerhalb der christlichen Arbeitnehmerschaft, der die Auseinandersetzungen zwischen Adenauer und Böckler um die Verfassungsmäßigkeit eines politisch motivierten Streiks reproduzierte. Gegen die Kritik am angedrohten Streik der Gewerkschaften durch die Sozialausschüsse der CDU/CSU um Johannes Albers wandte sich die christlich-soziale Mitgliedgruppe des DGB[22] mit dem stellvertretenden DGB-Vorsitzenden Matthias Föcher an der Spitze auf einer Konferenz in Düsseldorf am 8. Januar 1951. In einer Entschließung der 42 Gewerkschafter, die an dieser Konferenz teilnahmen, hieß es dazu: „Die christlichen Mitglieder des Deutschen Gewerkschaftsbundes stehen in absoluter Treue hinter den auf demokratische Weise zustande gekommenen Beschlüssen ihrer Gewerkschaften und lassen sich durch unverantwortliche und unsachliche Stellungnahmen parteipolitischer Organe nicht in ihrer Haltung erschüttern. Sie sehen es aus ihrem christlich-sozialen Gewissen heraus als Verpflichtung an, zu einem Erfolg der den Gewerkschaften aufgezwungenen Maßnahmen im Interesse der Arbeitnehmer und des deutschen Volkes beizutragen."[23] Zweck dieser Erklärung war es, die Geschlossenheit und Stärke des DGB in einer die gewerkschaftlichen Interessen so zentral berührenden Frage wie der Mitbestimmung zu demonstrieren.

Auf einer Tagung in Königswinter am 13. Januar 1951 bestritt der Hauptvorstand der Sozialausschüsse der CDU/CSU den Anspruch der christlich-sozialen Arbeitnehmergruppe im DGB, die Interessen der gesamten in der CDU/CSU organisierten christlichen Arbeitnehmer zu vertreten. Erneut sprachen sich die Sozialausschüsse gegen ge-

---

[21] Ebenda.

[22] Die Bezeichnung „christlich-soziale Mitgliedgruppe des DGB", die von Föcher selbst verwendet wurde, könnte die Annahme nahelegen, daß es sich dabei um gewerkschaftlich organisierte Mitglieder der CSU handeln würde. Tatsächlich handelte es sich um Gewerkschafter, die sich der Tradition des christlichen Sozialismus verpflichtet fühlten, parteimäßig überwiegend in der CDU/CSU organisiert waren und aufgrund ihrer stärkeren gewerkschaftlichen Bindung im Konfliktfall eher gewerkschaftlich als parteimäßig orientiert waren. Nicht zu verwechseln damit ist die „christlich-soziale Arbeitnehmerschaft" (CSA) der CSU in den sechziger Jahren, eine Hilfstruppe der CSU, deren Aufgabe die Demonstration von „Arbeitnehmerfreundlichkeit" der CSU in Wahlzeiten war. Dazu Alf Mintzel: Die CSU in Bayern. In: Jürgen Dittberner und Rolf Ebbighausen: Parteiensystem in der Legitimationskrise. Studien und Materialien zur Soziologie der Parteien in der Bundesrepublik Deutschland. Opladen 1973, S. 349–426.

[23] Informations- und Nachrichtendienst der Bundespressestelle des DGB II (1951), S. 25 f.

werkschaftliche Streikmaßnahmen aus, betonten aber wiederum, daß sie entschlossen seien, „die gewerkschaftlichen Forderungen zum Mitbestimmungsrecht in der kohlen- und eisenschaffenden Industrie, insbesondere in bezug auf bereits erworbene Rechte, mit *eindeutig legalen Mitteln zu unterstützen*".[24]

Die innerhalb der christlichen Arbeitnehmerbewegung in Gang gekommene Grund- satzdebatte über Angemessenheit und Rechtmäßigkeit gewerkschaftlicher Kampfmit- tel zur Realisierung gesellschaftspolitischer Reformvorstellungen wurde nicht fortge- führt, da sich Bundeskanzler Adenauer inzwischen öffentlich für die Beibehaltung der paritätischen Mitbestimmung in der Montanindustrie ausgesprochen hatte und damit eine mögliche Verschärfung der Gegensätze, wenn nicht gar eine Spaltung der beiden Richtungen der christlichen Arbeitnehmerbewegung, verhindert hatte.

Immerhin manifestierten diese Auseinandersetzungen die sonst latenten Gegensätze in der christlichen Arbeitnehmerschaft: Die Gruppe der sich primär als Gewerkschafter verstehenden christlichen Arbeitnehmer um Matthias Föcher betonte in Übereinstim- mung mit der überwiegend sozialdemokratischen Führung des DGB das Prinzip der Einheitsgewerkschaft und verteidigte den Anspruch des DGB und seiner Industriege- werkschaften auf Mitbeteiligung bei der Gestaltung der Wirtschaftsverfassung, selbst wenn sie sich damit in Opposition zur überwiegenden Mehrheit ihrer eigenen Partei brachte. Diesem Flügel standen die Mitglieder der Sozialausschüsse der CDU/CSU gegenüber, die politisch motivierte Aktionen im außerparlamentarischen Bereich grundsätzlich ablehnten. Sie erwarteten von ihrer Parteiführung bzw. von der von ihr getragenen Bundesregierung, daß sie sich auch ohne massiven äußeren Druck für eine angemessene Berücksichtigung der Arbeitnehmerinteressen einsetzten. Daß diese Einschätzung unrealistisch war, zeigte sich spätestens bei der Verabschiedung des Be- triebsverfassungsgesetzes im Juli 1952.[25] Zweifellos überschätzten die Sozialausschüs- se der CDU/CSU ihr Gewicht in den Unionsparteien und ihren Einfluß auf die Bun- desregierung, deren Wirtschafts- und Sozialpolitik zumindest seit der Währungsre- form eindeutig auf die Rekonstruktion des privatkapitalistischen Wirtschaftssystems und auf die Bereitstellung von Rahmenbedingungen für eine rasche und reibungslose Kapitalakkumulation in Großunternehmen abzielte und deren Sozialpolitik lediglich eine nachgeordnete Funktion zur Vermeidung sozialer Krisen und der Bildung und Erhaltung parteipolitischer Massenloyalität hatte.[26]

---

[24] Rundschreiben des Hauptvorstands der Sozialausschüsse der CDU/CSU (gez.: J. Bock) vom 16.1. 1951. (Hervorhebung im Original) BA, NL Kaiser, 42 (An dieser Tagung nahmen 30 Personen teil).

[25] Die Rolle der Sozialausschüsse bei der Verabschiedung des Betriebsverfassungsgesetzes von 1952 ist folgendermaßen zu charakterisieren: Teilweise Übereinstimmung mit dem DGB hinsichtlich der konkreten Forderungen, aber Ablehnung der gewerkschaftlichen Kampfmaßnahmen (Drucker- streik) und Sich-Verlassen auf die CDU/CSU-Fraktion, was schließlich dazu beitrug, daß die Hauptforderungen der Sozialausschüsse unberücksichtigt blieben. Dazu Rolf Ebbighausen und Wilhelm Kaltenborn: Arbeiterinteressen in der CDU? Zur Rolle der Sozialausschüsse. In: Dittber- ner und Ebbighausen: Parteiensystem in der Legitimationskrise, S. 172–199; hier: S. 178.

[26] Zum Verhältnis der christlichen Sozialisten in der CDU zur Parteispitze um Adenauer seit 1946: Wolf-Dieter Narr: CDU – SPD. Programm und Praxis seit 1945. Stuttgart, Berlin, Köln, Mainz 1966, S. 85 ff.

Insgesamt zeigten die politischen Vorgänge um das Zustandekommen der Montanmitbestimmungsregelung die ambivalente Funktion des Arbeitnehmerflügels der
CDU/CSU: Einerseits war das Bündnis der der CDU/CSU angehörigen Sozialrefor-
mer mit der Mehrheit der Sozialdemokraten im DGB die Voraussetzung für eine weitgehende Kooperation des DGB mit der bürgerlichen Bundesregierung und damit für
die Reduzierung ehemals umfassenderer Ziele der Gewerkschaftspolitik auf die Erringung von Mitbestimmungs- und Beteiligungsrechten;[27] andererseits konnten die vom
Arbeitnehmerflügel der CDU/CSU – wenn auch mit unterschiedlichem Nachdruck –
unterstützten Mitbestimmungsforderungen der Gewerkschaften von der Bundesregierung nicht übergangen werden, da bei der knappen parlamentarischen Mehrheit der
Bundesregierung und der noch wenig konsolidierten gesellschaftlichen Situation zu
Beginn des Jahres 1951 nur eine Politik der partiellen Zugeständnisse in der Mitbestimmungsfrage geeignet erschien, die längerfristige Loyalität des Arbeitnehmerflügels der
CDU/CSU zur Parteispitze bzw. zur Bundesregierung zu sichern. Die Rolle des Arbeitnehmerflügels der CDU/CSU beim Zustandekommen der Montanmitbestimmung hatte einen überwiegend passiven Charakter. Adenauers Eintreten für die Mitbestimmung war weniger das Ergebnis des parteiinternen Drucks seitens des Arbeitnehmerflügels, als vielmehr das Resultat taktischer Überlegungen des Bundeskanzlers:
Durch Zugeständnisse in der Montanmitbestimmung, die als Beweis für die „arbeit-
nehmerfreundliche" Politik der Bundesregierung und der CDU/CSU dargestellt werden konnten, sollte möglichen Widerständen aus den eigenen Reihen wie auch von den
Gewerkschaften gegenüber der Außen- und Wirtschaftspolitik des Bundeskanzlers
vorgebeugt werden und zugleich ein Teil der Arbeiterschaft als potentielle Wähler gewonnen oder zumindest bei der Stange gehalten werden.

3. Die Verhandlungen über eine Sonderregelung der paritätischen Mitbestimmung in der Montanindustrie vom Januar 1951 und die Vermittlerrolle von Bundeskanzler Adenauer

In dieser schwierigen politischen Situation schaltete sich Bundeskanzler Adenauer, wie
es von verschiedenen Seiten gefordert worden war, als Vermittler in die Mitbestimmungsauseinandersetzungen ein: Am 11. Januar 1951 kam Adenauer mit Böckler zu
einer Unterredung zusammen, auf der ihm der DGB-Vorsitzende zu verstehen gab,
daß für die Gewerkschaften ein Kompromiß nicht möglich sei, „da er in jedem Falle zu
Lasten der Arbeitnehmer in den bereits entflochtenen Werken gehen würde".[28] Grund-

---

[27] Vgl. dazu Gerhard Kraiker: Politischer Katholizismus in der BRD. Eine ideologiekritische Analyse.
Stuttgart, Berlin, Köln, Mainz 1972, S. 145 f.

[28] So jedenfalls berichtete Böckler selbst über seine Aussprache mit Adenauer vor dem Bundesausschuß
des DGB am 12. 1. 1951. Protokoll des 5. Sitzung des Bundesausschusses des DGB am 12. 1. 1951.
DGB-Archiv. Ein Protokoll über das Gespräch Böckler – Adenauer lag mir nicht vor, vermutlich gibt
es auch gar keine Aufzeichnung über dieses „Gespräch unter vier Augen", so daß auch nicht zu re-
konstruieren ist, was tatsächlich verhandelt wurde.

sätzlich positiv über das Mitbestimmungsrecht äußerte sich Adenauer auf dem CDU-Landesparteitag in Westfalen am 14. Januar 1951, wobei er sich ausdrücklich auf das Ahlener Programm seiner Partei berief.[29]

Der Bundeskanzler wurde in dieser Haltung noch bestärkt durch den Mitbestimmungsexperten der CDU/CSU, Gerhard Schröder, bei dem er sich in diesen Tagen über Lösungsmöglichkeiten des Mitbestimmungskonflikts informierte.[30] Schröder, der an der Ausarbeitung des CDU/CSU-Entwurfes für ein Betriebsverfassungsgesetz vom Mai 1950 führend beteiligt gewesen war und dort versucht hatte, zwischen den Vorstellungen des Arbeitnehmer- und des Unternehmerflügels der CDU/CSU-Fraktion zu vermitteln, kannte aufgrund seiner Tätigkeit in der Stahltreuhändervereinigung die Probleme der Neuordnung der Montanindustrie recht gut. Er empfahl der Bundesregierung, sich für eine „von der übrigen Industrie abweichende Regelung der Aufsichtsräte" einzusetzen und nicht nur über den Betriebsverfassungsgesetzentwurf der Regierung, sondern sogar über den der CDU/CSU-Fraktion hinaus Konzessionen an die Gewerkschaften zu machen.[31] Die paritätische Besetzung der Aufsichtsräte in der Montanindustrie hielt Schröder dann für akzeptabel, wenn ein ausreichender Einfluß der öffentlichen Hand, besonders der Bundesregierung, gesichert wäre; nach seinen Vorstellungen sollten z. B. von 11 Aufsichtsratssitzen 3 durch die öffentliche Hand besetzt werden. Mit dieser Konzeption konnte sowohl den Kritikern von links, die eine Brechung der privaten Verfügungsgewalt über die Grundstoffindustrien mittels deren Überführung in Gemeineigentum forderten, mit dem Hinweis auf den die Eigentumsrechte neutralisierenden und das „Gemeinwohl" sichernden Einfluß der von den öffentlichen Händen besetzten Aufsichtsräte begegnet werden, als auch den Kritikern von rechts, die einen zu starken Einfluß der Gewerkschaften befürchteten. Während Schröder allerdings zunächst noch davon ausging, daß Mitbestimmungs- und Eigentumsregelung der Montanindustrie „als ein untrennbar Ganzes erfaßt und vom Bundestag verabschiedet werden" sollte,[32] befürwortete er eine Woche später, nach einer Unterredung mit Adenauer, eine gesonderte Behandlung der Mitbestimmungsregelung.[33] Vermutlich hatte ihm Adenauer, der eine parlamentarische Behandlung der Eigentumsfrage so weit wie möglich umgehen wollte, klargemacht, daß eine solche Debatte im gegenwärtigen Zeitpunkt nur den Befürwortern einer Sozialisierung nützte und damit die gewerkschaftliche Position zusätzlich stärkte.

Zur Herbeiführung einer konkreten Mitbestimmungsvereinbarung verhandelte Bundeskanzler Adenauer am 17. und 18. Januar 1951 getrennt mit den Delegationen der Unternehmer und der Gewerkschaften. In diesen Gesprächen sollten beide Seiten von der Notwendigkeit einer Einigung zugunsten übergeordneter politischer Interessen

---

[29] Das „Ahlener Wirtschaftsprogramm der CDU für Nordrhein-Westfalen" vom 3. 2. 1947 war inzwischen offiziell abgelöst worden durch die „Düsseldorfer Leitsätze der CDU/CSU" vom 15. 7. 1949, die die „soziale Marktwirtschaft" proklamierten.

[30] Das geht aus einem Brief Schröders an Adenauer vom 16. 1. 1951 hervor. BA, B 109, 397 (Abschrift).

[31] Brief Schröder an Adenauer vom 7. 1. 1951. BA, B 136, 723.

[32] Gerhard Schröder: „Zum Stahlarbeiterstreik". 8. 1. 1951. BA, NL Kaiser 42 (vervielfältigt).

[33] Vgl. Brief Schröder an Adenauer vom 16. 1. 1951. BA, B 109, 397 (Abschrift).

überzeugt und zu einer entsprechend gemäßigten Haltung gegenüber ihren Verhandlungspartnern veranlaßt werden. Ziel des Bundeskanzlers in diesen Verhandlungen war es, eine für die Gewerkschaften akzeptable Mitbestimmungsregelung herbeizuführen, um eine innenpolitische Polarisierung mit möglicherweise nicht kalkulierbaren Folgen zu vermeiden und die Gewerkschaften stattdessen konstruktiv in die Wirtschafts- und Außenpolitik der Bundesregierung einzubinden. Dabei stand der Bundeskanzler allerdings unter dem Druck der Unternehmerverbände, die befürchteten, daß die paritätische Mitbestimmung in der Montanindustrie ähnliche Mitbestimmungsregelungen in anderen Industriezweigen präjudizieren könnte. Wollte Adenauer mit diesen Interessen nicht in Konflikt geraten, mußte er alles tun, um die Beschränkung der paritätischen Mitbestimmung auf den Montanbereich sicherzustellen, zumindest aber mußte er den Sonderstatus der angestrebten Regelung gegenüber den Unternehmern glaubhaft vertreten.

Von der Prämisse einer Sonderregelung im Montanbereich – sofern Zugeständnisse an die Gewerkschaften nicht überhaupt zu umgehen wären – war die Bundesregierung bereits zu Beginn der gewerkschaftlichen Mitbestimmungskampagne ausgegangen. In einem Gespräch mit alliierten Entflechtungsexperten über die Neuordnung der Montanindustrie am 22. November 1950 hatte Bundeswirtschaftsminister Erhard betont, bezüglich der Mitbestimmung solle vermieden werden, „bei der Neuordnung von Kohle, Stahl und Eisen durch Festlegungen ein Präjudiz für die gesamte Wirtschaft zu schaffen".[34] Eine ähnliche Position hatten auch Anfang Januar 1951 die meisten Unternehmer der Eisen- und Stahlindustrie eingenommen, nachdem sie sich grundsätzlich zu Verhandlungen mit den Gewerkschaften über die Montanmitbestimmung auf der Grundlage des Klöckner-Vorschlags bereit erklärt hatten: Sie wollten „bei den in Aussicht genommenen Verhandlungen von vornherein festgelegt sehen [...], daß diese Regelung nicht für die übrigen Industrien gelten dürfe, [...] daß es insoweit vielmehr bei den Beschlüssen von Hattenheim und Maria Laach zu bleiben hätte".[35] Erleichtert wurde die Verhandlungsbereitschaft der Bundesregierung und eines Teils der Unternehmerschaft der Montanindustrie auch durch informelle Verlautbarungen seitens des DGB, wonach die Gewerkschaften möglicherweise auf die Realisierung ihrer Mitbestimmungsforderungen in anderen Industrien verzichteten, käme es zu einer für sie annehmbaren Mitbestimmungsregelung in der Montanindustrie.[36]

---

[34] „Vermerk über eine Besprechung mit den Wirtschaftsberatern und den Leitern der Decartelisation and Industrial Deconcentration Group der Alliierten Hohen Kommission am 22. 11. 1950." (Verf.: Günther, BWM). BA, B 136, 2457 (vom 23. 11. 1950).

[35] Notiz Rust (BK) für Adenauer über eine Mitteilung von Schroeder (Klöckner) vom 4. 1. 1951. BA, B 136, 2457.

[36] Das geht aus einem Vermerk des Leiters der Abteilung Wirtschaftspolitik im BWM, Graf, an Minister Erhard vom 5. 12. 1950 hervor, in dem es heißt: „Die Gewerkschaften wollen die Tür wegen des Mitbestimmungsrechts auch weiterhin nicht endgültig zuschlagen; sollte das Mitbestimmungsrecht hinsichtlich der Grundstoffindustrien (Kohle und Stahl) gerettet werden, wären sie u. U. bereit, auf das Mitbestimmungsrecht in der verarbeitenden Industrie usw. zu verzichten. Grund dazu ist wahrscheinlich, daß sie zur Besetzung der leitenden Posten in den Gremien im Augenblick auf der ganzen breiten Ebene der deutschen Industrie nicht genügend Personal haben." BA, B 102, 60675. Wenn-

Hatten sich also bis zum Beginn der Verhandlungen am 17./18. Januar 1951 die Positionen der unmittelbar Betroffenen – die Gewerkschaften, der größte Teil der Montanunternehmer sowie der Bundeskanzler als Vermittler – insoweit angenähert, daß konkrete Verhandlungen erfolgversprechend erschienen, so blieben die Unternehmerverbände weiterhin intransigent. Hier war es insbesondere der Bundesverband der Deutschen Industrie, der mit einer teilweise militanten Polemik eine Einigung über die Montanmitbestimmung verhindern wollte. Ihm ging es kaum um eine inhaltliche Auseinandersetzung mit den gewerkschaftlichen Forderungen, vielmehr um einen prinzipiellen Angriff auf die gewerkschaftlichen Kampfmaßnahmen, denen als „politischer Streik" jegliche Legitimität abgesprochen wurde. Der Vermittlungtätigkeit des Bundeskanzlers stand der Bundesverband der Deutschen Industrie, der für die Montanunternehmen zum damaligen Zeitpunkt überhaupt nicht zuständig war,[37] mißtrauisch und distanziert gegenüber. Symptomatisch dafür war ein Brief, den sein Präsident, Fritz Berg, aus Anlaß der Aufnahme von Verhandlungen mit den Gewerkschaften an Bundeskanzler Adenauer schrieb; darin hieß es u. a.: „Die gestrige Besprechung hat bei mir die Befürchtung ausgelöst, daß Sie der von den Gewerkschaften unter Streikdrohung vorgebrachten Forderung auf Mitbestimmung für die unter Gesetz 27 stehenden Firmen der Grundindustrie aus besonderen Gründen entgegenzukommen bereit sind. Die Verantwortung dafür, daß auf politischem Gebiet unter Druck verhandelt wird, fällt der Regierung und der gesetzgebenden Körperschaft zu. Ich glaube indessen, verpflichtet zu sein, darauf hinzuweisen, daß die gesamte Industrie in diesen Verhandlungen unter dem Druck eines rein politischen Streikes eine verhängnisvolle Erschütterung der Staatsautorität und der Grundlagen unserer jungen Demokratie erblickt."[38]
Die pauschale Ablehnung jeglicher Kompromißmöglichkeit, wie sie in diesem Brief deutlich wurde, ließ jedoch die konkreten politischen und ökonomischen Rahmenbedingungen, die den Auseinandersetzungen um die Montanmitbestimmung zugrunde lagen und den Bundeskanzler zum Eintreten für die gewerkschaftlichen Forderungen veranlaßten, unberücksichtigt. Wenn Adenauer seine Vermittlungspolitik nicht gefährdet sehen wollte, mußte er die Vertreter der Unternehmerverbände als potentielle Scharfmacher aus den Montanmitbestimmungsverhandlungen heraushalten.
Die taktische Marschroute Adenauers verdeutlichte sich in seiner Unterredung mit den Unternehmervertretern am 17. Januar 1951. Adenauer hatte zu dieser Besprechung verschiedene Unternehmer der Montanindustrie eingeladen, von denen er eine kompromißbereite Haltung erwartete, weil diese Unternehmer die mit der alliierten Entflechtungspolitik und dem Schumanplan zusammenhängenden politischen Probleme

---

gleich der Informationsgehalt eines solchen Vermerks als problematisch zu beurteilen ist, zeigt er jedoch, daß es bei der Bundesregierung (und offensichtlich in ähnlicher Weise auch bei den Gewerkschaften) schon frühzeitig Überlegungen gab, ob man auf der Basis einer *Sonder*regelung in der Montanindustrie zu einem längerfristigen Ausgleich der Interessen kommen könne.

[37] Hirsch-Weber: Gewerkschaften in der Politik, S. 94.

[38] Brief Berg an Adenauer vom 18. 1. 1951. BA, B 136, 725. Bei der in dem Brief erwähnten „gestrigen Besprechung" handelte es sich um das Gespräch des Bundeskanzlers mit den Unternehmervertretern am 17. 1. 1951.

kannten und das politische Gewicht der Gewerkschaften in diesen Auseinandersetzungen realistisch einschätzten. In diesem Gespräch ging es vor allem darum, die von Adenauer aus politischen Erwägungen getroffene Option über die Beibehaltung der paritätischen Mitbestimmung in der Eisen- und Stahlindustrie bzw. ihre Erweiterung auf den Kohlenbergbau bei einem Teil der Unternehmerschaft abzusichern und Lösungsmöglichkeiten für die Detailfragen zu erörtern. Da die Montanunternehmer „von sich aus" die Herren Berg und Vorwerk von den Unternehmerverbänden mitgebracht hatten und außerdem auch die wenig kompromißbereiten Konzernvertreter Reusch und Sohl an den Verhandlungen teilnahmen, „tauchten", wie Adenauer in der Besprechung mit den Gewerkschaften am folgenden Tag berichtete, „zu Anfang der Konferenz [...] durchaus verschiedene Meinungen auf".[39] Im Verlauf der Besprechung gelang es Adenauer doch, die Mehrheit der versammelten Unternehmervertreter für Verhandlungen mit den Gewerkschaften zu gewinnen, wobei nach Mitteilung des Bundeskanzlers „insbesondere bei den Herren Kost und Wenzel [...] sehr vernünftige und verständige Ansichten entwickelt" wurden.[40] Auf die für eine unnachgiebigere Haltung plädierenden Unternehmer wie Vorwerk, Berg, Sohl und Reusch wirkte Adenauer dahingehend ein, daß sie auf die Teilnahme an den Verhandlungen mit den Gewerkschaften verzichteten.[41] Dem Rückzug dieser Unternehmer von den Mitbestimmungsverhandlungen ging die Versicherung Adenauers voraus, daß die angestrebte Vereinbarung lediglich den Montanbereich betreffen und damit in keiner Weise präjudizierend für künftige Mitbestimmungsregelungen in den übrigen Industriezweigen sein werde.[42] Damit war eine wichtige Vorentscheidung über die Beibehaltung der paritätischen Mitbestimmung in der Montanindustrie gefallen. In der Besprechung mit den Gewerkschaftsvertretern am 18. Januar 1951 bestätigte Adenauer noch einmal, daß er „für Eisen und Kohle eine besondere Regelung des Mitbestimmungsrechtes [für] nötig" halte; die Einzelheiten einer solchen Regelung wolle er aber direkten Verhandlun-

---

[39] „Protokoll über die Besprechung zwischen Bundeskanzler Dr. Adenauer und der Delegation des Bundesvorstandes des DGB über die Regelung der Mitbestimmung vom 18.1. 1951." (o. Verf.) DGB-Archiv. Über die Verhandlungen Adenauers mit der Delegation der Unternehmer vom vorhergehenden Tag lag mir kein Protokoll vor, jedoch lassen sich einige wichtige Einzelheiten aus dem o. a. Protokoll und aus anderen Quellen erschließen.

[40] Ebenda.

[41] Im Brief Bergs an Adenauer vom 18.1. 1951 heißt es diesbezüglich: „Ich folge, sehr geehrter Herr Bundeskanzler, Ihrer Anregung und nehme an den morgigen Verhandlungen nicht teil." BA, B 136, 725. Daß Bundeskanzler Adenauer in erheblichem Maß seinen Einfluß auf die Unternehmer geltend machte, um sie zu einer gemäßigten Haltung zu bringen, geht indirekt auch aus einem Brief hervor, den Günter Henle vier Wochen später aus anderem Anlaß an Adenauer schrieb, in dem es in bezug auf die Mitbestimmungsverhandlungen hieß: „Ich hoffe doch, daß Sie, Herr Bundeskanzler, uns hier an der Ruhr – nicht zuletzt wegen unserer Haltung in der Mitbestimmungsrechtsfrage – soweit für ganz vernünftige Leute halten." Brief Henle an Adenauer vom 13.2. 1951. BA, B 136, 2457 (Abschrift).

[42] Dies bestätigt der Brief Bergs an Adenauer vom 18.1. 1951, in dem es u. a. heißt: „Umso mehr darf ich nach eingehender Aussprache des Präsidiums des Bundesverbandes der Deutschen Industrie noch einmal Ihre gestrige Erklärung unterstreichen, daß Sonderregelungen in Kohle und Eisen für die Verhandlungen der übrigen Industrie nicht präjudizierend sind."

gen zwischen Gewerkschaften und Montanunternehmern überlassen.[43] Adenauers Taktik war es offensichtlich, diesen Konflikt, soweit es noch möglich war, zu „entpolitisieren", folglich sich aus den Verhandlungen möglichst herauszuhalten, damit das zu erwartende Verhandlungsergebnis in der Öffentlichkeit als freiwillige Vereinbarung der beiden „Sozialpartner" deklariert werden konnte. Er wollte damit die politische Verantwortung der Bundesregierung für ein Zustandekommen der Montanmitbestimmungsregelung in der Öffentlichkeit herabspielen, um jegliche Festlegung für künftige Auseinandersetzungen, z. B. für die Verabschiedung des geplanten Betriebsverfassungsgesetzes, zu vermeiden. Vor allem wollte er sich nicht den möglichen Vorwürfen seiner Koalitionspartner FDP und DP aussetzen, daß er gegenüber den Gewerkschaften allzu kompromißbereit sei.[44]

Die Verhandlungen über die Einzelheiten der Mitbestimmungsregelung fanden vom 19. bis zum 25. Januar 1951 zwischen jeweils fünf Vertretern der Gewerkschaften und der Unternehmer der Montanindustrie statt.[45] Nach erfolgversprechendem Beginn

---

[43] Siehe Kapitel III, Anm. 39. Auffällig ist, daß Adenauer – laut Protokoll – bezüglich der Montanmitbestimmungsregelung mehrfach Begriffe wie „vordringliche und gesonderte Regelung" oder „Sonderregelung" verwendete.

[44] Das geht aus einem Brief Adenauers an Blücher vom 13. 8. 1951 hervor. BA, NL Blücher, 79. Adenauer wandte sich in diesem Brief in scharfer Form gegen die in der Presse geäußerte Kritik seines Vizekanzlers an seiner vermeintlich allzu großen Konzessionsbereitschaft gegenüber dem DGB. (Das diesbezügliche Telegramm Blüchers an Adenauer vom 9. 8. 1951 ist abgedruckt in: Informations- und Nachrichtendienst der Bundespressestelle des DGB III (1951/2. Teil), S. 64 f.) In diesem Brief erinnerte Adenauer an das Zustandekommen der Montanmitbestimmungsvereinbarung, wobei er seine eigene Rolle in diesen Verhandlungen als „neutral" darstellte und damit das politische Gewicht seines Engagements zugunsten der Beibehaltung der Montanmitbestimmung herabspielte. Dieser Brief ist m. E. interessant genug, ausführlicher zitiert zu werden, wirft er doch ein Licht auf das Verhältnis von CDU und FDP in der Mitbestimmungsfrage: „Ihre Warnung, irgendwelche Bindungen gegenüber dem DGB einzugehen, ohne mich vorher mit dem Kabinett und den Koalitionsparteien ausgesprochen zu haben, ist mir auch deswegen nicht verständlich, weil Sie aus den Vorgängen bei der Regelung des Mitbestimmungsrechtes für Kohle und Eisen genau wissen, daß ich damals keine Verabredung mit den Vertretern des Gewerkschaftsbundes und der Unternehmer getroffen habe, sondern daß das Kabinett dem Einbringen einer Gesetzesvorlage, die das zwischen Unternehmern und DGB-Vertretern Vereinbarte zum Gegenstand hatte, zugestimmt hat. Ich habe bei diesen Verhandlungen als neutraler Vorsitzender fungiert, ich habe von vornherein den Verhandlungsteilnehmern erklärt, daß ich für meine Person keine Erklärungen abgeben könne, sondern daß ich, falls die Verhandlungsteilnehmer zu einer Einigung kämen, die Zustimmung des Kabinetts zur Vorlage eines Gesetzentwurfes einholen müsse. Ich habe zur selben Stunde, die für die Abschlußverhandlungen der Unternehmer und des DGB bestimmt war, in einem anderen Saal des Bundeskanzlerhauses das Kabinett einberufen. Als Unternehmer und DGB sich geeinigt hatten, bin ich in das Kabinett gegangen, habe dort diese Einigung vorgetragen und habe ausdrücklich die Frage gestellt, ob das Kabinett damit einverstanden sei, daß eine dementsprechende Gesetzesvorlage dem Bundestag zugeleitet würde. Sie haben der Vorlage eines solchen Gesetzentwurfes an den Bundestag ausdrücklich mit den Worten zugestimmt: ‚es bleibt uns nichts anderes übrig'."

[45] Folgende Personen nahmen an den Verhandlungen teil: Auf seiten der Gewerkschaften Hans Böckler und Hans vom Hoff (vom Bundesvorstand des DGB), Walter Freitag (vom Vorstand der IG Metall), Heinrich Imig (vom Vorstand der IG Bergbau) und Heinrich Deist (SPD-Wirtschaftsexperte und Mitglied der Stahltreuhänder-Vereinigung) und auf seiten der Unternehmer Günter Henle und

drohten die Verhandlungen am 22. Januar 1951 an der mangelnden Kompromißbereitschaft der Unternehmer zu scheitern. Die Verhärtung der Position der Unternehmervertreter war zweifellos auf den Druck der Unternehmerverbände zurückzuführen, die nach wie vor versuchten, die volle paritätische Mitbestimmung zu verhindern. So warnte Fritz Berg, unterstützt von weiteren siebzig im Bundesverband der Deutschen Industrie zusammengeschlossenen Unternehmern, Bundeskanzler Adenauer in einem Telegramm erneut davor, über das Mitbestimmungsrecht in der Kohlen- und Eisenindustrie eine Entscheidung zu treffen, die von der Unternehmerschaft für die gesamte Industrie abgelehnt werde.[46] Ähnliche Bedenken äußerte auch die Bundesvereinigung der Deutschen Arbeitgeberverbände, die sich zuvor weit weniger als der Bundesverband der Deutschen Industrie gegen die Mitbestimmungsaktionen der Gewerkschaften exponiert hatte. In einem Telegramm ihres Vorsitzenden Raymond an Bundeskanzler Adenauer vom 22. Januar 1951 war von der „ernsten Befürchtung" die Rede, „daß etwaige Vereinbarungen zwischen Vertretern dieser Industriezweige [d. h. der Montanindustrie] und des Deutschen Gewerkschaftsbundes doch Rückwirkungen auf die übrige Wirtschaft [. . .] mit nicht absehbaren Folgen auslösen können". Raymond schlug daher dem Kanzler vor: „Zumindest aber sollten etwaige Vereinbarungen unter Vorbehalten abgeschlossen werden, die jede Möglichkeit der Rückwirkung auf die übrige Wirtschaft [. . .] und die einseitige Berufung auf eine solche Vereinbarung bei Verhandlungen über die Regelung in den übrigen Teilen der Wirtschaft ausdrücklich ausschließen."[47]

Inhaltlich bezog sich die unnachgiebige Haltung der Vertreter der Montanunternehmen in den Verhandlungen am 22. Januar 1951 im wesentlichen auf zwei Punkte: Zum einen sollte der Arbeitsdirektor im Kohlenbergbau nicht – wie es die Gewerkschaften forderten – gleichberechtigtes Vorstandsmitglied neben dem kaufmännischen und dem technischen Direktor sein und ferner versuchten die Unternehmervertreter, das Recht der Aktionärs-Hauptversammlung durchzusetzen, den „elften" Mann des Aufsichtsrates frei wählen zu können. Letzteres hätte zur Folge gehabt, daß es in jedem Fall möglich gewesen wäre, einen den Anteilseignern nahestehenden elften Mann zu benennen und die Parität insgesamt zugunsten der Kapitalseite zu verändern.[48] Dagegen bestanden die Gewerkschaften, an deren Vorschläge für die Arbeitnehmerseite die Hauptversammlung gebunden sein sollte, auf dem Zwang zur Einigung der beiden Gruppen im Aufsichtsrat über den elften Mann. Nötigenfalls sollte die Einigung durch die Vermittlung eines paritätisch zusammengesetzten Senats zustandegebracht werden, der drei Vorschläge für den umstrittenen elften Mann machen sollte, aus denen ein Vorschlag von der Hauptversammlung angenommen werden mußte.

Robert Pferdmenges (vgl. dazu Kapitel II, Anm. 95), Heinrich Kost (Generaldirektor der DKBL), Adolf Hueck (Bergassessor, Vorstand der Gelsenkirchener Bergwerks-AG) und Adolf Wenzel (Bergassessor, Vorstandsmitglied der Vereinigte Stahlwerke AG).

[46] Informations- und Nachrichtendienst der Bundespressestelle des DGB II (1951), S. 44 f. Vgl. dazu auch Wolfgang Hirsch-Weber: Gewerkschaften in der Politik, S. 94.

[47] Telegramm BDA (gez.: Raymond) an Adenauer vom 22. 1. 1951. BA, B 136, 725 (Abschrift).

[48] Informations- und Nachrichtendienst der Bundespressestelle des DGB II (1951), S. 45 f.

Angesichts der gespannten Lage griff Adenauer, ganz im Gegensatz zu seiner ursprünglichen Intention, sich aus den Verhandlungen möglichst weitgehend herauszuhalten, am 23. Januar 1951 nun doch in die Gespräche ein, indem er erneut getrennt mit beiden Delegationen zusammentraf.[49] Am 25. Januar 1951 konnten die bisher noch strittigen Punkte in Anwesenheit des Bundeskanzlers geklärt werden, nachdem dieser mit eigenen Lösungsvorschlägen zu verschiedenen Detailfragen auf den raschen Abschluß der Verhandlungen gedrängt hatte.[50] Das Bundeskabinett, das von Adenauer für die gleiche Zeit einberufen worden war, billigte das Verhandlungsergebnis und beschloß, einen entsprechenden Gesetzentwurf dem Bundestag zuzuleiten. Für die FDP, die bislang innerhalb der Regierungskoalition am heftigsten gegen die Mitbestimmungsforderungen der Gewerkschaften opponiert hatte, soll Vizekanzler Blücher mit den Worten zugestimmt haben: „Es bleibt uns nichts anderes übrig."[51]

Redaktionell zusammengefaßt wurde das Ergebnis der Verhandlungen, das im wesentlichen den ursprünglichen Forderungen der Gewerkschaften entsprach, also auch den Kohlenbergbau einschloß, von einem paritätisch zusammengesetzten Ausschuß in den „Richtlinien über Mitbestimmung in Kohle und Eisen schaffender Industrie".[52] Diese bildeten die Grundlage des Regierungsentwurfes über ein Mitbestimmungsgesetz in der Montanindustrie.[53] Anläßlich des günstigen Verhandlungsergebnisses beschloß der Bundesausschuß des DGB am 29. Januar 1951, den Streikbeschluß vorläufig auszusetzen.[54]

4. Die faktische Zustimmung der DGB-Führung zu einer gesonderten Mitbestimmungsregelung in der Montanindustrie

Der Ausgang der Auseinandersetzungen um die Mitbestimmung in der Montanindustrie wurde von den Gewerkschaften als Folge ihrer Entschlossenheit und Kampfbereitschaft und als erste Etappe zu einer neuen Wirtschaftsordnung gefeiert. Böckler sprach der erreichten Mitbestimmungsregelung Modellcharakter für die übrigen Industriezweige zu und sah in ihr den Auftakt zu einer weiteren schrittweisen Demokratisierung der gesamten Wirtschaft.[55] Damit trug Böckler selbst noch kurz vor seinem Tod zu der Entstehung eines Mythos bei, der auf Jahrzehnte hinaus das Selbstver-

---

[49] Protokolle über diese Verhandlungen lagen mir nicht vor.

[50] „Kurzprotokoll zu der Besprechung über die Mitbestimmung in Kohle und Eisen am 25.1.1951." (Verf.: Petz, BK) BA, B 136, 725.

[51] Vgl. Kapitel III, Anm. 44.

[52] „Richtlinien über Mitbestimmung in Kohle und Eisen schaffender Industrie" vom 27.1.1951. Abgedruckt in: Informations- und Nachrichtendienst der Bundespressestelle des DGB II (1951), S. 57 ff. Dem Redaktionsausschuß gehörten vom Hoff, Deist, Kost und Henle an.

[53] Wortlaut des Regierungsentwurfs in: Informations- und Nachrichtendienst der Bundespressestelle des DGB II (1951), S. 59 ff.

[54] Protokoll der außerordentlichen Sitzung des Bundesausschusses des DGB vom 29.1.1951. DGB-Archiv.

[55] Siehe dazu die in der Einleitung (Anm. 2 und 3) zitierten Äußerungen von Böckler und vom Hoff.

ständnis und die Geschichtsschreibung der Gewerkschaften beherrschte.[56] Nach diesem Mythos sei die gesetzliche Verankerung der paritätischen Mitbestimmung in der Kohlen-, Eisen- und Stahlindustrie primär das Ergebnis des entschlossenen Widerstands der hochorganisierten und politisch bewußten Arbeiterschaft dieser Industriezweige gewesen. Diese Einschätzung läßt die gesellschaftlichen und politischen Rahmenbedingungen, unter denen die Gewerkschaften um die Jahreswende 1950/51 zum Kampf um die gesetzliche Absicherung der Montanmitbestimmung angetreten waren, aber auch die politischen Folgekosten dieser Vereinbarung, weitgehend unberücksichtigt. Zu den Kosten dieser Regelung zählte die Auskoppelung der Montanmitbestimmung aus dem ehemals globalen Konzept der Wirtschaftsdemokratie, in dem die betriebliche und überbetriebliche Mitbestimmung, die Sozialisierung der Grundstoffindustrien und die gesamtwirtschaftliche Rahmenplanung als Einheit gedacht waren. Die DGB-Führung war sich darüber im klaren, daß sie als Gegenleistung für das Zustandekommen der Montanmitbestimmungsvereinbarung auf die Verwirklichung umfassenderer wirtschaftsdemokratischer Vorstellungen – zumindest vorläufig – verzichten mußte.

In diesem Sinne trat Walter Freitag etwaigen Befürchtungen der Bundesregierung, daß die Gewerkschaften mit ihren Aktionen auch die Regelung der Eigentumsverhältnisse beeinflussen und die Sozialisierung der Montanunternehmen erzwingen wollten, am 20. Dezember 1950 in einem Schreiben an Bundeswirtschaftsminister Erhard entgegen: „Die Frage der Besitzverhältnisse in der Eisen- und Stahlindustrie berührt uns im Augenblick weniger."[57] Dieser Erklärung entsprach die Zurückhaltung, die sich der DGB zur gleichen Zeit in der Frage der Eigentumsregelung in der Montanindustrie auferlegte.[58] Für eine Taktik des begrenzten Konfliktes sprach sich Hans Böckler am 12. Januar 1951 vor dem DGB-Bundesausschuß aus. Er halte es „aus taktischen Gründen nicht für zweckmäßig", öffentlich zu erkennen zu geben, „daß an einen größeren Kreis bei der Durchsetzung der Mitbestimmung im Augenblick gedacht" sei. Vielmehr müsse man „den Kreis der Gegner so klein wie möglich halten".[59] In derselben Sitzung wandte sich Böckler gegen Bestrebungen innerhalb der Gewerkschaft Holz, ihren Kollegen Anton Storch, der sich als Arbeitsminister in der Mitbestimmungsfrage allzu sehr den Interessen des rechten Flügels seiner Partei bzw. der Koalitionspartner FDP und DP angepaßt hatte, aus der Gewerkschaft auszuschließen. Böckler, der in der Sache durchaus die Kritik seiner Gewerkschaftskollegen an Storch teilte, begründete seine Haltung damit, daß „neue Schwierigkeiten" vermieden werden sollten.[60]

---

[56] Vgl. dazu die in der Einleitung (Anm. 4) zitierten Darstellungen.

[57] Brief Freitag an Erhard vom 20. 12. 1950. BA, B 102, 60668 (Abschrift). Freitag bezog sich auf den Brief Erhards an Böckler vom 11. 12. 1950, in dem Erhard die Vermutung äußerte, daß die IG Metall eine Präjudizierung der Eigentumsverhältnisse in der Eisen- und Stahlindustrie zugunsten der Altbesitzer im Zusammenhang mit der Durchführung der technisch-organisatorischen Neuordnung befürchte, die gewerkschaftlichen Kampfmaßnahmen sich folglich auch auf die Eigentumsregelung bezögen.

[58] Der (indirekte) Zusammenhang von Montanmitbestimmungs- und Eigentumsregelung wird in Kapitel V behandelt.

[59] Protokoll der 5. Sitzung des Bundesausschusses des DGB vom 12. 1. 1951. DGB-Archiv.

[60] Ebenda.

Die mäßigende Haltung Böcklers war charakteristisch für die Taktik des begrenzten Konflikts. Alle Forderungen und Aktionen innerhalb der eigenen Reihen, die die Gegenseite zu der Annahme veranlassen konnten, daß die Mitbestimmungskampagne den Beginn einer politischen Offensive gegen die Bundesregierung und das wiedererstarkte Unternehmertum darstelle, galt es zu unterlassen, um eine prinzipielle Kompromißbereitschaft zu demonstrieren. In den Verhandlungen mit Bundeskanzler Adenauer am 18. Januar 1951 grenzte sich Böckler eindeutig von umfassenderen Zielsetzungen ab, indem er den defensiven Charakter der gewerkschaftlichen Aktionen betonte: Die Gewerkschaften wollten sich an das 1947 von der Unternehmerseite Zugesicherte und an das Ahlener Programm der CDU halten, ihr Ziel sei nicht die Alleinherrschaft, sondern die Mitbestimmung. „Wir haben keine politischen Absichten und Nebenabsichten, die etwa darauf hinzielen, durch den Streik Minister zu beseitigen. Das alles ist dummes Gerede. Aber lassen Sie mich offen und klar zum Ausdruck bringen: Wir sind unnachgiebig in einem Punkte, nämlich, was in den entflochtenen Betrieben besteht, ist das Mindeste dessen, was uns im Augenblick zugestanden werden muß." Im gleichen Sinn äußerte sich Walter Freitag, als er Adenauer darauf hinwies, „daß es keine Verständigung gebe, wenn nicht die Parität im Aufsichtsrat hergestellt und der Arbeitsdirektor garantiert würde".[61] Damit wurde von Böckler und Freitag bestätigt, daß die Gewerkschaften nicht die Rolle einer politischen Opposition zu spielen beabsichtigten, sondern prinzipiell zu einer Zusammenarbeit mit der Bundesregierung bereit wären, wenn ihnen das Mitbestimmungsrecht in der Montanindustrie zugestanden werde.

Die Beschränkung der gewerkschaftlichen Aktivitäten auf die Verteidigung der Montanmitbestimmung lag nicht nur aufgrund einer Einschätzung der gesellschaftlichen und politischen Kräfteverhältnisse nahe, nach der umfassende wirtschaftsdemokratische Zielsetzungen nicht durchsetzbar erschienen, sondern sie war auch durch das Festhalten der DGB-Führung am Prinzip der Einheitsgewerkschaft bedingt. Die Wahrung der parteipolitischen Unabhängigkeit betrachtete Böckler, der maßgeblichen Anteil am Aufbau des DGB als Einheitsgewerkschaft hatte, gerade im Zusammenhang mit den Auseinandersetzungen um die Montanmitbestimmung als eine der wichtigsten gewerkschaftlichen Aufgaben. In der Debatte des DGB-Ausschusses am 12. Januar 1951 über die Mitbestimmung wies Böckler sowohl die Einmischungsversuche der Sozialausschüsse der CDU/CSU, die die gewerkschaftlichen Kampfmaßnahmen als verfassungswidrig ablehnten,[62] als auch die der SPD-Führung, die sich vermutlich mit dem begrenzten Ziel der Montanmitbestimmung nicht zufrieden geben wollte, zurück.[63]

---

[61] „Protokoll über die Besprechung zwischen Bundeskanzler Dr. Adenauer und der Delegation des Bundesvorstandes des DGB über die Regelung der Mitbestimmung vom 18.1.1951." (o. Verf.) DGB-Archiv.

[62] Vgl. dazu Kapitel III, 2.

[63] Protokoll der 5. Sitzung des Bundesausschusses des DGB vom 12.1.1951. DGB-Archiv. Bezüglich der SPD ist in diesem Protokoll verzeichnet: „Kollege Böckler kritisiert gleichfalls das Verhalten des von der SPD beauftragten Kollegen Siggi Neumann." (Siegfried Neumann war 1951–1954 Referent für Gewerkschafts- und Arbeitnehmerfragen beim Parteivorstand der SPD). Über die Haltung des

Böcklers Ausführungen zeigten, daß den gewerkschaftlichen Zielen und Aktionen ein struktureller Kompromiß zwischen sozialdemokratischen und christlichen Gewerkschaften vorgelagert war. Die faktische Reduzierung der wirtschaftsdemokratischen Zielsetzungen des DGB auf die Erringung von Mitbestimmungsrechten – und speziell auf die Verteidigung der Montanmitbestimmung – sowie die Bereitschaft zur bedingten Zusammenarbeit mit der Bundesregierung waren zum Teil die Folge dieses Kompromisses und der Preis für das Festhalten am einheitsgewerkschaftlichen Anspruch.

Das primär auf die Beibehaltung der Montanmitbestimmung ausgerichtete Konzept der DGB-Führung wurde nicht von allen Einzelgewerkschaften geteilt, was die in der Sitzung des Hauptvorstands der IG Chemie, Papier, Keramik am 19. Januar 1951 erhobene Forderung, die Mitbestimmung in den unter das alliierte Entflechtungsgesetz Nr. 35 fallenden Nachfolgegesellschaften des ehemaligen IG Farben-Konzerns in gleicher Weise wie in der Montanindustrie zu regeln, verdeutlichte. Zur Begründung hieß es, daß „durch die Neuregelung in der Kohle schon ein Teil der chemischen Industrie einbezogen ist und [...] für die unter Gesetz 35 fallenden Unternehmungen die gleichen Voraussetzungen zutreffen wie für die unter Gesetz 27".[64] Die DGB-Führung war jedoch nicht bereit, diese Forderung zu unterstützen und zum Gegenstand der Verhandlungen mit Adenauer zu machen. Die Reaktion auf den Vorstoß der IG Chemie war der Beschluß des geschäftsführenden Vorstands des DGB vom 6. Februar 1951, die Verhandlungen mit der Bundesregierung über das Betriebsverfassungsgesetz und damit über die Mitbestimmung in den anderen Industriezweigen erst dann fortzuführen, wenn das Gesetz über die Montanmitbestimmung verabschiedet worden sei.[65]

Eine ausdrückliche Bestätigung fand diese Politik in der Sitzung des Bundesvorstands am 11./12. März 1951, in der überwiegend die Auffassung vertreten wurde, „daß die

SPD-Parteivorstands zur gewerkschaftlichen Montanmitbestimmungspolitik war weder in den DGB-Akten, noch in den Nachlässen Henßler, Schumacher und Deist des Archivs der sozialen Demokratie (Bonn-Bad Godesberg) Genaueres zu finden. Es fand sich lediglich in dem Protokoll der 49. Sitzung des geschäftsführenden Vorstands des DGB vom 8. 1. 1951 eine Notiz über eine Unterredung Böcklers mit Schumacher und Ollenhauer am 7. 1. 1951 über „die Situation in Metall und Bergbau", die allerdings keine weiteren Informationen enthält. (DGB-Archiv). Die bei Lewis J. Edinger: Kurt Schumacher. Persönlichkeit und politisches Verhalten, Köln und Opladen 1967, abgedruckte Tabelle über die politische Karriere Schumachers 1945–1952 verzeichnet unter dem Datum 6. 1. 1951 eine Besprechung Schumachers mit Böckler „über die Zusammenarbeit zwischen SPD und Gewerkschaften". Ebenda, S. 488. Auch hier fehlen jedoch weitergehende Informationen. Mein Urteil über die Haltung der SPD zur Montanmitbestimmung stützt sich z. T. auf die Aussage von Herbert Kriedemann (Landwirtschaftsexperte, Parteivorstandsmitglied und Fraktionsvorsitzender der SPD im Frankfurter Wirtschaftsrat), mit dem ich dankenswerterweise am 5. 12. 1975 ein Gespräch führen konnte. Nach Kriedemanns Meinung war Schumacher der Auffassung, daß es sich nicht lohnen würde, für ein so „geringes" Ziel wie die Montanmitbestimmung zu kämpfen. Zu dem z. T. sehr kritischen Standpunkt, den Schumacher und Neumann gegenüber Böcklers Politik der parteipolitischen Neutralität einnahmen, vgl. ebenda, S. 357 ff. Zum Verhältnis SPD – DGB in der Mitbestimmungsfrage wären noch genauere Studien erforderlich.

[64] Brief Gefeller, Brünger (Hauptvorstand der IG Chemie, Papier, Keramik) an Adenauer vom 26. 1. 1951. DGB-Archiv (Abschrift).

[65] Protokoll der 53. Sitzung des geschäftsführenden Vorstandes des DGB vom 6. 2. 1951. DGB-Archiv.

übrigen Industriezweige, z. B. die Industriegewerkschaft ‚Chemie, Papier, Keramik‘, im Augenblick Zurückhaltung üben müssen, um das Gesetzeswerk für die unter das Gesetz Nr. 27 fallenden Betriebe nicht zu gefährden". Zugleich wurde die seit dem Abschluß der Montanmitbestimmungsverhandlungen propagierte Taktik der schrittweisen Durchsetzung der Mitbestimmung erneut bekräftigt: „Im Anschluß an die getroffene Neuordnung wird dann die gesamte Kraft des Bundes hinter der nächsten Forderung stehen," hieß es im Protokoll der Sitzung.[66]

Diese euphorische Aussage konnte allerdings über die Schwierigkeiten, die sich ihrer Realisierung entgegenstellten, kaum hinwegtäuschen – und die Schwierigkeiten waren zum Teil in dem einheitsgewerkschaftlichen Konzept angelegt, das die sozialdemokratische Gewerkschaftsmehrheit zur Rücksichtnahme auf die Minderheit der christdemokratischen Kollegen zwang. So berichtete Willi Richter[67] in derselben Bundesvorstandssitzung über Bestrebungen von „Gewerkschaftsfreunden aus der CDU", einige Paragraphen des auf der Vereinbarung mit den DGB-Vertretern vom 25. Januar 1951 basierenden Regierungsentwurfs abzuändern, da diese ihnen „zu weitgehend" seien.[68] Um die der CDU/CSU angehörenden Gewerkschafter stärker an die Politik der DGB-Führung zu binden, schlug Richter vor, die Parlamentarier der CDU davon zu überzeugen, „daß die Gewerkschaften nicht daran denken, bei der Besetzung der Aufsichtsräte und der Vorstandsmandate ihre Richtung zu übergehen".[69] Der Vorgang zeigte einmal mehr, in welchem Maß selbst die Verteidigung der Montanmitbestimmung von taktischen Überlegungen bestimmt und an die Kompromißbereitschaft der beteiligten Gruppen gebunden war. Bei Berücksichtigung dieser Umstände konnte der Optimismus der DGB-Führung für die kommenden Mitbestimmungsauseinandersetzungen kaum als realistisch angesehen werden.

Ein weiterer integraler Bestandteil der gewerkschaftlichen Konzeption von Wirtschaftsdemokratie, der infolge der Konzentration auf die Montanmitbestimmung weitgehend vernachlässigt wurde, war die überbetriebliche Mitbestimmung. Noch in den Beratungen der Bundestagsausschüsse für Arbeit und für Wirtschaft im Herbst 1950 war von den SPD-Abgeordneten in Übereinstimmung mit dem DGB der überbetrieblichen Mitbestimmung der Vorrang vor der Mitbestimmung in den einzelnen Unternehmen eingeräumt worden. Für das Bundeswirtschaftsministerium verbarg sich hinter den SPD-Vorstößen die Absicht, „ein System der Wirtschaftslenkung [. . .] über den Weg eines außerbetrieblichen Mitbestimmungsrechtes herbeizuführen", in dem schließlich die Gewerkschaften als eine Art „Nebenregierung" auf wirtschaftlichem Gebiet fungieren würden.[70] Um aber der Opposition in dieser wichtigen Frage nicht die

---

[66] Protokoll der 12. Sitzung des Bundesvorstands des DGB vom 11./12. 3. 1951. DGB-Archiv.

[67] Mitglied des Bundesvorstands des DGB, Leiter der Hauptabteilung V (Sozialpolitik, Sozialversicherung).

[68] Protokoll der 12. Sitzung des Bundesvorstands des DGB vom 11./12. 3. 1951. DGB Archiv.

[69] Ebenda.

[70] Vermerk über eine Besprechung von Vertretern des Bundeswirtschaftsministeriums mit Vertretern der Koalitionsparteien über das außerbetriebliche Mitbestimmungsrecht am 12. 10. 1950 (gez.: Schalfejew, BWM). BA, B 136, 2454.

alleinige Initiative überlassen zu müssen, einigten sich die Vertreter des Bundeswirt-schaftsministeriums und der Koalitionsparteien im Oktober 1950 auf eine Gegenkon-zeption, mit der die „dirigistischen" Vorstellungen der SPD bzw. der Gewerkschaften entschärft werden sollten. Diese Gegenkonzeption sah die Schaffung eines „beraten-den Gremiums" vor, das „in erster Linie der Auflockerung sozialer Spannungen durch institutionellen Zwang zu einem gemeinsamen und gleichberechtigten Verhandeln der beiden Sozialpartner" dienen sollte.[71] Das Bundeswirtschaftsministerium erarbeitete in den folgenden Wochen einen dieser Konzeption entsprechenden Gesetzentwurf über die Errichtung eines Bundeswirtschaftsrats.[72] In dem Entwurf war vorgesehen, daß der Bundeswirtschaftsrat nach Aufnahme seiner Tätigkeit Vorschläge für die weitere Re-gelung des Mitbestimmungsrechts machen sollte. Von einer Neuordnung der Indu-strie- und Handelskammern, wie sie der DGB für den Bereich der überbetrieblichen Mitbestimmung gefordert hatte, war jedoch keine Rede. Auch die im Entwurf anbe-raumte Trennung der überbetrieblichen Mitbestimmung von der betrieblichen wider-sprach den gewerkschaftlichen Forderungen. In dem DGB-Rundschreiben hieß es zu diesem Gesetzentwurf: „Wenn auch eine Reihe von Bestimmungen für die Einrich-tung des Bundeswirtschaftsrates mit unseren Forderungen in Einklang steht, so kön-nen wir doch einem solchen Gesetz nicht zustimmen, weil wir aus grundsätzlichen Erwägungen nach wie vor die Regelung des Mitbestimmungsrechtes als unteilbares Ganzes fordern müssen."[73] Zur Verabschiedung dieses Gesetzentwurfs durch das Bundeskabinett kam es dann jedoch nicht, da sich die Mitbestimmungsauseinan-dersetzungen in den nächsten Wochen ganz auf die Montanmitbestimmung konzen-trierten.

Bei den Verhandlungen der Gewerkschaftsvertreter mit Adenauer am 18. Januar 1951 spielte die Frage des überbetrieblichen Mitbestimmungsrechts eine gänzlich unter-geordnete Rolle. Auf die Frage, wie das überbetriebliche Mitbestimmungsrecht für die ganze Wirtschaft geregelt werden solle, antwortete Bundeskanzler Adenauer auswei-chend, dies sei nicht Gegenstand der gegenwärtigen Verhandlungen, sondern müsse späteren Verhandlungen der Sozialpartner, gegebenenfalls unter Hinzuziehung von Regierungsvertretern, vorbehalten bleiben. Das Protokoll verzeichnete dazu weiter-hin: „Seines [Adenauers] Wissens arbeite aber bereits ein Arbeitskreis des gemeinsa-men Arbeits- und Wirtschaftsausschusses des Bundestages, und seine Arbeiten seien sehr weit fortgeschritten. Er will sich erkundigen, wie das Parlament es aufnimmt,

---

[71] Ebenda. Daß sich die Koalitionsparteien eifrig bemühten, die SPD-Vorstöße zum überbetrieblichen Mitbestimmungsrecht zurückzudrängen, geht auch aus einem Aktenvermerk des für Mitbestim-mungsfragen zuständigen Referates des BK vom 3. 10. 1950 (gez.: Petz) hervor: „Wie vorauszuse-hen war, hat die Opposition in dem Ausschuß für Arbeit wiederholt versucht, das außerbetriebliche Mitbestimmungsrecht des SPD-Entwurfes mit der Begründung in den Vordergrund zu stellen, daß der Regierungsentwurf keinerlei Bestimmungen enthalte. [. . .] Nur dem Verhandlungsgeschick des Vorsitzenden, Abgeordneten Sabel [CDU], ist es zu danken, daß diese Vorstöße bisher abgewehrt werden konnten." BA, B 136, 719.

[72] Rundschreiben Nr. IV–46/50 der Hauptabteilung Wirtschaft des Bundesvorstandes des DGB (gez.: vom Hoff) vom 25. 11. 1950. DGB-Archiv.

[73] Ebenda.

wenn ein erneuter Versuch zur Verständigung außerhalb des Parlamentes gemacht würde."[74]

Tatsächlich jedoch befanden sich die Ausschußberatungen über die Mitbestimmungs-gesetzentwürfe der CDU/CSU und der SPD erst in der Anfangsphase; außerdem hatten die Koalitionsparteien aufgrund ihrer Mehrheiten in den Ausschüssen die Möglichkeit, die SPD-Initiativen für eine Regelung der überbetrieblichen Mitbestimmung abzublocken.[75] Damit war für die Gewerkschaften abzusehen, daß das Ergebnis der Ausschußberatungen nicht ihren Vorstellungen entsprechen würde. Adenauers Hinweis auf die Zuständigkeit der parlamentarischen Instanzen für die Regelung der Mitbestimmung konnte in diesem Zusammenhang nur als Absage an weitere Mitbestimmungsansprüche des DGB und als Warnung vor einer nochmaligen Anwendung gewerkschaftlicher Kampfmittel verstanden werden. Die DGB-Vertreter akzeptierten stillschweigend die Stellungnahme des Bundeskanzlers, da sie eine Einigung über die gesetzliche Absicherung der Montanmitbestimmung nicht durch zusätzliche Forderungen gefährden wollten.

Der Montankompromiß verdeckte nur vorübergehend die unterschiedlichen Auffassungen, die nach wie vor zwischen der Bundesregierung und den Gewerkschaften über die Gestaltung des Mitbestimmungsrechts in den anderen Bereichen der Wirtschaft bestanden und die sich in gegensätzlichen Wertungen der politisch-taktischen Auswirkungen der Montanvereinbarung widerspiegelten. Die Bundesregierung sah, wie bereits Adenauer gegenüber den DGB-Vertretern angedeutet hatte und wie später immer offenkundiger wurde, die Montanregelung als einmaliges Zugeständnis an die Gewerkschaften an, mit dem sämtliche Ansprüche in der Mitbestimmungsfrage erfüllt wären. Die Vertreter des DGB trugen dieser Interpretation insofern Rechnung, als sie in den gemeinsam mit den Unternehmervertretern erarbeiteten „Richtlinien über Mitbestimmung in Kohle und Eisen schaffender Industrie" vom 27. Januar 1951 dem Satz zustimmten: „Die Regelung greift nicht über auf den übrigen Bereich der Wirtschaft."[76] Nach Adenauers Kalkül war die relative Privilegierung von zwei Einzelgewerkschaften, deren Mitglieder den traditionell am höchsten organisierten und bewußtesten Teil der westdeutschen Arbeiterschaft repräsentierten, dazu geeignet, Widerstandspotentiale zu kanalisieren und zu absorbieren, um die Gewerkschaften insge-

---

[74] „Protokoll über die Besprechung zwischen Bundeskanzler Dr. Adenauer und der Delegation des Bundesvorstandes des DGB über die Regelung der Mitbestimmung vom 18.1. 1951." (o. Verf.) DGB-Archiv.

[75] Der von Adenauer erwähnte Arbeitskreis zur Beratung der Mitbestimmungsgesetzentwürfe wurde am 4.10. 1950 je zur Hälfte aus Mitgliedern der Ausschüsse für Wirtschaft und für Arbeit gebildet; seine Zusammensetzung: CDU/CSU: 6, SPD: 5, FDP: 2, DP: 1, BP: 1, Zentrum: 1. Parlamentsarchiv des Deutschen Bundestages. Protokoll vom 4.10. 1950 des Ausschusses Nr. 13 (Wirtschaft) der 1. Wahlperiode. Der Entwurf eines Betriebsverfassungsgesetzes der Bundesregierung (Verhandlungen des Deutschen Bundestages, 1. Wahlperiode, Band 7, Drucksache 1546) wurde erstmals am 16.1. 1951 im Wirtschaftsausschuß beraten. Parlamentsarchiv des Deutschen Bundestages. Protokoll vom 16.1. 1951 des Ausschusses Nr. 13 (Wirtschaft) der 1. Wahlperiode.

[76] „Richtlinien über Mitbestimmung in Kohle und Eisen schaffender Industrie" vom 27.1. 1951, siehe dazu Kapitel III, Anm. 52.

samt für ein Stillhalten gegenüber der Außen- und Wirtschaftspolitik der Bundesregierung gewinnen zu können.

In gewerkschaftsinternen Diskussionen wurde die kompensatorische Funktion der erzielten Übereinkunft jedoch nie problematisiert; es hätte vermutlich das Selbstverständnis des DGB erschüttert, daß die Montanmitbestimmung als Modell und Ausgangspunkt für eine sukzessive Veränderung des Wirtschafts- und Gesellschaftssystems der Bundesrepublik anzusehen sei. Dieser Optimismus abstrahierte von der vorherrschenden Tendenz zur Konsolidierung der politischen und wirtschaftlichen Macht der Unternehmer sowie vom Anteil der Bundesregierung an diesem Prozeß und weckte Illusionen über die weitere Durchsetzbarkeit der paritätischen Mitbestimmung. Bestärkt durch die Euphorie des errungenen Erfolgs wurde weitgehend aus dem gewerkschaftlichen Bewußtsein verdrängt, daß es sich bei den Montanauseinandersetzungen zum größten Teil um die Verteidigung von bereits vorher praktizierten Rechten handelte, die wiederum an günstige materielle Voraussetzungen gebunden war. Die Umstilisierung einer relativ pragmatischen Gewerkschaftspolitik zum Prototyp klassenkämpferischer Auseinandersetzungen verwies aber auch auf die innergewerkschaftliche Funktion der Montanauseinandersetzungen: Neben der Absicherung realer Machtpositionen ging es dem DGB ebenso darum, sich durch einen sichtbaren Erfolg als gesellschaftlicher Machtfaktor vor den eigenen Mitgliedern zu legitimieren.[77] Für die Nachfolger Böcklers in der DGB-Führung bedeutete die idealisierte Interpretation des „Kampfes um die Mitbestimmung" eine erhebliche Belastung, da ihre Bestrebungen zur weiteren Durchsetzung der Mitbestimmung an diesem Standard gemessen wurden, obwohl sich inzwischen die gesellschaftlichen Kräfteverhältnisse weiter zuungunsten der Gewerkschaften geändert hatten.

5. Die parlamentarische Behandlung des Montanmitbestimmungsgesetzes

Die erste parlamentarische Behandlung des Regierungsentwurfs über ein Mitbestimmungsgesetz in der Montanindustrie erfolgte am 14. Februar 1951 im Bundestag.[78] An-

---

[77] Daß dieses Motiv eine erhebliche Rolle spielte, geht auch aus verschiedenen internen Diskussionsbeiträgen hervor. So verzeichnete z. B. das Protokoll der Sitzung des DGB-Bundesvorstands vom 21. 11. 1950: „In ihr [der Diskussion] kommt die volle Einmütigkeit der Kollegen zum Ausdruck, festzuhalten an den gewerkschaftlichen Forderungen auf Neuordnung der deutschen Wirtschaft. Die Kollegen weisen darauf hin, daß sie selbst durch Beschlüsse ihrer eigenen Verbandskongresse verpflichtet wären, an dieser Forderung festzuhalten. Und es kommt zum Ausdruck, daß die Frage der Mitbestimmung die Existenzfrage der Gewerkschaftsbewegung überhaupt sei. Die Mitgliedschaft im Lande würde es nicht verstehen, wenn nochmal die Zeit ungenutzt vergehen würde, ohne daß den gewerkschaftlichen Wünschen nachdrücklichst Geltung verschafft worden wäre." Protokoll der 11. Sitzung des Bundesvorstandes des DGB am 21. 11. 1950. DGB-Archiv; Walter Freitag äußerte vor dem DGB-Bundesausschuß am 12. 1. 1951 zu den Montanauseinandersetzungen: „Entweder [. . .] wir ordnen jetzt die Fragen oder wir haben aufgehört, als Gewerkschaften überhaupt zu einer Bedeutung zu kommen." Protokoll der 5. Sitzung des Bundesausschusses des DGB am 12. 1. 1951. DGB-Archiv.

[78] Verhandlungen des Deutschen Bundestages, 1. Wahlperiode, Band 6, S. 4431 ff. Der „Entwurf eines

schließend wurde der Gesetzentwurf den Ausschüssen für Wirtschaftspolitik und für Arbeit zugeleitet, die für die Detailberatungen einen gemeinsamen Arbeitskreis bildeten. Auf Initiative der Abgeordneten Gerhard Schröder (CDU) und Hans Wellhausen (FDP) schlug der Arbeitskreis vor allem zwei wesentliche Veränderungen gegenüber dem Entwurf der Bundesregierung vor:[79] Während nach dem Regierungsentwurf die Arbeitnehmervertreter im Aufsichtsrat durch die Hauptversammlung gewählt werden sollten, wobei diese allerdings an die Vorschläge der Gewerkschaften gebunden sein sollte, sah der Entwurf des Arbeitskreises die Wahl der Arbeitnehmervertreter durch ein sich aus den Betriebszugehörigen zusammensetzendes Wahlmännergremium nach Vorschlag der im Betrieb vertretenen Gewerkschaften vor. Die Ersetzung des im Regierungsentwurf vorgesehenen Delegationsrechts der Gewerkschaften zugunsten stärkerer Wahlrechte der Betriebsangehörigen war wohl der Versuch von CDU-Parlamentariern, das Mitbestimmungsgesetz für den Koalitionspartner FDP, der prinzipiell die Mitbestimmung zentraler Gewerkschaften ablehnte, annehmbar zu machen.

Der zweite gravierende Unterschied zu dem Mitbestimmungsgesetzentwurf der Bundesregierung betraf die Bestimmungen über die paritätischen Senate, von denen nach dem Regierungsentwurf je einer für die Bereiche Bergbau und Eisen schaffende Industrie zentral errichtet werden sollte. Diese Senate sollten bei Meinungsverschiedenheiten der beiden in den Aufsichtsräten vertretenen Interessengruppen über die Wahl des „11. Mannes" eingeschaltet werden, aber auch der „Beratung der zuständigen Stellen in Angelegenheiten der Produktionsförderung, der Rationalisierung, der Menschenführung und in Fragen der allgemeinen wirtschaftlichen Entwicklung auf dem Gebiete von Eisen und Kohle"[80] dienen. In dem Entwurf von Schröder und Wellhausen traten an die Stelle der Senate Vermittlungsausschüsse mit eng begrenzten Zuständigkeiten, die nur bei Nichteinigung über den „11. Mann" für jedes einzelne Unternehmen aus je zwei Aufsichtsratsmitgliedern der beiden Interessengruppen gebildet werden sollten und einen von der Bundesregierung benannten Vorsitzenden erhalten sollten; beim Scheitern der Vermittlungsbemühungen sollte der Ausschuß sogar das Recht haben, selbständig den „11. Mann" zu benennen. Auch diese Änderungen hatten den Charakter von Konzessionen an die FDP. Mit der Beseitigung der Senate sollte möglichen Ansätzen einer – wenngleich auf die jeweiligen Industriezweige begrenzten – überbetrieblichen Mitbestimmung entgegengewirkt werden.[81] Die Konstruktion eines letztlich von den Interessen der Bundesregierung bestimmten Vermittlungsausschusses hätte theoretisch die Möglichkeit gesichert, die Wahl des „11. Mannes" im Sinne der Anteilseigner zu beeinflussen.

Gesetzes über die Mitbestimmung der Arbeitnehmer in Unternehmen des Bergbaus sowie der Eisen- und Stahl erzeugenden Industrie" als Drucksache Nr. 1858.

[79] Vermerke und Notizen des Mitbestimmungsreferenten des BK, Petz, über diese Verhandlungen finden sich in: BA, B 136, 723.

[80] „Richtlinien über Mitbestimmung in Kohle und Eisen schaffender Industrie" vom 27.1.1951, s.o., Kapitel III Anm. 52.

[81] Zur Beurteilung der gesellschaftspolitischen Implikationen der Senate vgl. auch Bernd Otto: Der Kampf um die Mitbestimmung. In: Vom Sozialistengesetz zur Mitbestimmung, S. 425.

Der Gesetzentwurf des Arbeitskreises wurde am 15. März 1951 von den Vereinigten Ausschüssen für Arbeit und Wirtschaftspolitik mit den Stimmen der Mehrheit der CDU/CSU und der FDP gegen die Stimmen der SPD verabschiedet.[82] Die Gewerkschaftsvertreter der CDU, wie Alois Lenz und Johannes Even, die bereits bei den Beratungen im Arbeitskreis den Entwurf Schröders und Wellhausens kritisiert hatten,[83] enthielten sich der Stimme.

Die Ergebnisse der Ausschußberatungen stießen bei den am Mitbestimmungskompromiß vom Januar 1951 Beteiligten fast einhellig auf Ablehnung. Für die Unternehmerseite wandte sich Heinrich Kost an Bundeskanzler Adenauer mit der Bitte, sich für eine den „Richtlinien" entsprechende gesetzliche Regelung einzusetzen.[84] Kost übte vor allem Kritik an der Schaffung von zwei getrennten Wahlorganen – der Hauptversammlung für die Vertreter der Anteilseigner und des betrieblichen Wahlmännergremiums für die Arbeitnehmervertreter –, da damit der ursprüngliche Grundgedanke der Zusammenarbeit von Kapital und Arbeit ignoriert werde. Die in den „Richtlinien" vorgesehene Wahl der Arbeitnehmervertreter durch die Hauptversammlung habe – so Kost – „beispielsweise zur Ausschaltung unternehmensfeindlicher Aufsichtsratskandidaten keineswegs nur theoretische Bedeutung".

Die politischen Konsequenzen der von Schröder und Wellhausen initiierten Gesetzesvorlage wurden im Bundeskanzleramt ähnlich interpretiert: „Die Ausschaltung des politischen Einflusses der Gewerkschaften bei der Bestellung der Arbeitnehmervertreter aus dem Betrieb ist ebenfalls von zweifelhaftem Wert, denn es gibt wohl eine ganze Reihe von kommunistisch beeinflußten Betriebsräten, aber kaum kommunistisch beeinflußte Gewerkschaftsfunktionäre."[85] An die Stelle der Synthese von Kapital und Arbeit, wie sie der Regierungsentwurf herzustellen versuche, sei deren Aufspaltung getreten, die der Sicherung des sozialen Friedens in den Betrieben abträglich sei.

Für die Gewerkschaften war die Wahl der Arbeitnehmervertreter durch Betriebsangehörige völlig unannehmbar; sie sahen dadurch ihre Position als Spitzenorganisationen der Arbeitnehmer in Frage gestellt.[86] Ebenso lehnten sie die von den Bundestagsausschüssen beschlossenen Bestimmungen über die Zusammensetzung und Funktion des Vermittlungsausschusses ab, da sie befürchteten, daß der von der Bundesregierung zu bestimmende „unparteiische" Vorsitzende stets mit den Kapitaleignern stimmen würde, was eine Veränderung der Parität zuungunsten der Gewerkschaften bedeutet hätte.[87]

Anfang April 1951 beriet der Bundesausschuß des DGB über die politischen Schritte, die unternommen werden sollten, um eine Verabschiedung des Mitbestimmungsgesetzes nach den im Januar 1951 ausgehandelten „Richtlinien" zu erreichen. Vom Hoff

---

[82] Vermerk Petz (BK) vom 15.3.1951. BA, B 136, 723.

[83] Vermerk Petz (BK) vom 7.3.1951, ebenda.

[84] Brief Kost an Adenauer vom 9.3.1951. BA, B 136, 726.

[85] Vermerk Petz (BK) vom 10.3.1951. BA, B 136, 723.

[86] Protokoll der 12. Sitzung des Bundesvorstandes des DGB am 11./12.3.1951. DGB-Archiv.

[87] Protokoll des 1. Teils der 6. Sitzung des Bundesausschusses des DGB vom 2./3.4.1951. DGB-Archiv.

schlug dabei vor, angesichts der veränderten Situation Streikmaßnahmen erneut in Erwägung zu ziehen, fand jedoch bei den übrigen Kollegen wenig Unterstützung.[88] Zunächst, so hieß es, sollte weiterhin versucht werden, in Gesprächen mit der Bundesregierung und den Parlamentariern der CDU/CSU auf die Wiederherstellung der ursprünglichen Gesetzesfassung hinzuwirken.

Diesem Zweck diente eine Unterredung der DGB-Führung mit Regierungs- und Unternehmervertretern am 2. April 1951, die auf die Bitte des DGB zustande gekommen war. Dabei warf der stellvertretende DGB-Vorsitzende und Repräsentant der christlichen Gewerkschafter im DGB, Föcher, den CDU-Abgeordneten Pferdmenges und von Brentano vor, „erheblich von der vereinbarten Linie abgewichen [. . .] zu sein und sich insbesondere gegenüber Vertretern des ausländischen Kapitals von dem Regierungsentwurf distanziert" zu haben.[89] Föchers Vorwurf war insofern berechtigt, als Pferdmenges wenige Tage vorher führenden Repräsentanten amerikanischer Banken und Industrieverbände, die mit einer Aufkündigung der finanziellen Unterstützung der vom Montanmitbestimmungsgesetz betroffenen Gesellschaften gedroht hatten, wäre nicht die letztendliche Verfügungsgewalt der Kapitaleigner gesichert, mitgeteilt hatte, „daß der 11. Mann letztlich von der Generalversammlung zu wählen wäre und daß damit den Eigentümern kein ihnen nicht genehmer Mann hineingezogen werden könnte".[90] Daß diese Aussage keineswegs nur der Beschwichtigung amerikanischer Kapitalgeber diente, also nicht primär taktische Funktion hatte, verdeutlichte eine telegraphische Mitteilung von Pferdmenges für Bundeskanzler Adenauer, in der es hieß: „Wir müssen aber m. E. jetzt umsomehr bei unseren Besprechungen Anfang nächster Woche darauf achten, daß dieser 11. Mann ganz klar letztlich von der Generalversammlung, d. h. von den Aktionären zu bestimmen ist."[91] In der Besprechung mit den Gewerkschaftsvertretern versuchte Pferdmenges die Vorwürfe des DGB zu entkräften, indem er erklärte, er habe einem „Vertreter einer amerikanischen Organisation" lediglich Auskunft über den Stand des Mitbestimmungsrechts gegeben und sei keinesfalls von der vereinbarten Linie abgewichen. Auch Bundeskanzler Adenauer versicherte, „daß er sich selbstverständlich bemühen werde, die Grundfragen des Regierungsentwurfs und der vereinbarten Richtlinien durchzusetzen"; er sei zuversichtlich, daß dieser Kompromißvorschlag im Parlament angenommen werde.[92] Die DGB-Vertreter begnügten sich mit diesen Erklärungen; darüber hinaus bekundete Freitag mit der Anregung, „daß der Bundeskanzler zu Besprechungen zwischen Gewerkschaftsvertre-

---

[88] Ebenda. Aufschlußreich ist die Argumentation vom Hoffs, da sie ein Licht auf den teilweise legitimatorischen Charakter der gewerkschaftlichen Mitbestimmungsaktionen wirft: „Wenn die Gewerkschaften jedoch solche Maßnahmen verneinten, müßte auch das ausgesprochen werden. Allerdings würde man dann gegenüber der Mitgliederschaft und gegenüber der Öffentlichkeit das Gesicht verlieren."

[89] Vermerk Petz (BK) über diese Besprechung am 2. 4. 1951. BA, B 136, 726.

[90] Aufzeichnung einer telephonischen Durchgabe von Pferdmenges für Adenauer vom 30. 3. 1951. [o. Verf.] BA, B 136, 726.

[91] Ebenda.

[92] Vermerk Petz vom 2. 4. 1951. BA, B 136, 726.

tern und Vertretern der Unternehmerorganisationen über die Behebung der gegenwärtigen wirtschaftlichen Schwierigkeiten einladen möge",[93] erneut die Kooperationsbereitschaft der Gewerkschaften. Adenauer nahm diesen Vorschlag positiv auf, so daß es in den folgenden Wochen zur Bildung von wirtschaftspolitischen Ausschüssen kam, an deren Arbeit sich die Gewerkschaften bis Dezember 1951 beteiligten.[94]

Dem Einfluß des Bundeskanzlers war es zu verdanken, daß sich die CDU/CSU-Fraktion schließlich für eine Form des Mitbestimmungsgesetzes entschied, die im wesentlichen den gewerkschaftlichen Vorstellungen entsprach. Wie Föcher, der bei den Beratungen im Vorstand und in der Gesamtfraktion teilnahm, berichtete, war die Stimmung in der CDU/CSU bis kurz vor der Verabschiedung des Gesetzes geteilt. Als Vertreter des linken Flügels der CDU habe der nordrhein-westfälische Ministerpräsident Karl Arnold die Ablehnung des Gesetzes durch den Bundesrat angekündigt, wenn dieses „eine die Gewerkschaften unbefriedigende Form" erhalte.[95] „Schwierigkeiten innerhalb der CDU-Fraktion" habe es noch wenige Stunden vor der dritten Lesung gegeben, die Haltung des Bundeskanzlers in dieser Frage sei jedoch „einwandfrei" gewesen.[96] Adenauer gelang es somit, die Geschlossenheit der CDU/CSU-Fraktion in der Montanmitbestimmungsfrage wiederherzustellen, gleichzeitig aber auch die den Gewerkschaften gegebenen Zusagen einzuhalten. Seine integrative Politik bestärkte diejenigen Kräfte in der DGB-Führung – und das war die überwältigende Mehrheit –, die in einer konstruktiven Zusammenarbeit mit der Bundesregierung den geeigneten Weg für eine weitere Durchsetzung der gewerkschaftlichen Mitbestimmungsforderungen sahen.

Das „Gesetz über die Mitbestimmung der Arbeitnehmer in den Aufsichtsräten und Vorständen der Unternehmen des Bergbaus und der eisen- und stahlerzeugenden Industrie" wurde am 10. April 1951 vom Bundestag mit den Stimmen der CDU/CSU, der SPD und des Zentrums verabschiedet und trat nach der einstimmigen Unterstützung durch den Bundesrat mit der Verkündigung im Bundesgesetzblatt am 21. Mai 1951 in Kraft.[97] Dieses Gesetz entsprach weitgehend den Intentionen des Regierungsentwurfs von Ende Januar 1951; an die Stelle der dort vorgesehenen Senate[98] traten allerdings Vermittlungsausschüsse, die lediglich im Falle der Nichteinigung der beiden im Aufsichtsrat vertretenen Interessengruppen über die Wahl des „11. Mannes" für das jeweils betroffene Unternehmen gebildet werden sollten.

---

[93] Ebenda.

[94] Die Mitarbeit der Gewerkschaften in diesen Ausschüssen wird im Kapitel VI eingehender behandelt.

[95] Protokoll des 1. Teils der 6. Sitzung des Bundesausschusses des DGB am 2. 4. 1951. DGB-Archiv.

[96] Protokoll des 2. Teils der 6. Sitzung des Bundesausschusses des DGB am 16. 4. 1951. DGB-Archiv.

[97] Verhandlungen des Deutschen Bundestages (Stenographische Berichte), 1. Wahlperiode, Band 6, 132. Sitzung am 10. 4. 1951, S. 5115 ff. Text des Mitbestimmungsgesetzes im Bundesgesetzblatt I, 347.

[98] Vgl. dazu Kapitel III, Anm. 81.

IV. Die Haltung des Deutschen Gewerkschaftsbundes zu Adenauers Politik der Westintegration

Die Auseinandersetzungen um die Montanmitbestimmung spielten sich zu einem Zeitpunkt ab, in dem grundlegende Entscheidungen über die politische, wirtschaftliche und militärische Integration der Bundesrepublik in das westliche Staatensystem fielen. Es handelte sich dabei um die durch den französischen Außenminister Robert Schuman vorgeschlagene Gründung der Europäischen Gemeinschaft für Kohle und Stahl (Montanunion) sowie um die seit dem Ausbruch des Korea-Krieges im Juni 1950 verstärkt diskutierte Frage einer westdeutschen Wiederbewaffnung. Bei den noch relativ wenig konsolidierten politisch-parlamentarischen Kräfteverhältnissen in der Bundesrepublik kam der Haltung des DGB, der in seinen 16 Einzelgewerkschaften ca. 5 Millionen Arbeitnehmer repräsentierte, eine wichtige Funktion zu. In beiden Fällen entschied sich die DGB-Führung, teilweise im Widerspruch zur eigenen Mitgliederbasis, die Politik der Bundesregierung stillschweigend zu tolerieren oder gar aktiv zu unterstützen.

1. DGB und Schumanplan

Die Haltung des DGB zum Schumanplan läßt sich nicht isoliert sehen; sie war durch mehrere Entschließungen und Stellungnahmen des DGB zu wirtschafts- und außenpolitischen Fragen seit 1947/48 vorgeprägt. Einen bedeutsamen Schritt auf dem Weg zu einer pragmatisch-kooperativen Politik stellte die Zustimmung zum Marshallplan dar. Diese Entscheidung bedeutete, daß der DGB nunmehr grundsätzlich bereit war, eine Einbeziehung Westdeutschlands in den Kreis der westlich-kapitalistischen Staaten in Kauf zu nehmen, und daß gesellschaftliche und politische Veränderungen nur noch innerhalb des dadurch vorgegebenen Rahmens und auf dem Weg der partnerschaftlichen Zusammenarbeit angestrebt werden sollten.[1]

Ein weiterer Schritt auf diesem Weg war der Beschluß des DGB vom Dezember 1949, die Mitarbeit der Bundesregierung bei der Ruhrbehörde durch die Benennung eines Gewerkschafters als Stellvertreter des deutschen Delegierten zu unterstützen, nachdem sich Böckler schon am 24. November 1949, zwei Tage nach der Unterzeichnung des Petersberger Abkommens, für den Beitritt der Bundesrepublik zum Ruhrstatut

---

[1] Im Juni 1948 begründete Böckler auf dem außerordentlichen Bundeskongreß des DGB (britische Zone) die Zustimmung zum Marshallplan folgendermaßen: „Wir halten es als Realpolitiker, die wir sind, für richtig, uns zum Marshallplan zu bekennen, die Vorteile restlos auszuschöpfen und all dem rechtzeitig zu begegnen, was wir als Nachteile des Plans empfinden." Protokoll des außerordentlichen Bundeskongresses des DGB (brit. Zone) vom 16.–18. 6. 1948 in Recklinghausen. Köln 1948.

ausgesprochen hatte.[2] Damit bejahte die DGB-Führung Adenauers Politik der schritt-weisen Loslösung von den alliierten Vorbehaltsrechten im Gegensatz zur SPD, die das Petersberger Abkommen wegen fehlender Gleichberechtigung der Bundesrepublik gegenüber anderen Mitgliedstaaten und wegen seiner prokapitalistischen Grundten-denz ablehnte.[3] Die Zusammenarbeit mit der Bundesregierung verteidigte Georg Reu-ter gegen die Kritik aus den eigenen Reihen damals mit dem Argument, „daß die Ge-werkschaften da, wo es ihnen möglich wäre, mitarbeiten müßten, um Einblick in das gesamte wirtschaftliche Geschehen zu erhalten".[4] Ähnlich argumentierte Böckler, der im Sinne des einheitsgewerkschaftlichen Anspruchs die Autonomie in politischen An-gelegenheiten betonte und sich gegen die SPD abgrenzte: „Wir müssen immer auf dem Boden einer Realpolitik stehen. [...] Wir müssen uns freihalten von jeder Beeinflus-sung von außen her, sei sie parteipolitischer oder sonstiger Art."[5] Der DGB-Führung erschien es erfolgversprechender, den aus der Mitarbeit in verschiedenen politischen Gremien resultierenden Einfluß für die Realisierung wenigstens eines Teils der eigenen Zielsetzungen nutzbar zu machen, als die Politik der Bundesregierung kompromißlos abzulehnen, wie es die SPD tat, weil sonst drohte, von jeglichem politischen Einfluß abgeschnitten zu werden.[6]

Von den gleichen Grundsätzen war die Haltung des DGB gegenüber dem am 9. Mai 1950 verkündeten Schumanplan geprägt: Der DGB forderte von der Bundesregierung die Hinzuziehung von Gewerkschaftern oder von Sachverständigen, „die das Ver-trauen der Gewerkschaften besitzen", zu den Vertragsverhandlungen und zu den Be-ratungen in den von der Bundesregierung eingerichteten Sachverständigenausschüs-sen.[7] Die DGB-Führung wollte dadurch auf die konkrete Ausgestaltung des Vertrags-werks Einfluß gewinnen und einer sich abzeichnenden Dominanz schwerindustrieller Interessen, insbesondere repräsentiert durch die Vertreter der zur Auflösung bestimm-ten Altkonzerne, entgegenwirken.[8] In diesem Punkt unterschied sich die Haltung der

---

[2] Protokoll der 2. Sitzung des Bundesvorstands des DGB vom 19. 12. 1949. DGB-Archiv. Zum Peters-berger Abkommen s. o., Kapitel II, 2 c. Zur Haltung des DGB gegenüber der Westpolitik Adenauers vgl. auch Baring: Außenpolitik in Adenauers Kanzlerdemokratie, S. 195 ff.

[3] In seinen Memoiren berichtet Adenauer, wie ihn die Agenturmeldung über Böcklers Zustimmung gerade in der Bundestagsdebatte über das Petersberger Abkommen am 24. 11. 1949 erreichte: „Ich war Herrn Böckler für dieses Telegramm in einer für uns nach meiner Auffassung wichtigen politi-schen Angelegenheit sehr dankbar. Daß die SPD sich über die Haltung des Deutschen Gewerk-schaftsbundes nicht gefreut hat, war verständlich." Adenauer: Erinnerungen 1945–1953, S. 288.

[4] Protokoll der 3. Sitzung des Bundesvorstands des DGB vom 6. 1. 1950. DGB-Archiv.

[5] Ebenda.

[6] Zur Haltung der SPD, insbesondere Schumachers, gegenüber dem Schumanplan siehe Edinger: Kurt Schumacher, S. 310.

[7] Schreiben Föcher und vom Hoff an Adenauer vom 15. 5. 1950. BA, B 136, 2456. In ähnlichem Tenor auch Schreiben Böckler an Adenauer vom 1. 7. 1950. BA, B 136, 2472.

[8] Das betonte Ludwig Rosenberg (vom Bundesvorstand des DGB) auf einer Besprechung mit franzö-sischen Gewerkschaftern über den Schumanplan am 21. 5. 1950: „Stehen wir beiseite, so kommt eine Europa-AG zustande." Erich Bührig unterstrich die Kontinuität in der gewerkschaftlichen Haltung zu Adenauers Westpolitik: „Ergänzend zu Rosenberg möchte ich darauf hinweisen, daß wir im Prin-zip durch unsere Haltung zum Ruhrstatut und zur Ruhrbehörde auch schon unsere Haltung zum

DGB-Führung wiederum von der der SPD-Spitze, die den Schumanplan entschieden ablehnte, da sie in ihm den Versuch sah, ein Kartell kapitalistisch-schwerindustrieller Interessen in Westeuropa zu schaffen.[9]

Bundeskanzler Adenauer erfüllte die Forderungen der Gewerkschaften, die daraufhin Hans vom Hoff, Franz Grosse (IG Bergbau) und Rolf Wagenführ (stellvertretender Leiter des Wirtschaftswissenschaftlichen Instituts des DGB) als Verhandlungsteilnehmer benannten.[10] Mit der Hinzuziehung der Gewerkschaftsvertreter zu den Pariser Verhandlungen eröffnete sich für die Bundesregierung die Möglichkeit, innenpolitisch eine breitere Basis für die Zustimmung zum Schumanplan zu erhalten und insbesondere die SPD mehr und mehr zu isolieren. Die Forderungen des DGB waren auch deshalb nicht einfach zu ignorieren, weil die Gewerkschaften aufgrund ihrer Mitarbeit in der Stahltreuhändervereinigung gerade bezüglich der mit dem Schumanplan eng verknüpften Fragen der Entflechtung und Neuordnung der Montanindustrie eine verhältnismäßig starke Machtposition besaßen.

Für die DGB-Führung bedeutete allerdings die Teilnahme an den Pariser Verhandlungen noch keine endgültige Zustimmung zum Schumanplan; sie betonte zwar immer wieder, daß sie „die Idee des Schumanplanes" begrüße, wollte aber ihre Entscheidung vom konkreten Ergebnis der Verhandlungen abhängig machen. Damit hielt sich der DGB die Möglichkeit offen, den Schumanplan offiziell doch noch abzulehnen, wenn bestimmte Bedingungen – wozu auch die Verwirklichung des Mitbestimmungsrechts in den betroffenen Industriezweigen zu zählen war – nicht erfüllt wären.

Mit der Vereinbarung über die Beibehaltung der paritätischen Mitbestimmung vom Januar 1951 waren diese Bedingungen im wesentlichen erfüllt. Nun schien, aus gewerkschaftlicher Sicht, bewiesen zu sein, daß die Realisierung der wirtschaftsdemokratischen Vorstellungen der Gewerkschaften durch die Integration der westdeutschen

Schumanplan festgelegt haben. Wir geraten in Widersprüche, sobald wir irgendeinen Schritt, der zur Europäisierung der Schlüsselindustrien führt, prinzipiell negieren." „Protokoll über die deutsch-französische Gewerkschaftsbesprechung am Sonntag, dem 21.5. 1950, nachmittags 3 Uhr im kleinen Sitzungssaal des DGB, Düsseldorf, Stromstraße 8." (gez.: Rosenberg) DGB-Archiv.

[9] Schumacher sprach auf dem Parteitag der SPD in Hamburg im Mai 1950 vom Schumanplan als einem „konservativ-klerikal-kapitalistisch-kartellistischen" Versuch einer Einigung Europas. Fritz Henßler, der Sozialisierungsexperte der SPD-Bundestagsfraktion, bezeichnete auf demselben Parteitag den Schumanplan als „deutsch-französisches schwerindustrielles Kartell". Diese Haltung änderte sich während der Schumanplanverhandlungen nicht wesentlich. Siehe dazu Rudolf Hrbek: Die SPD – Deutschland und Europa. Die Haltung der Sozialdemokratie zum Verhältnis Deutschlandpolitik und Westintegration (1945–1957). Bonn 1972, S. 93 und 103. In ähnlicher Tendenz auch Schumachers Referat „Die Entscheidung über Kohle und Stahl" auf der Konferenz der Sozialen Arbeitsgemeinschaft der SPD in Gelsenkirchen am 24.5. 1951, in dem er sich vorsichtig-kritisch mit der Haltung des DGB zum Schumanplan, insbesondere der Stellungnahme vom 7.5. 1951, auseinandersetzte. Kurt Schumacher: Reden und Schriften. Hrsg. von Arno Schulz und Walther G. Oschilewski. Berlin-Grunewald 1962, S. 363 ff., bes. auch S. 381 f.

[10] Die Beteiligung der Gewerkschaften an den Verhandlungen in Paris wurde in einer Unterredung Adenauers mit vom Hoff am 27.6. 1950 vereinbart. Das geht aus dem Schreiben Böcklers an Adenauer vom 1.7. 1950 hervor. BA, B 136, 2472.

Montanunternehmen in einen gemeinsamen westeuropäischen Markt nicht tangiert sei. Die offizielle Zustimmung zum Schumanplan erfolgte auf der Sitzung des Bundesausschusses des DGB am 7. Mai 1951, also knapp drei Wochen nach der Vertragsunterzeichnung in Paris und vier Wochen nach der Verabschiedung des Montanmitbestimmungsgesetzes durch den Deutschen Bundestag.[11] Als Voraussetzung für die Ratifizierung forderte der DGB in einer Entschließung die Beseitigung der aus dem alliierten Entflechtungsgesetz resultierenden Benachteiligungen der westdeutschen Montanindustrie, z. B. die Aufhebung der Begrenzungen und der Kontrollen in der Kohlen-, Eisen- und Stahlproduktion und die Rücknahme der Entscheidung über die geplante Auflösung der zentralen deutschen Verkaufsstelle für Kohle. Dieser Entschließung ging eine ausführliche Diskussion innerhalb der DGB-Führungsgremien voraus, in der die wichtigsten Argumente der Befürworter und der Gegner des Schumanplans aufeinandertrafen.

Die Gegner des Schumanplans befanden sich, wie sich in der Debatte des Bundesausschusses am 7. Mai 1951 zeigte, in der Minderheit. Als Repräsentant dieser Gruppe referierte Viktor Agartz in abgeschwächter Form die von der SPD-Führung gegen den Schumanplan vorgebrachten Argumente.[12] Agartz verwies vor allem auf die ungünstigeren ökonomischen und politischen Ausgangsbedingungen der Bundesrepublik im Vergleich zu den übrigen Mitgliedstaaten: Trotz der Unterzeichnung des Montanunionvertrags beständen für die westdeutsche Eisen- und Stahlindustrie weiterhin Produktionsbeschränkungen; auch werde die Dekonzentration der westdeutschen Montanindustrie in kleine unwirtschaftliche Einheiten fortgesetzt, während die französische Stahlindustrie in großem Ausmaß einem Konzentrationsprozeß unterworfen werde. Ein weiteres Argument von Viktor Agartz bezog sich auf das Lenkungsinstrument der Montanunion, die Hohe Behörde: Eine echte demokratische Kontrolle sei nicht möglich, so daß die Hohe Behörde als Spitzenvertretung der von ihr zu kontrollierenden Unternehmungen fungieren und Steuerungsfunktionen in deren einseitigem Interesse ausüben werde.

Der exponierteste Befürworter des Schumanplanes war Hans vom Hoff, der für eine Fortsetzung der Böcklerschen „Realpolitik" plädierte. Er hielt die Mitarbeit der Gewerkschaften in der Ruhrbehörde und an den Schumanplanverhandlungen für im großen und ganzen erfolgreich, da die gewerkschaftlichen Vorschläge in mehreren Fällen eine deutliche Verbesserung der Situation bewirkt hätten. Nach vom Hoffs Urteil berechtigten diese Erfahrungen zu der Annahme, daß eine für die Gewerkschaften befriedigende Zusammenarbeit mit der Bundesregierung auch beim Schumanplan möglich sei.[13]

---

[11] Protokoll der 7. Sitzung des Bundesausschusses des DGB vom 7. 5. 1951. DGB-Archiv.

[12] Die Ausführungen von Agartz, sowie die der Befürworter des Schumanplans (vom Hoff, Grosse und Wagenführ) sind dem o. a. Protokoll als Anlagen beigefügt. (Die Darstellung auf den folgenden Seiten bezieht sich auf diese Ausführungen.)

[13] Die Befürwortung des Schumanplans durch die DGB-Führung trug auch zur Verschärfung der Spannungen mit dem SPD-Vorsitzenden Schumacher bei. Vgl. dazu Baring: Außenpolitik in Adenauers Kanzlerdemokratie, S. 203.

Ein weiterer Grund für die grundsätzliche Zustimmung des DGB war die mit dem Inkrafttreten des Montanunionvertrages in Aussicht gestellte Aufhebung der meisten der restriktiven Verordnungen, die von den Westalliierten in den ersten Nachkriegsjahren zur Zerschlagung der Ruhrkonzerne als der Waffenschmieden des „Dritten Reiches" erlassen wurden und nunmehr häufig die Funktion hatten, die Konkurrenzfähigkeit der westdeutschen Montanunternehmen auf dem Weltmarkt zu schwächen. In diesem Punkt gab es eine Übereinstimmung der Interessen von Gewerkschaften und Bundesregierung: Die Wiederherstellung der Autonomie der westdeutschen Montanindustrie lag auch im Interesse der Gewerkschaften, denn die angestrebte Vollbeschäftigung in diesem Industriezweig setzte die Beseitigung der alliierten Restriktionen voraus. Die partielle Interessengleichheit von Bundesregierung und Gewerkschaften spiegelte sich darin wieder, daß in der gewerkschaftlichen Erklärung zum Schumanplan die nationalen Interessen im Vordergrund standen – die Erklärung also im Grunde die Alliierten als Adressaten hatte –, während traditionelle gewerkschaftliche Forderungen, wie die nach Vergesellschaftung der vom Schumanplan betroffenen Industrien oder nach Ausweitung der paritätischen Mitbestimmung auf die überbetriebliche Ebene, fehlten.

Die Bereitschaft der Gewerkschaften, Vergesellschaftungsforderungen zurückzustellen oder ganz auf sie zu verzichten, war auch darin begründet, daß der Montanunionvertrag eine Reihe von Bestimmungen enthielt, die der technokratisch-keynesianischen Orientierung eines Teils der DGB-Führung entgegenkamen.[14] Die Befürworter des Schumanplans versprachen sich davon eine weitgehende Beseitigung der traditionellen Strukturschwächen und der daraus resultierenden Krisenanfälligkeit der westdeutschen Montanindustrie, die sich in der Vergangenheit überwiegend zu Lasten der Arbeiterschaft ausgewirkt hatten. Nach den Ausführungen von Rolf Wagenführ, der als Repräsentant der von der SPD unabhängigeren „Keynesianer" innerhalb des Wirtschaftswissenschaftlichen Instituts des DGB gelten konnte, waren von der Realisierung des Schumanplans sowohl kurzfristig als auch längerfristig positive Auswirkungen auf die wirtschaftliche und soziale Struktur dieses Industriezweigs zu erwarten. Zu den kurzfristigen Wirkungsmöglichkeiten zählten in erster Linie die Interventionen der Hohen Behörden in Krisenzeiten. Das Kriseninstrumentarium dieser Institution, deren Aufgabe die Koordination der montanindustriellen Interessen der beteiligten Länder sowie die Planung von Rahmendaten war, umfaßte die Festsetzung von Produktionsquoten zur gleichmäßigen Abwälzung der Krisenlasten auf die Teilnehmerländer, die antizyklische Nachfrageinduktion durch Belebung der öffentlichen Investitionen bei mangelnder Gesamtnachfrage und die Aufstellung von Verwendungsprioritäten zwischen Inlandsverbrauch und Export bei Nachfrageüberhang. Als längerfristige Wirkung des gemeinsamen Marktes für Kohle und Stahl nannte Wagenführ die Steigerung der Produktivität und die Ausweitung der Produktion, die insgesamt eine Stei-

---

[14] Auf die Rezeption der Keynesschen Theorie, besonders bei den Mitarbeitern des WWI um Rolf Wagenführ, weist Theo Pirker (Die blinde Macht, 1. Teil, S. 206 ff.) hin. Vgl. auch Eberhard Schmidt: Ordnungsfaktor oder Gegenmacht? Die politische Rolle der Gewerkschaften, Frankfurt a. M. 1971, S. 37.

gerung der Lebenshaltung nach sich ziehen würden. Die Voraussetzung hierfür, die Koordination der verschiedenen einzelunternehmerischen und einzelstaatlichen Investitionen zur Effektivierung des Kapitaleinsatzes, werde mit der Erweiterung des Marktes infolge der Aufhebung der Zollschranken und mit der Konstituierung der Hohen Behörde geschaffen.

Eine positive Stellungnahme des DGB-Bundesausschusses zum Schumanplan hatte zur Voraussetzung, daß der Einwand der SPD entkräftet werden konnte, die Hohe Behörde sei ein Planungsinstrument im einseitigen Interesse der Unternehmer und unterliege keinerlei demokratischer Kontrolle. Gegenüber diesem Einwand betonte Wagenführ die Mitwirkungsmöglichkeiten der Gewerkschaften bei den Brüsseler Entscheidungen. Die Hohe Behörde könne „vernünftige Pläne nur in enger Zusammenarbeit mit den Regierungen und mit den beteiligten Kreisen der Wirtschaft, worunter selbstverständlich auch die Arbeitnehmer zu verstehen sind", aufstellen; ferner werde der Beirat, eine Institution mit beratender Funktion, zu einem Drittel aus Gewerkschaftern zusammengesetzt sein. Auf weitere Einflußmöglichkeiten verwies vom Hoff: Von den neun Mitgliedsitzen der Hohen Behörde sollte einer den Gewerkschaften vorbehalten sein; auch sei der Bundeskanzler bereit, dem DGB die Nominierung des einen der beiden deutschen Mitglieder zu überlassen.

Die positive Stellungnahme des DGB zum Schumanplan war, so läßt sich zusammenfassend feststellen, Teil einer gewerkschaftlichen Politik, die infolge der Stabilisierung der gesellschaftlichen und politischen Kräfteverhältnisse nicht mehr primär an dem Ziel einer umfassenden Veränderung der wirtschaftlichen und gesellschaftlichen Strukturen, etwa im Sinne der Vergesellschaftung der Schlüsselindustrie und der Einführung einer gesamtgesellschaftlichen Rahmenplanung, orientiert war, sondern sich mit der Realisierung systemimmanenter Verbesserungen begnügte. Innerhalb dieses restringierten Bezugsrahmens gewerkschaftlicher Politik ließen sich die im Schumanplan angelegten Tendenzen zur Modernisierung der montanindustriellen Produktionsstruktur, die Elemente keynesianischen Krisenmanagements und die – freilich überwiegend nur legitimatorischen Charakter besitzenden – Mitbestimmungsmöglichkeiten in den Brüsseler Gremien als wichtige Strukturreformen zugunsten der Arbeiterschaft interpretieren. Während zur gleichen Zeit der traditionelle politisch-parlamentarische Bündnispartner des DGB, die SPD, den Schumanplan radikal ablehnte und damit, zumindest verbal, an einer Alles-oder-Nichts-Politik festhielt, nahm der systemimmanent-reformerische Pragmatismus des DGB wesentliche Elemente späterer sozialdemokratischer Politik, wie sie sich dann im Godesberger Programm theoretisch niederschlugen, voraus.[15]

Die der positiven Haltung zum Schumanplan zugrundeliegende Annahme, daß die Politik der konstruktiven Zusammenarbeit mit der Bundesregierung am ehesten geeignet sei, Zugeständnisse wenigstens auf dem Gebiet der Mitbestimmung und der Be-

---

[15] Bereits das Dortmunder Aktionsprogramm vom September 1952 weist, im Vergleich zu früheren SPD-Programmen, eine stärkere Betonung marktwirtschaftlicher Elemente auf. Vgl. dazu Erich Ott: Die Wirtschaftskonzeption der SPD nach 1945. Marburg 1979, S. 239 ff.

triebsverfassung zu erreichen, wurde jedoch von den DGB-Führungsgremien kaum problematisiert. In der Diskussion des DGB-Bundesausschusses über den Schuman-plan am 7. Mai 1951 wurde die Frage nach einem möglichen Zusammenhang von Westintegration, Mitbestimmung und Eigentumsregelung nur kurz behandelt, wobei Wagenführ zu dem Ergebnis kam, daß der Schumanplan weder die Regelung der Mit-bestimmung noch die Durchführung der Sozialisierung negativ beeinflussen werde. Diese Beurteilung war formal richtig, denn der Montanunionvertrag selbst enthielt keine Bestimmungen, die entsprechende Befürchtungen gerechtfertigt hätten. Dar-über hinaus schien gerade das Eintreten Adenauers für die paritätische Mitbestimmung in der Montanindustrie die Richtigkeit von Wagenführs Analyse zu bestätigen.

Allerdings griffen seine Ausführungen mindestens in zwei Punkten zu kurz: Einmal ließen sie außer acht, daß durch den Wegfall wichtiger alliierter Kontrollrechte, als Folge des Inkrafttretens des Schumanplans, die Voraussetzungen für die Rückgabe des seit 1946 unter Treuhandverwaltung stehenden Eigentums an die alten Besitzer ge-schaffen würden. Die Rückgabe der Eigentumsrechte an die Altbesitzer konnte jedoch – bei den damaligen politischen Kräfteverhältnissen – nur zur Folge haben, daß sich die Chancen für die von den Gewerkschaften und den Linksparteien postulierte Vergesell-schaftung der Grundstoffindustrien erheblich verminderten. Zum zweiten berücksich-tigte Wagenführ in seiner Analyse nicht, daß die Bereitschaft der Bundesregierung, den gewerkschaftlichen Vorstellungen entgegenzukommen, von den jeweiligen politi-schen und gesellschaftlichen Kräfteverhältnissen abhängig war. Solange die Bundesre-gierung auf die Unterstützung der Gewerkschaften nicht verzichten konnte, wie bei den mit dem Schumanplan zusammenhängenden Problemen der Neuordnung der Montanindustrie, war die gewerkschaftliche Politik der konstruktiven Zusammenar-beit mit der Bundesregierung durchaus geeignet, greifbare Erfolge zu bringen; dies war bei der gesetzlichen Regelung der paritätischen Mitbestimmung in der Montanin-dustrie der Fall gewesen. Andererseits trug die Zusammenarbeit des DGB mit der Bun-desregierung in der Schumanplanfrage längerfristig zur innenpolitischen Aufwertung der Regierung Adenauer bei, die infolgedessen die gewerkschaftlichen Mitbestim-mungsforderungen mehr und mehr ignorieren konnte, ohne größere Legitimations-schwierigkeiten befürchten zu müssen.

In der zweiten Hälfte des Jahres 1951 wurde zunehmend deutlich, daß die Bundesre-gierung nicht gewillt war – und es offenbar auch nicht nötig hatte – weiteren Mitbe-stimmungsforderungen des DGB nachzugeben. Die Aufkündigung der gewerkschaft-lichen Mitarbeit beim Schumanplan spielte in den Beratungen des DGB über Gegen-maßnahmen jedoch nur eine untergeordnete Rolle. So fanden die Anträge von Hans Jahn (Vorsitzender der Gewerkschaft der Eisenbahner Deutschlands) und Wilhelm Gefeller, das Mandat der Gewerkschaften in der Ruhrbehörde der Regierung zur Ver-fügung zu stellen und die Unterstützung des Schumanplans durch den DGB einer Überprüfung zu unterziehen, in der Bundesausschußsitzung am 3. Dezember 1951 keine Mehrheit.[16] Ein Kurswechsel in der Schumanplanpolitik des DGB erschien der

---

[16] Protokoll der 11. Sitzung des Bundesausschusses des DGB vom 3. 12. 1951. DGB-Archiv.

Mehrheit der Mitglieder des Bundesausschusses nicht opportun – vermutlich wäre er ohnehin zeitlich zu spät gekommen und hätte daher auch kaum eine Wirkung gehabt, zudem hätte er den Verzicht auf eine Mitsprache des DGB bei den Entscheidungen der Hohen Behörde in Brüssel bedeutet. Am 22. Januar 1952 beschloß der Bundesausschuß des DGB, die für die deutschen Gewerkschaften vorgesehenen Stellen in der Hohen Behörde auch tatsächlich zu besetzen, und zwar mit Heinz Potthoff, der bereits gewerkschaftlicher Vertreter in der Ruhrbehörde war, Heinrich Deist und Rolf Wagenführ.[17]

An der Unterstützung des Schumanplans zeigte sich die Dialektik der gewerkschaftlichen Politik der konstruktiven Zusammenarbeit mit der Bundesregierung: Während sie anfangs als pragmatisch orientierte Kompensationspolitik partiell erfolgreich war, wurde sie mit der Verschiebung des innenpolitischen Kräfteverhältnisses zugunsten der bürgerlichen Parteien und Interessengruppen und infolge der zunehmenden Konsolidierung der Regierung Adenauer immer mehr zu einer Politik der einseitigen Vorleistungen, für die entsprechende Zugeständnisse in der Mitbestimmung durchweg ausblieben.

2. Exkurs: DGB und Wiederbewaffnung. Zur Darstellung dieses Zusammenhangs bei Arnulf Baring

In der Zeit der Schumanplanverhandlungen und der Auseinandersetzungen um die Montanmitbestimmung beherrschte eine andere außenpolitische Frage von großer Tragweite die politische Diskussion in der Bundesrepublik: Die Frage einer deutschen Wiederbewaffnung im Rahmen des westlichen Staatensystems. Diese Diskussion berührte auch das Verhältnis von Bundesregierung und DGB.

Den entscheidenden Anstoß für die öffentlichen Auseinandersetzungen um die Wiederbewaffnung gab der Ausbruch des Koreakrieges am 25. Juni 1950. Große Teile der öffentlichen Meinung in den westlichen Staaten sahen, besonders nach Anfangserfolgen der nordkoreanischen Truppen, diesen Krieg als Beweis für ein kommunistisches Welteroberungsstreben an und zogen Parallelen zu der Situation in Deutschland. Für Adenauer war der Ausbruch des Koreakrieges ein willkommener Anlaß, den Westalliierten am 29. August 1950 einen westdeutschen Wehrbeitrag anzubieten und als Gegenleistung eine Revision des Besatzungsstatuts zu fordern. Die Diskussion um die Wiederbewaffnung erreichte einen ersten Höhepunkt, als der französische Ministerpräsident René Pleven am 26. Oktober 1950 seinen Plan zur Schaffung einer westeuropäischen Armee unter Einbeziehung der Bundesrepublik bekanntgab und Adenauer diesen Plan im großen und ganzen billigte.[18]

Den öffentlichen Auseinandersetzungen um die Wiederbewaffnung konnte sich der

---

[17] Protokoll der 12. Sitzung des Bundesausschusses des DGB vom 22. 1. 1952. DGB-Archiv.

[18] Eine genaue Darstellung dieser Vorgänge in Baring: Außenpolitik in Adenauers Kanzlerdemokratie, vgl. auch Gerhard Wettig: Entmilitarisierung und Wiederbewaffnung in Deutschland 1943–1955. München 1967.

DGB auf die Dauer nicht entziehen. In der Sitzung des Bundesvorstands vom 21. November 1950 wurde ein Beschluß zur Remilitarisierung verabschiedet. Dieser Beschluß war von dem Bemühen gekennzeichnet, eine eindeutige Festlegung für oder gegen einen westdeutschen Wehrbeitrag zu vermeiden: Einerseits betonte diese Stellungnahme, daß der DGB „eine Verteidigung der westlichen Kultur und der persönlichen Freiheit" befürworte, andererseits nannte sie als Bedingungen für die Zustimmung die volle Gleichberechtigung der Bundesrepublik mit anderen westlichen Staaten und die „demokratische Kontrolle aller militärischen Formationen" – beide Bedingungen wurden jedoch als zur Zeit nicht gegeben angesehen. Allerdings unterschieden sich die vom DGB genannten Voraussetzungen nicht allzu sehr von denjenigen, die Adenauer selbst öffentlich propagierte, so daß die Stellungnahme des DGB insgesamt eine größere Affinität zu der Position Adenauers als zu der der SPD-Opposition erkennen ließ.[19]

Im Verlauf der Jahre 1951/52 wurde immer deutlicher, daß die DGB-Führung die Außen- und Verteidigungspolitik Adenauers grundsätzlich zu akzeptieren bereit war. So sprach sich Christian Fette, der Nachfolger Böcklers im DGB-Vorsitz, schon kurz nach seiner Wahl im Juni 1951 für einen deutschen Wehrbeitrag aus.[20] Ihren Höhepunkt erreichte die Anpassung an die Remilitarisierungspolitik der Bundesregierung, als Hans vom Hoff am 20. Januar 1952 in Oberhausen das grundsätzliche Einverständnis der Gewerkschaften mit der Wiederbewaffnung erklärte; Hans vom Hoff rief durch diese Stellungnahme langanhaltende Proteste bei der eigenen Mitgliederbasis hervor, die erst nach umfangreichen Befriedungsbemühungen seitens der DGB-Führung verstummten.[21] Charakteristisch an der Haltung des DGB in der Frage der Wiederbewaffnung waren vor allem zwei Aspekte: Zum einen die weitgehende Unterstützung der Adenauerschen Remilitarisierungspolitik, die die DGB-Führung in einen scharfen Gegensatz zur eigenen, überwiegend sozialdemokratisch orientierten, Mitgliederschaft und damit auch zum traditionellen politischen Bündnispartner, der SPD, brachte;[22] zum zweiten eine gewisse zeitliche Parallelität dieser Unterstützungspolitik und der Auseinandersetzungen um die Montanmitbestimmung.

Arnulf Baring hat daraus die These abgeleitet, daß ein Zusammenhang zwischen der stillschweigenden Unterstützung der Adenauerschen Außen- und Verteidigungspolitik und der Montanmitbestimmungsvereinbarung vom Januar 1951 bestehe.[23] Baring bezieht sich vor allem auf ein Gespräch Böcklers mit Adenauer, das am 28. August 1950 stattfand, also einen Tag bevor Adenauer den Westmächten einen deutschen Verteidi-

---

[19] Baring: Außenpolitik in Adenauers Kanzlerdemokratie, S. 197.
[20] Ebenda, S. 200.
[21] Ebenda, S. 202. Zur außerparlamentarischen Opposition gegen die Remilitarisierung – auch zur innergewerkschaftlichen – vgl. die nützliche, wenngleich in ihren Wertungen m. E. nicht immer unproblematische Darstellung von Fritz Krause: Antimilitaristische Opposition in der BRD 1949–55. Frankfurt a. M. 1971, bes.: S. 89 ff. Zur innergewerkschaftlichen Opposition siehe auch Pirker: Die blinde Macht, 1. Teil, S. 233 ff.
[22] Zur Haltung der SPD in der Frage der Wiederbewaffnung siehe Edinger: Kurt Schumacher, S. 324 ff.; Ulrich Buczylowski: Kurt Schumacher und die deutsche Frage. Sicherheitspolitik und strategische Offensivkonzeption vom August 1950 bis September 1951. Stuttgart-Degerloch 1973.
[23] Baring, Außenpolitik in Adenauers Kanzlerdemokratie, S. 197 ff.

gungsbeitrag anbot. In diesem Gespräch sei es zu einer überwiegend übereinstimmenden Auffassung der beiden Männer gekommen: Böckler habe die Bereitschaft geäußert, der Wiederbewaffnung nichts in den Weg zu legen, wenn bestimmte Bedingungen, vor allem die Einführung der Mitbestimmung, seitens der Bundesregierung erfüllt werden würden; dieser Position gegenüber habe sich Adenauer aufgeschlossen gezeigt.[24] Wenn es dann doch noch erheblichen Druckes bedurft habe, um Adenauer im Januar 1951 zu einem Eingreifen zugunsten der gewerkschaftlichen Forderungen zu veranlassen, so habe das hauptsächlich am Widerstand der Unternehmerschaft gelegen. Nach dem erfolgreichen Abschluß der Verhandlungen habe sich Adenauer sehr positiv über die erzielte Vereinbarung geäußert und sich für entsprechende Mitbestimmungsregelungen in anderen Industriezweigen ausgesprochen.[25] Daß dieses Vorhaben schließlich scheiterte, sei in der kompromißlosen Haltung der Industrie und der beiden Koalitionsparteien FDP und DP, aber auch in der mangelnden Kampfentschlossenheit der neuen DGB-Führung unter Christian Fette begründet gewesen.[26]

Arnulf Barings Darstellung hat den Vorzug, daß sie die erfolgreiche Verteidigung der paritätischen Mitbestimmung in der Montanindustrie durch die Gewerkschaften in dem umfassenderen Zusammenhang der außen- und verteidigungspolitischen Interessen der Bundesregierung interpretiert. Baring vermeidet damit eine zu eindimensionale Sicht, wie sie manchen Darstellungen anhaftet, die die Verteidigung der Montanmitbestimmung primär mit der Stärke und der Kampfentschlossenheit der Gewerkschaften erklären.[27]

Allerdings muß seine Darstellung modifiziert werden. So erweckt sie den Eindruck, als sei in dem Gespräch zwischen Adenauer und Böckler am 28. August 1950 eine längerfristige Absprache über einen Ausgleich der beiderseitigen Interessen – Unterstützung der Remilitarisierungspolitik gegen Zugeständnisse in der Mitbestimmungsfrage – getroffen worden. Adenauers Eintreten für die Montanmitbestimmung im Januar 1951 wäre demnach primär das Ergebnis einer solchen – längerfristig wirksamen – Absprache gewesen. Diese Interpretation umfaßt jedoch nur einen Teilaspekt der komplexen Problematik. Es besteht Grund zur Annahme, daß die Remilitarisierungspolitik Adenauers als auslösender Faktor für den „Kampf um die Montanmitbestimmung" nur sekundäre Bedeutung hatte; die primären Ursachen sind in der Einschaltung der Bundesregierung in die bis dahin den Alliierten vorbehaltene technisch-organisatorische Neuordnung der Montanindustrie während der Monate Oktober und November 1950 zu suchen, wobei die Einschaltung der Bundesregierung in die Neuordnung selbst wiederum in engem Zusammenhang mit dem Schumanplan stand. In dieser Situation entschloß sich Adenauer aus pragmatischen Erwägungen – um seine Außenpolitik nicht durch eine innenpolitische Polarisierung zu gefährden – sich für die Forderungen der Gewerkschaften einzusetzen. Er ging dabei davon aus, daß die vereinbarte Regelung

[24] Ebenda, S. 198 f.
[25] Ebenda, S. 200 f.
[26] Ebenda, S. 201 f.
[27] Vgl. die in der Einleitung dieser Arbeit, Anm. 4 zitierten Darstellungen.

nur für den Bereich der Montanindustrie gültig sein sollte und keine Rückwirkungen auf die übrige Wirtschaft haben dürfte. Als Gegenleistung für die Zugeständnisse in der Montanmitbestimmung kam es ab Frühjahr 1951 zu einer zeitweise offenen Unterstützung nicht nur der Remilitarisierungs-, sondern der gesamten Außen- und Wirtschaftspolitik der Bundesregierung durch den DGB. Die DGB-Führung verband mit dieser „Politik der konstruktiven Mitarbeit" die Erwartung weiterer Zugeständnisse in der Mitbestimmungsfrage – eine Hoffnung, die sich nicht erfüllte.

V. Die Wiederherstellung der alten Besitzverhältnisse in der Montanindustrie und ihr Zusammenhang mit dem Schumanplan und der Regelung der Montanmitbestimmung

Im Jahr 1951 fiel eine weitere Entscheidung, die die an der Neuordnung der Montan-industrie beteiligten Interessengruppen, vor allem auch die Gewerkschaften, in zentraler Weise berührte: Die Entscheidung der Alliierten Hohen Kommissare über die Rückgabe des seit der Beschlagnahmung in den Jahren 1945/46 unter Treuhandver-waltung stehenden Eigentums an die alten Besitzer. Am 24. Mai 1951 kündigte die Alli-ierte Hohe Kommission in einem Brief an Bundeskanzler Adenauer an, daß die Aktien der neugegründeten Einheitsgesellschaften grundsätzlich an private Personen mit dem Zweck ausgegeben werden sollten, den von der Neuordnung Betroffenen – den Altbe-sitzern – eine angemessene Entschädigung zu sichern.[1] Einschränkungen waren inso-fern vorgesehen, als „das Wiederentstehen einer übermäßigen Zusammenballung wirt-schaftlicher Macht" vermieden werden sollte und belastete Personen von erneuter un-ternehmerischer Tätigkeit ausgeschlossen werden sollten.[2] In der Praxis bedeutete dies, daß die Aktien der alten Konzerne im Laufe der nächsten Monate gegen die der neugebildeten Einheitsgesellschaften umgetauscht wurden, daß also die Besitzer der li-quidierten Altkonzerne zu Eigentümern der Nachfolgegesellschaften gemacht wur-den.

Diese Entscheidung stand im Widerspruch zu den offiziellen Verlautbarungen, die die Westalliierten lange Zeit über die Zukunft dieser Industriezweige abgegeben hatten: Vor allem Großbritannien hatte immer wieder erklärt, daß die beschlagnahmten Wer-ke nie mehr an die alten Besitzer zurückgegeben werden sollten;[3] diese Position wurde von Frankreich und den USA prinzipiell akzeptiert. Darüber hinaus bestimmten die Präambeln der alliierten Entflechtungsgesetze Nr. 75 und Nr. 27, daß die „endgültige Entscheidung über die Eigentumsverhältnisse im Kohlenbergbau und in der Eisen- und Stahlindustrie einer aus freien Wahlen hervorgegangenen, den politischen Willen der Bevölkerung zum Ausdruck bringenden deutschen Regierung zu überlassen" sei.[4] Nach weitverbreiteter Auffassung konnte eine solche Entscheidung nur öffentlich, durch einen parlamentarischen Akt, getroffen werden. Dieser Auffassung trug eine Entscheidung des Deutschen Bundestages vom 7. Dezember 1950 Rechnung, in der die Bundesregierung aufgefordert wurde, sich aller Handlungen, die einer künftigen Eigentumsregelung im Bereich der Kohlen-, Eisen- und Stahlindustrie vorgreifen, zu enthalten und im gleichen Sinn auf die Alliierte Hohe Kommission einzuwirken.[5]

---

[1] Brief AHK an Adenauer vom 24. 5. 1951. Abgedruckt in: NESI, S. 460.
[2] Ebenda.
[3] Siehe dazu Kapitel I, 2.
[4] Präambel (gleichlautend) zu den Gesetzen Nr. 75 (vom 10. 11. 1948) und Nr. 27 (vom 20. 5. 1950). Abgedruckt in: NESI, S. 319 und S. 341.
[5] Beschluß des Deutschen Bundestages vom 7. 12. 1950 zur Bundestagsdrucksache Nr. 1549 „Eigen-

Die damit gesetzten Bedingungen erfüllte die Entscheidung der Alliierten Hohen Kommission ganz offensichtlich nicht. Selbst wenn man einräumt, daß davon das letztendliche Entscheidungsrecht des Bundestags unberührt blieb, so ist doch kaum zu bezweifeln, daß die Entscheidung der Hohen Kommissare präjudizierenden Charakter im Sinne der Wiederherstellung der alten Eigentumsverhältnisse hatte. Freilich wurde die Rückgabe der Eigentumsrechte an die Altbesitzer von den Gegnern einer privatwirtschaftlichen Lösung – Gewerkschaften, SPD, KPD – nicht ganz widerstandslos hingenommen; ihre Versuche, die Durchführung dieses Vorhabens zu verhindern oder den gesamten Vorgang transparenter zu machen, geschahen jedoch merkwürdig halbherzig.

In den folgenden Ausführungen geht es um die Klärung der Frage, welche Interessen an der Entscheidung der Alliierten Hohen Kommission beteiligt waren und welche Politik von den Gewerkschaften und der SPD in dieser Frage verfolgt wurde. Dabei soll vor allem der Einfluß verdeutlicht werden, den der Schumanplan und die gesetzliche Regelung der Montanmitbestimmung auf das Handeln der beteiligten Interessengruppen ausübten.

1. Die Entscheidung über die Rückgabe des unter Treuhandverwaltung stehenden Eigentums an die Altbesitzer und die zugrundeliegenden Interessen (Westalliierte/Bundesregierung)

Die Entscheidung über die Ausgabe der Aktien der 24 Montan-Einheitsgesellschaften, deren Gründung nach langwierigen Verhandlungen zwischen der Bundesregierung und der Alliierten Hohen Kommission im März 1951 vereinbart worden war,[6] im Tausch gegen die Altkonzernaktien fiel am 12. April 1951 in einer Besprechung der Alliierten Hohen Kommissare. Es handelte sich dabei um eine Mehrheitsentscheidung des amerikanischen und französischen gegen die Stimme des britischen Hohen Kommissars.[7] Dieser Entscheidung war eine Besprechung der Alliierten Hohen Kommissare mit Bundeskanzler Adenauer am 5. April vorausgegangen, in der es um die Regelung der Eigentumsverhältnisse in der Montanindustrie ging.[8] Betrachtet man den Zeit-

---

tumsregelung in der Kohlen-, Eisen- und Stahlwirtschaft" vom 2.11. 1950. Verhandlungen des Deutschen Bundestages (Stenographische Berichte), 1. Wahlperiode, Band 5, 105. Sitzung vom 7.12.1950, S. 3905 ff.

[6] NESI, S. 186 ff.

[7] Nach einem Bericht des „Hansard", des amtlichen britischen Parlamentsblatts vom 27.7. 1951 (Übersetzung im DGB-Archiv). Das gleiche berichtete der amerikanische Hohe Kommissar McCloy in einer Besprechung mit Vertretern des DGB am 20.7. 1951. Aktennotiz (Verf.: Stenzel) über diese Besprechung im DGB-Archiv. Protokolle über die Sitzung der Alliierten Hohen Kommission vom 12. 4. 1951 sind in den Beständen FO 1005/1105 und FO 1005/1096 des Public Record Office, London enthalten. Sie konnten bei dieser Arbeit noch nicht berücksichtigt werden.

[8] Diese Besprechung ist in dem Brief der AHK an Adenauer vom 24. 5. 1951 erwähnt (NESI, S. 460). Ein Protokoll über diese Besprechung existiert offensichtlich nicht; zumindest war auch dem Leiter der Abteilung II im BWM, Kattenstroth, keine entsprechende Niederschrift bekannt. Aktenvermerk Kattenstroth für Westrick (Staatssekretär im BWM) vom 11.9. 1951. BA, B 102, 60668.

punkt dieses vorentscheidenden Gespräches genauer, so wird deutlich, daß die Entscheidung über die Wiederherstellung der alten Eigentumsverhältnisse nicht isoliert von anderen politischen Entwicklungen gesehen werden kann: Dieses Gespräch fand knapp zwei Wochen vor der Unterzeichnung des Schumanplan-Vertrages in Paris (18. April 1951) statt, fünf Tage vor der Verabschiedung des Gesetzes über die paritätische Mitbestimmung in der Montanindustrie (10. April 1951) und vier Tage vor dem Gipfelgespräch der Wirtschaftsverbände, der Gewerkschaften und der Bundesregierung (9. April 1951), in dem es um ein Investitionshilfeprogramm für die erhebliche Kapazitätsengpässe aufweisende Montanindustrie ging.[9] Inwiefern beeinflußten diese Rahmenbedingungen die Haltung der beteiligten Regierungen in der Frage der Eigentumsregelung?

Zunächst ist allerdings zu berücksichtigen, daß die Alliierten Hohen Kommissare in ihrer Entscheidung über die Eigentumsregelung durch das Gesetz Nr. 27 eingeschränkt waren. Im Unterschied zu dem vorher gültigen Gesetz Nr. 75 enthielt das Gesetz Nr. 27 in Artikel 5 eine Regelung der Entschädigung der Aktionäre, die aufgrund vielfältiger Interventionen der Eigentümer und Aktionäre zustande gekommen war.[10] Damit war festgelegt, daß bei der endgültigen Regelung der Eigentumsverhältnisse auf die Ansprüche der alten Besitzer Rücksicht genommen werden mußte, die Form der Entschädigung blieb jedoch offen.

Unter Berücksichtigung des damit vorgegebenen Rahmens entsprach *die Haltung der britischen Regierung* noch am ehesten den Verlautbarungen, die von den Alliierten bei Beginn der Entflechtung 1946/47 über die Zukunft dieser Industrien abgegeben worden waren. Die britische Regierung hielt daran fest, daß die Entscheidung über die Eigentumsverhältnisse der Bundesregierung bzw. dem Bundestag vorbehalten bleiben müsse, daß aber eine vorzeitige Ausgabe der Aktien an Privatbesitzer eine solche Entscheidung in unzulässiger Weise präjudizieren würde. Mit diesem Argument lehnte der britische Hohe Kommissar in der Besprechung am 12. April 1951 den Aktientausch ab, konnte sich jedoch mit dieser Haltung gegenüber seinen amerikanischen und französischen Kollegen nicht durchsetzen.[11]

Die Haltung der USA in der Frage der Eigentumsregelung war vor allem durch zwei Grundsätze geprägt: Durch das Prinzip einer strikten Dekartellisierung und durch das Prinzip privatwirtschaftlicher Eigentumsverhältnisse. Beide Prinzipien standen nach amerikanischer Auffassung in engem Zusammenhang: Eine Dekartellisierung war nur unter privatwirtschaftlichem Vorzeichen denkbar, da die Vergesellschaftung von Industriezweigen eine Zentralisierung der Verfügungsgewalt über Kapital – etwa bei der staatlichen Bürokratie – zur Folge haben würde. Andererseits würde ein privatwirtschaftliches System, das keine Dekartellisierungsbestimmungen enthält, zu unerwünschten Konzentrationen wirtschaftlicher Macht führen. Das Problem der Dekartellisierung war nach amerikanischer Vorstellung im April 1951, zum Zeitpunkt der

---

[9] Siehe dazu Kapitel VI, 1.
[10] NESI, S. 103.
[11] Hansard, vom 27.7. 1951, siehe Kapitel V, Anm. 7.

Entscheidung über den Aktientausch, hinreichend geklärt. Nach langen Verhandlungen war zwischen der Bundesregierung und der Alliierten Hohen Kommission eine Einigung über die Neuordnung der Montanindustrie erzielt worden, die den Vorstellungen der amerikanischen Anti-Trust-Experten entsprach; außerdem schienen die aufgrund amerikanischer Interventionen zustande gekommenen Kartellbestimmungen des Schumanplanvertrages[12] genügend Schutz gegen neue Kartell- und Monopolbildungen im Bereich der westdeutschen Montanindustrie zu bieten.

Die Zustimmung des amerikanischen Hohen Kommissars zum Aktientausch war auch durch grundsätzliche Vorbehalte gegenüber jeder Form von Vergesellschaftung bedingt. In diesem Sinn äußerte sich der amerikanische Hohe Kommissar McCloy auf eine Anfrage von Vertretern der Gewerkschaften über die Möglichkeit einer Sozialisierung des Kohlenbergbaus: Es bleibe Deutschland unbenommen, den Kohlenbergbau zu sozialisieren; man solle dann aber nicht an die Amerikaner herantreten mit der Bitte, Kredite zur Verfügung zu stellen.[13]

Vermutlich wurde die Haltung des amerikanischen Hohen Kommissars auch durch die Aktivitäten der „Schutzvereinigung für Wertpapierbesitz" beeinflußt. Diese Organisation bemühte sich nachzuweisen, daß bei der Entflechtung und Neuordnung der Montanindustrie, gemessen an international üblichen Rechtsauffassungen, schwerwiegende Verstöße gegen die Rechte der Anteilseigner begangen worden seien. Es gelang der Schutzvereinigung, den früheren amerikanischen Kriegsminister und Bundesrichter Robert Patterson, der offenbar über gute Verbindungen zu amerikanischen Regierungsstellen verfügte, für ihre Ziele zu gewinnen.[14] Patterson traf Ende Februar 1951 mit McCloy und anderen Vertretern der amerikanischen Hohen Kommission zusammen. Dabei scheint es ihm gelungen zu sein, seine Gesprächspartner unter Hinweis auf von ihnen begangene formale Rechtsverstöße zu einer Zusage über die Wiederherstellung der alten Eigentümerrechte zu bewegen.[15]

Während die amerikanische Position zur Eigentumsfrage vom Schumanplan nur peripher beeinflußt wurde, änderte sich *die französische Haltung* mit der Aussicht auf eine Unterzeichnung des Montanunion-Vertrages entscheidend. Noch in der ersten Hälfte des Jahres 1950 versuchte die französische Regierung, alle Maßnahmen zu verhindern, die darauf hinausliefen, die Entscheidung über eine endgültige Eigentumsregelung im

---

[12] NESI, S. 39.

[13] Protokoll einer Besprechung von Gewerkschaftsvertretern mit McCloy am 14.12.1950 (Verf.: Deist). DGB-Archiv.

[14] Am 24.1.1951 veröffentlichte die Schutzvereinigung ein von Patterson verfaßtes mehrseitiges Gutachten mit dem Titel: „Anwendung der ‚Herrschaft des Rechts' (rule of law) und des ‚ordentlichen Rechtsverfahrens' (due process of law) auf das Gesetz Nr. 27 der Alliierten Hohen Kommission betr. Neugestaltung der deutschen Kohle-, Eisen- und Stahlindustrie." (Abgedruckt in: NESI, S. 765 ff.)

[15] Die Rolle der Schutzvereinigung für Wertpapierbesitz kann hier nur angedeutet werden. Die Schutzvereinigung hatte auch intensive Kontakte mit dem Bundeswirtschaftsministerium und dem Bundeskanzleramt; das geht u. a. aus folgenden Aktenbeständen hervor: BA, B 136, 2457 und 2458; BA, B 102, 60661, 60662, 60663, 60668. Informationen über die Aktivitäten der Schutzvereinigung sind auch den von ihr herausgegebenen „Mitteilungen der Arbeitsgemeinschaft der Schutzvereinigungen für Wertpapierbesitz e. V." zu entnehmen. (Düsseldorf 1948 ff.)

Bereich der Montanindustrie der Bundesrepublik zu überlassen. Aus diesem Grund lehnte sie die Präambel des Gesetzes Nr. 27 – ebenso wie vorher die des Gesetzes Nr. 75 – ab, so daß dieses Gesetz nur durch Mehrheitsbeschluß des amerikanischen und des britischen Hohen Kommissars in Kraft treten konnte.[16]

Die Angst vor einem künftigen unkontrollierten wirtschaftlich-militärischen Potential an der Ruhr veranlaßte Frankreich zunächst, die Aufrechterhaltung direkter Kontrollen, die Beibehaltung des Treuhänderstatus, zu fordern. Die französische Regierung sprach sich gegen die Rückgabe des Eigentums an die alten Besitzer aus, aber fast noch mehr fürchtete sie eine Verstaatlichung der Ruhrindustrie, die eine starke Konzentration wirtschaftlicher Macht zur Folge haben würde.[17] Sie wollte eine weitgehende Aufteilung des Eigentums, die für Frankreich die Möglichkeit einer unmittelbaren wirtschaftlichen Beteiligung und Kontrolle offengelassen hätte.[18] Mit der Einigung über die Neuordnung und dem Abschluß der Schumanplanverhandlungen waren die beiden wichtigsten Forderungen Frankreichs bezüglich der westdeutschen Montanindustrie – die Dezentralisierung und die Aufrechterhaltung einer gemäßigten Form von internationaler Kontrolle – im wesentlichen realisiert. Die Zustimmung zur Rückgabe der Eigentumsrechte an die Altbesitzer war ein Teil der Erleichterungen, die der westdeutschen Montanindustrie von Frankreich im Zusammenhang mit der Unterzeichnung des Montanunionvertrages zugestanden wurden.[19] Daß damit privatwirtschaftliche Eigentumsverhältnisse, ja die Wiedererlangung der Eigentumsrechte der Altbesitzer, präjudiziert wurden – das zu akzeptieren war Frankreich bereit, zumal im anderen Fall nicht ganz ausgeschlossen werden konnte, daß sich die deutschen Instanzen für eine Eigentumsregelung im Sinne der Vergesellschaftung oder der Verstaatlichung entscheiden könnten.

Die Entscheidung der Hohen Kommissare über den Aktientausch wäre vermutlich kaum in dieser Form zustande gekommen, wenn sich die Westalliierten dabei nicht auf die *Vorstellungen der Bundesregierung* hätten berufen können. Die politischen Aktivitäten der Bundesregierung zielten von Anfang an darauf ab, die Alliierte Hohe Kommission zu einer Abtretung ihrer Kompetenzen in der Frage der Eigentumsregelung – ebenso wie in der Frage der technisch-organisatorischen Neuordnung – an die Bundesregierung zu veranlassen. Der Brief Adenauers an die Alliierte Hohe Kommission vom 22. Januar 1950, dem eine abschlägige Antwort zuteil wurde,[20] war in dieser Absicht verfaßt worden. In inhaltlicher Hinsicht strebte die Bundesregierung die Wiederein-

---

[16] NESI, S. 87.

[17] Aufzeichnung über eine Besprechung von A. Schmidt und Grosse (IG Bergbau) mit dem französischen Hohen Kommissar Francois-Poncet und Mitarbeitern am 14. 3. 1950 (ohne Verf.). DGB-Archiv.

[18] Diese m. E. zutreffende Einschätzung herrschte im BWM vor. Vermerk: Regelung der Eigentumsverhältnisse im Kohlenbergbau und in der Eisen- und Stahlindustrie, vom 21. 5. 1950. (Verf.: Sahm, BWM). BA, B 102, 60669.

[19] Schreiben des französischen Außenministers Robert Schuman an Bundeskanzler Adenauer anläßlich der Unterzeichnung des Montanunion-Vertrages vom 18. 4. 1951. BA, B 136, 2475 (Abschrift).

[20] Vgl. dazu Kapitel II, 2 c.

führung privatwirtschaftlicher Eigentumsverhältnisse auf dem Wege des Aktientausches an.[21]

Freilich war sich die Bundesregierung darüber im klaren, daß die „glatte" Lösung des Aktientausches unter den Bedingungen des Jahres 1950 aus innen- und außenpolitischen Gründen nicht erreichbar sein würde.[22] In einem Gespräch mit den Alliierten Hohen Kommissaren am 5. April 1950 lehnte Bundeskanzler Adenauer zwar die gewerkschaftliche Stellungnahme zur Neugestaltung der Grundstoffindustrien vom 29. März 1950,[23] in der eine gemeinwirtschaftliche Lösung der Eigentumsfrage gefordert wurde, als „Zusammenballung wirtschaftlicher Macht in wenigen Händen" und als „völlig undemokratisch" ab und forderte stattdessen den Aktientausch, bot aber andererseits als Zugeständnis gegenüber den alliierten Vorbehalten die „Sicherstellung gewisser Einwirkung des öffentlichen Interesses", den „Einfluß" „öffentlicher Körperschaften" auf die Montanindustrie an.[24]

Genau ein Jahr später, am 5. April 1951, fand das Gespräch Adenauers mit den Hohen Kommissaren statt, das für die Entscheidung zugunsten des Aktientausches eine wichtige Bedeutung hatte. Nach der offiziellen Darstellung des Bundeswirtschaftsministeriums, die nur auf Aussagen Adenauers beruhen kann, wurde der Bundeskanzler von den Hohen Kommissaren gefragt, ob er beabsichtige, gemäß dem Beschluß des Bundestages vom 7. Dezember 1950[25] die Frage der Nationalisierung der Montanindustrie vor den Bundestag zu bringen. Adenauer antwortete darauf, daß „nach seiner Auffassung die Reorganisation des Eigentums nicht mit Nationalisierung identisch sei und er nicht glaube, daß die Mehrheit des Bundestages für eine Nationalisierung sei". Wichtig sei vielmehr, daß „klare Rechtsverhältnisse geschaffen würden, wieder Verantwortlichkeiten bestünden und die Grundlage dafür geschaffen werde, daß die Bundesrepublik neues Kapital für die betroffenen Unternehmen bekomme".[26]

---

[21] Das geht aus verschiedenen Referentenentwürfen des dafür zuständigen BWM hervor; z. B.: „Vermerk betr. Regelung der Eigentumsverhältnisse im Kohlenbergbau und in der Eisen- und Stahlindustrie" (Verf.: Sahm), vom 21. 5. 1950. BA, B 102, 60669. Vgl. dazu auch Kapitel II, 2 d (hier weitere Belege).

[22] In dem BWM-Vermerk vom 21. 5. 1950 heißt es u. a.: Es „muß darauf hingewiesen werden, daß das Aufgreifen der Eigentumsfrage mit dem Sozialisierungs- und Enteignungsproblem zu erheblichen Spannungen auch zwischen den Regierungsparteien führen kann. – Es wird damit gerechnet werden müssen, daß die Gewerkschaften und die SPD diese Frage in den kommenden Monaten in die weiteste Öffentlichkeit tragen und dadurch eine erhebliche Unruhe in die Arbeiterschaft an der Ruhr bringen werden."

[23] Vgl. dazu Kapitel II, Anm. 61.

[24] Kurzprotokoll über eine Besprechung Adenauers mit den Hohen Kommissaren am 5. 4. 1950 (o. Verf.). BA, B 102, 17184[(2)].

[25] S. o., Kapitel V, Anm. 5.

[26] Brief Erhard an Henßler vom 21. 2. 1952. BA, B 102, 60669 (Durchschrift). Dieser Brief ist die offizielle Antwort des BWM auf eine Anfrage, die der Vorsitzende des Bundestagsausschusses gem. Art. 15 GG, Fritz Henßler (SPD), an den Bundeswirtschaftsminister zum Thema „Eigentumsregelung in der Montanindustrie" und speziell zu dem Gespräch Adenauer – AHK vom 5. 4. 1951 gerichtet hatte. Vermutlich wäre dieses Gespräch vom 5. 4. 51 der Öffentlichkeit gar nicht bekannt geworden, wenn es nicht in dem (veröffentlichten) Brief der AHK an Adenauer vom 24. 5. 1951 erwähnt worden wäre.

Adenauers Antwort konnte von den Hohen Kommissaren nur als massives Eintreten für die Wiederherstellung privater Eigentumsverhältnisse auf dem Wege des Aktientausches gewertet werden.[27] Sein Hinweis auf den Kapitalbedarf der Unternehmen stand in unmittelbarem Zusammenhang mit den in diesen Tagen angestellten Überlegungen über eine Investitionshilfe für die Grundstoffindustrien. Die Wiederherstellung privater Eigentumsverhältnisse stellte sich darüber hinaus als unabdingbare Voraussetzung für die Unterstützung des Schumanplans durch den rechten Flügel der CDU und vor allem durch die FDP dar.[28]

Andererseits konnte Adenauer potentieller Kritik vom linken Flügel seiner Partei, von der SPD und den Gewerkschaften am Aktientausch mit dem Hinweis auf die Regelung der paritätischen Mitbestimmung begegnen: Das Montanmitbestimmungsgesetz habe „die Vertretung der öffentlichen Hand und der Gewerkschaften abschließend geregelt", „so daß nicht noch über die Kapitalbeteiligung eine weitere Vertretung in den Organen der Gesellschaften erstrebt werden kann", erklärte der Bundeskanzler in einer Kabinettsitzung, in der es um eine Anfrage der SPD zur Eigentumsregelung ging.[29] In ähnlicher Weise äußerte er sich gegenüber Vertretern der DGB-Führung im September 1951, wobei er die Verantwortung für die Entscheidung über den Aktientausch eindeutig den Alliierten zuschob: Er sei der Auffassung, daß die Mitbestimmung in wesentlichem Umfang nicht aufrechterhalten werden könne, wenn die Sozialisierung durchgeführt werde. Die Gewerkschaften sollten sich deshalb überlegen, ob es für sie nicht besser sei, die Mitbestimmung zu fordern und nicht die Sozialisierung.[30] Der Hinweis auf die die Verfügungsrechte der Anteilseigner angeblich neutralisierende paritätische Mitbestimmung wurde nun immer mehr zu einer ideologischen Waffe der Bundesregierung in ihrem Kampf gegen die Vergesellschaftungsforderungen der Gewerkschaften und der linken Parteien. Allerdings fiel es der Bundesregierung auch verhältnismäßig leicht, ihre Politik durchzusetzen, da die Gegner der Wiederherstellung der alten Eigentumsverhältnisse kein wirksames und einheitliches Gegenkonzept vorweisen konnten.

[27] Denkbar ist auch, daß Adenauer seine Position in Wirklichkeit viel klarer und nachdrücklicher – etwa mit dem Hinweis auf die Möglichkeit des Scheiterns des Schumanplans – formuliert hat, als es der obigen offiziellen Darstellung zu entnehmen ist.

[28] So forderte beispielsweise der FDP-Hauptausschuß in einer Entschließung zur Frage der Ratifizierung des Schumanplans am 24.5.1951, daß „klare privatwirtschaftliche Verantwortlichkeiten geschaffen werden" müßten. Protokoll der Sitzung des Hauptausschusses der FDP vom 24.5.1951. BA, NL Blücher, 231.

[29] Auszug aus einem Protokoll der Kabinettsitzung vom 5.6.1951. BA, B 136, 2459.

[30] Bericht Hans vom Hoffs über die Verhandlungen von DGB-Vertretern mit der Bundesregierung am 4.9.1951. (Als Anlage 4 zum Protokoll der 20. Sitzung des Bundesvorstands des DGB am 10.9.1951. DGB-Archiv.)

2. Die Haltung der Gewerkschaften und der SPD in der Frage der Eigentumsregelung

Die Gegner der Wiederherstellung der alten Eigentumsverhältnisse waren vornehmlich bei den Gewerkschaften, der SPD und der KPD zu suchen. Die KPD brachte im Bundestag am 17. September 1951 zwei Anträge ein, die das Verbot des Aktientausches und die „Enteignung und Überführung der Grundstoffindustrien in die Hand des Volkes" zum Gegenstand hatten. Sie wurden am 11. Oktober 1951 im Bundestag beraten, ohne politische Folgen zu zeitigen.[31] Da die Politik der KPD in keinem Zusammenhang mit der Politik der DGB-Führung stand, soll hier nicht weiter auf sie eingegangen werden. Im Gegensatz dazu läßt sich die Politik der DGB-Führung in der Frage der Eigentumsregelung nur schwer von der Politik der SPD trennen: Schon aufgrund der starken personellen Verbindungen und der programmatischen Übereinstimmungen erscheint es notwendig, neben der Haltung der Gewerkschaften auch die Aktivitäten der SPD in der Sozialisierungsfrage kurz darzustellen.

Die Überführung der Grundstoffindustrien in Gemeineigentum war einer der Grundpfeiler in der wirtschaftspolitischen Programmatik der Gewerkschaften nach 1945. Entsprechende Forderungen enthielten die „Wirtschaftspolitischen Grundsätze" vom Oktober 1949 und die „Vorschläge zur Neuordnung der Grundstoffindustrien" vom März 1950. Konkrete Schritte zur Durchsetzung dieser Forderungen wurden allerdings kaum unternommen. Erst Ende Oktober 1950 legte der DGB-Vorstand einen detaillierten Gesetzentwurf zur Sozialisierung der Kohlenwirtschaft führenden Funktionären der Gewerkschaften zur Diskussion vor.[32] Dieser Entwurf war von Karl Bender, einem gewerkschaftlichen Mitarbeiter in der Stahltreuhändervereinigung, nach Gesprächen mit Erich Potthoff, Heinrich Deist und Viktor Agartz ausgearbeitet worden. Er lehnte sich weitgehend an das – nicht in Kraft getretene – nordrheinwestfälische Kohlensozialisierungsgesetz aus dem Jahr 1948 an und sah die Enteignung aller Bergwerksunternehmen in der Bundesrepublik und ihre Unterstellung unter einen vom Bundestag zu wählenden Kohlenrat vor.

Der Entwurf ging also von einer eigentumsmäßigen Trennung des Kohlenbergbaus von der Eisen- und Stahlindustrie aus. Damit entsprach er der Einschätzung führender mit der Sozialisierungsproblematik beschäftigter Gewerkschafter, wie Potthoff und Agartz, über die politische Durchsetzbarkeit der Sozialisierung: Politisch möglich sei die Sozialisierung des Kohlenbergbaus, im Bereich der Eisen- und Stahlindustrie werde man sich wahrscheinlich mit der Mitbestimmung zufrieden geben müssen.[33] Für diese Beurteilung sprach die Tatsache, daß der Bundestag auf Antrag der CDU/CSU am

---

[31] Bundestagsdrucksachen Nr. 2570 und 2571 vom 17. 9. 1951. Verhandlungen des Deutschen Bundestages. Stenographische Berichte, 1. Wahlperiode, Band 9, 167. Sitzung vom 11. 10. 1951, S. 6858 ff.

[32] „Gesetz über die Sozialisierung der Kohlenwirtschaft" mit Rundschreiben (gez.: vom Hoff) an führende Gewerkschafter vom 25. 10. 1950. DGB-Archiv.

[33] Protokoll (Verf.: Stenzel) über eine Besprechung betr. Kohle-, Eisen- und Stahlneuordnung von Vertretern des DGB, der IG Metall, der IG Bergbau und der STV am 3. 10. 1950. (Stellungnahme Potthoffs in dieser Besprechung) DGB-Archiv.

8. Februar 1950 einen Beschluß gefaßt hatte, der die Bundesregierung aufforderte, einen Gesetzentwurf zur Neuordnung des Kohlenbergbaus vorzulegen.[34] Ein entsprechendes Engagement der CDU/CSU für den Bereich der Eisen- und Stahlindustrie war jedoch nicht sichtbar.

Aufgrund dieser Einschätzung kritisierte Agartz die Wiederherstellung des wirtschaftlichen Verbunds von Kohlenbergbau und Eisen- und Stahlindustrie, wie sie im Oktober und November 1950 im Rahmen der Neuordnungsdiskussionen hauptsächlich von der Bundesregierung und den Vertretern der Altkonzerne gefordert wurde:[35] Wenn ein Teil des Kohlenbergbaus eigentumsrechtlich mit der Eisen- und Stahlindustrie verbunden werde, so habe das zwangsläufig die Rekonstruktion der Altkonzerne und die Verhinderung der Sozialisierung des Kohlenbergbaus zur Folge.[36] Die als Gegenleistung für die paritätische Mitbestimmung erfolgte Zustimmung der DGB-Führung zu den Verbundplänen der Bundesregierung bedeutete – sofern man die Argumentation von Agartz akzeptiert[37] – faktisch den Verzicht der Gewerkschaften auf die Durchsetzung der Sozialisierung des Kohlenbergbaus.

Die von Agartz aufgezeigte Problematik wurde jedoch von den Führungsgremien der betroffenen Gewerkschaften nicht weiter diskutiert. Die DGB-Führung entschloß sich im November 1950, ihre Aktivitäten zunächst ganz auf die Verteidigung der Montanmitbestimmung zu konzentrieren; eine Diskussion über die Sozialisierung schien der Erreichung dieses Zieles eher hinderlich zu sein. Gegenüber der Bundesregierung betonten führende Gewerkschafter, daß es ihnen nur um die Absicherung der paritätischen Mitbestimmung gehe und daß die Frage der Eigentumsverhältnisse nicht zur Diskussion stehe.[38]

Neue Aktivitäten in der Eigentumsfrage entwickelte der DGB erst wieder als Reaktion auf den von der Alliierten Hohen Kommission am 24. Mai 1951 angekündigten Aktientausch. In einem Brief vom 2. Juli 1951 an Bundeskanzler Adenauer protestierte die DGB-Führung gegen diese Entscheidung und bezeichnete sie als Präjudizierung der dem Bundestag vorbehaltenen zukünftigen Eigentumsregelung.[39] Zu wirksamen Protestaktionen kam es jedoch in den folgenden Wochen und Monaten nicht. Am 24. Juli 1951 beschloß der DGB-Bundesvorstand, dem Bundesausschuß wegen der veränderten Situation zu empfehlen, sich für eine Beendigung der Mitarbeit in den im April 1951 neugeschaffenen wirtschaftspolitischen Ausschüssen zu entscheiden.[40] Aufgrund neuer Verhandlungen, die von August bis November 1951 zwischen der Bundesregierung und dem DGB geführt wurden und schließlich scheiterten,[41] folgte der Bundes-

---

[34] NESI, S. 41.

[35] Siehe dazu Kapitel II, 2.

[36] Brief Agartz an Freitag vom 10. 11. 1950 und Agartz an Böckler vom 6. 4. 1950. DGB-Archiv.

[37] Vgl. dazu Kapitel II, Anm. 55.

[38] Vgl. dazu Kapitel III, 4.

[39] Brief des Bundesvorstands des DGB (vom Hoff, Fette) an Adenauer vom 2. 7. 1951. (abschriftlich an die AHK) DGB-Archiv.

[40] Protokoll der 18. Sitzung des Bundesvorstands des DGB am 24. 7. 1951. DGB-Archiv. Zu der Einrichtung dieser Ausschüsse: Kapitel VI, 1.

[41] Siehe dazu Kapitel VI, 2.

ausschuß der Empfehlung des Bundesvorstands erst am 3. Dezember 1951. Zu diesem Zeitpunkt war jedoch die Regierungskoalition schon soweit gefestigt, daß ein Ausstieg des DGB aus den wirtschaftspolitischen Ausschüssen keinerlei Nachteile für sie brachte. Allerdings muß bezweifelt werden, ob die Anwendung gewerkschaftlicher Kampfmittel, auch zu einem früheren Zeitpunkt, mehr Erfolg gehabt hätte. Erneute Auseinandersetzungen um die Montanindustrie wären in der Öffentlichkeit sicherlich auf wenig Verständnis gestoßen, nachdem durch die Regelung der paritätischen Mitbestimmung den Forderungen der Gewerkschaften bereits Genüge getan zu sein schien. Das von der Bundesregierung gebrauchte Argument, daß das Mitbestimmungsrecht die Verfügungsgewalt der Anteilseigner über ihr Kapital neutralisiere, erwies sich als durchaus geeignet, die gewerkschaftlichen Forderungen zur Eigentumsfrage zu diskreditieren.

Einen weiteren Versuch, die Rückgabe der Eigentumsrechte an die alten Besitzer zu verhindern, unternahm der DGB am 11. September 1951. In einem an die Alliierte Hohe Kommission gerichteten Schreiben versuchte die DGB-Führung nachzuweisen, daß der Aktientausch unzweckmäßig und undurchführbar sei und die Wiederherstellung der alten Konzerne ermögliche.[42] Anstelle des Aktientausches schlug die DGB-Führung die Ausgabe von gewinnabhängigen, verzinslichen Obligationen vor, die ihren Inhabern zwar eine Entschädigung, nicht jedoch die Verfügung über Kapital gewähren sollten. Dieser Vorschlag wurde von den Hohen Kommissaren mit einer ähnlichen Begründung zurückgewiesen, wie sie die Bundesregierung bei vergleichbaren Anfragen abgab: Der Aktientausch bedeute keine Präjudizierung der Eigentumsregelung, sondern diene lediglich einer schnelleren Durchführung der Neuordnung.[43]

Als Reaktion auf die Ankündigung des Aktientausches brachte die SPD-Fraktion im Bundestag am 5. Juli 1951 einen Gesetzentwurf ein, der vorsah, daß die treuhänderische Verwaltung der Aktien der neuen Einheitsgesellschaften so lange aufrechterhalten werden sollte, bis ein deutsches Gesetz über die Regelung der Eigentumsverhältnisse in Kraft getreten wäre.[44] Dieser Entwurf wurde am 9. Juli 1951 ohne Beratung an den „Ausschuß gemäß Artikel 15 des Grundgesetzes" überwiesen.[45] Von diesem Ausschuß, dessen Vorsitzender der SPD-Experte für Fragen der Sozialisierung, Fritz Henßler, war, wurden fünf Fragen formuliert, die sich auf die Rolle der Bundesregierung bei der Regelung der Eigentumsverhältnisse bezogen. Sie wurden am 25. September 1951 an Bundeswirtschaftsminister Erhard übermittelt.[46] In seinem Antwortschreiben, das vorher im Bundeskabinett besprochen worden war, versuchte das Bundeswirtschaftsministerium, den Aktientausch als alleinige Angelegenheit der Alliierten darzu-

---

[42] Vgl. NESI, S. 103 f.
[43] Vgl. auch E. Schmidt: Die verhinderte Neuordnung, S. 180 f.
[44] Bundestagsdrucksache Nr. 2424 vom 5. 7. 1951.
[45] Verhandlungen des Deutschen Bundestages, Stenographische Berichte, 1. Wahlperiode, Band 8, 158. Sitzung vom 9. 7. 1951, S. 6296.
[46] Das geht aus dem Antwortschreiben Erhards an Henßler vom 21. 2. 1952 hervor. BA, B 102, 60669. (Durchschrift).

stellen.[47] Zugleich gab das Ministerium unverblümt zu, daß die Bundesregierung in der Frage der Sozialisierung keinerlei Schritte unternehmen wolle, da das Mitbestimmungsgesetz eine „weitgehende Übertragung der aus dem Eigentum fließenden Herrschaftsbefugnisse auf die Arbeitnehmer" bewirkt habe. Wörtlich hieß es weiter in dem Brief: „Das Recht, diese Befugnisse auszuüben, ist von größerer Bedeutung als der formelle Rechtstitel. Die Bundesregierung möchte deshalb zunächst die Durchführung des Gesetzes über die Mitbestimmung und ihre Ergebnisse in der Praxis abwarten, bevor weitere grundlegende Entscheidungen getroffen werden." Diese Antwort konnte die SPD-Ausschußmitglieder in keiner Weise zufriedenstellen.[48] Bemerkenswert war auch die Tatsache, daß die Beantwortung dieses Briefes, trotz Mahnung,[49] erst nach fünf Monaten, am 21. Februar 1952, erfolgte. Die Bundesregierung gewann damit Zeit; dadurch blieben ihr im Zusammenhang mit der Ratifizierung des Montanunion-Vertrages (am 11. Januar 1952) mögliche unangenehme Fragen durch die Opposition erspart. Außerdem konnte die Alliierte Hohe Kommission in der Zwischenzeit weitere Verordnungen über die genaueren Modalitäten des Aktientausches erarbeiten, die die Entscheidung über die Wiederherstellung der alten Eigentumsverhältnisse faktisch zementierten. Angesichts dieser Situation erschien es Fritz Henßler nicht mehr sinnvoll, die Frage der Eigentumsregelung weiterhin im Ausschuß zu behandeln.[50] Stattdessen schlug er vor, die zu dieser Zeit in Diskussion befindliche Sozialisierungsvorlage der SPD in den Bundestag zu bringen. Doch auch dieses Vorhaben scheiterte, da sich die Sozialisierungsfachleute der SPD nicht einigen konnten und da es seitens der Gewerkschaften, die dieses Problem für nicht so dringlich erachteten, Einwände gab.[51]

So konnte die Rückgabe des unter Treuhandverwaltung gestellten Eigentums an die Altbesitzer schließlich unter weitgehender Ausschaltung des Bundestages und ohne wirksame Gegenwehr der Gewerkschaften und der SPD erfolgen.

---

[47] Ebenda.
[48] Brief Henßler an Mellies vom 18. 6. 1952. Archiv der sozialen Demokratie (AsD), NL Henßler, 52 (Durchschrift). Mellies gehörte 1951/52 zum engeren Mitarbeiterkreis Schumachers. Er war 1948 Abgeordneter im Frankfurter Wirtschaftsrat, ab 1949 MdB, ab September 1952 stellvertretender Vorsitzender der SPD sowie stellvertr. Vors. der Bundestagsfraktion.
[49] Brief Henßler an Erhard vom 6. 12. 1951. BA, B 102, 60669.
[50] Brief Henßler an Mellies vom 18. 6. 1952, a. a. O.
[51] Ebenda.

VI. Die Montanmitbestimmung und ihre Folgen: Zum Verhältnis von DGB und Bundesregierung zwischen der Verabschiedung des Montanmitbestimmungsgesetzes und des Betriebsverfassungsgesetzes (Frühjahr 1951 bis Sommer 1952)

Wie in den vorausgegangenen Kapiteln ausgeführt wurde, stand die gesetzliche Absicherung der paritätischen Mitbestimmung in der Montanindustrie in engem Zusammenhang mit der Unterstützung der Außen- und Verteidigungspolitik der Bundesregierung durch den DGB; außerdem trug die Ausblendung der Eigentumsfrage aus dem Spektrum der gewerkschaftlichen Mitbestimmungspolitik dazu bei, daß die alten Eigentumsstrukturen in der Montanindustrie verhältnismäßig rasch und reibungslos wiederhergestellt werden konnten. Im folgenden soll der Frage nachgegangen werden, inwieweit durch die gesetzliche Regelung der Montanmitbestimmung bereits die Niederlage bei der Verabschiedung des Betriebsverfassungsgesetzes vorprogrammiert war.

1. Die Politik der konstruktiven Zusammenarbeit des DGB mit der Bundesregierung und die ersten Anzeichen ihres Scheiterns (März bis Juli 1951)

Die Einigung über die gesetzliche Verankerung der Montanmitbestimmung verstärkte bei der DGB-Führung die Bereitschaft, auch bei der Lösung der anstehenden wirtschafts- und gesellschaftspolitischen Probleme mit der Bundesregierung konstruktiv zusammenzuarbeiten. Adenauers Eintreten für die Beibehaltung der Montanmitbestimmung hatte nach Auffassung führender Gewerkschafter gezeigt, daß die Bundesregierung längerfristig an einem Burgfrieden mit den Gewerkschaften interessiert und deshalb bereit war, weiteren gewerkschaftlichen Forderungen, insbesondere auf dem Gebiet der Mitbestimmung, entgegenzukommen. Auch aus einem anderen Grund schien diese Einschränkung realistisch zu sein: Die Wirtschaftspolitik der Bundesregierung befand sich in den ersten Monaten des Jahres 1951 in einer offensichtlichen Krise. Im Bereich der Grundstoffindustrien (Kohle, Eisen und Stahl, Energie) traten zeitweilig erhebliche Kapazitätsengpässe auf. Diese waren einerseits die Folge der durch den Korea-Boom international gestiegenen Nachfrage nach Eisen- und Stahlprodukten, andererseits war die Investitionstätigkeit in diesen Industriezweigen vergleichsweise zurückgeblieben, da die zum großen Teil noch bestehenden alliierten Beschränkungen sowie die Preisbindung bei den Grundstoffen eine Selbstfinanzierung weitgehend unmöglich machten. In den Monaten Februar und März 1951 wurden von verschiedenen gesellschaftlichen Gruppen, von Parteien und seitens der Bundesregierung Pläne für eine Investitionshilfe erarbeitet und in der Öffentlichkeit diskutiert.[1]

---

[1] Heiner R. Adamsen: Investitionshilfe für die Ruhr: Wiederaufbau, Verbände und Soziale Marktwirtschaft 1948–1952. Wuppertal 1981, S. 111 ff.

Eine erhebliche Bedeutung in dieser krisenhaften Situation mußte dabei dem Verhalten der Gewerkschaften zugemessen werden.

Der DGB legte am 12. März 1951 seine „Forderungen zur Wirtschaftspolitik" vor, die ein Wirtschaftsprogramm darstellten.[2] Im Mittelpunkt stand die Forderung nach umfassender Planung und Lenkung der Investitionen, abgelehnt wurde eine Beschränkung des Konsums und die Aufhebung der Preisbindung im Bereich der Grundstoffindustrien. Insgesamt dokumentierten die Forderungen die Veränderung der kritischen Position des DGB „von einer grundsätzlichen Kritik an der neuen Wirtschaftsverfassung Westdeutschlands zu einer internen Kritik".[3] An die Stelle einer Neuordnungskonzeption, wie sie sich im DGB-Gründungsprogramm vom Oktober 1949 in den Forderungen nach Überführung der Schlüsselindustrien in Gemeineigentum und nach volkswirtschaftlicher Gesamtplanung ausdrückte, traten nun einzelne radikal zu nennende Forderungen (wie z. B. das Verlangen nach Investitionslenkung), die mit dem bestehenden Wirtschaftssystem nicht vereinbar waren. Diese Tendenz kann als „Rückzug der gewerkschaftlichen Planungsvorhaben auf volkswirtschaftliche Kernbereiche" gewertet werden.[4] Mit dieser vergleichsweise pragmatischen Ausrichtung wollte sich der DGB ein theoretisches Fundament schaffen, von dem aus eine konkrete Einwirkung auf die im Entstehungsstadium befindlichen Investitionspläne der Bundesregierung möglich erschienen.

Zu einer Einschaltung von Gewerkschaftsvertretern bei den Vorüberlegungen über die Investitionshilfe kam es jedoch nicht. Stattdessen mußten die DGB-Vertreter auf dem von Bundeskanzler Adenauer initiierten „Wirtschaftsgipfel" am 9. April 1951, einem Treffen von Vertretern der Regierung, der Unternehmerverbände und der Gewerkschaften, überrascht feststellen, daß sich bereits am Vortag die Spitzenverbände der Wirtschaft und Bundeswirtschaftsminister Erhard auf einen Sieben-Punkte-Vorschlag geeinigt hatten, der in seinen wesentlichen Grundzügen ihren Vorstellungen entsprach.[5] Grundgedanke dieses Vorschlages war eine Selbsthilfeaktion der Wirtschaft für die Engpaßbereiche: Die Investitionen der Grundstoffindustrien sollten mit Hilfe eines Zwangsumlageverfahrens zu Lasten anderer gewerblicher Investitionen (hauptsächlich im Bereich der verarbeitenden Industrie) gefördert werden; auf eine zusätzliche Konsumbelastung und auf die Aufhebung der Preisbindung in den Grundstoffindustrien sollte verzichtet werden. Auf diese Weise konnte eine privatwirtschaftliche Investitionslenkung betrieben werden, die den volkswirtschaftlichen Bedürfnissen entsprach und den Staat heraushielt.[6] Die Gewerkschaftsvertreter hatten gegen den Sieben-Punkte-Vorschlag keine sachlichen Gründe anzuführen; sie erklärten, sie fänden „alles beachtlich" und hofften, „daß es nicht nur ein ‚Strohfeuer' sei".[7] Mit dem Sieben-

---

[2] Abgedruckt in: Informations- und Nachrichtendienst der Bundespressestelle des DGB II (1951, 1. Teil), S. 108 ff. Vgl. dazu auch Pirker: Die blinde Macht, 1. Teil, S. 205 ff.

[3] Pirker, ebenda, S. 207.

[4] Adamsen: Investitionshilfe, S. 144.

[5] Ebenda, S. 158.

[6] Ebenda, S. 154 f.

[7] Ebenda, S. 158.

Punkte-Vorschlag gelang es der Bundesregierung, gemeinsam mit den Spitzenverbänden der Wirtschaft die Initiative in der Wirtschaftspolitik zurückzugewinnen, die ihr, wie die Auseinandersetzungen um die Montanmitbestimmung gezeigt hatten, zeitweilig entglitten war.

Als Ergebnis des „Wirtschaftsgipfels" vom 9. April 1951 wurden auf Initiative des Bundeskanzlers paritätisch besetzte Ausschüsse für Löhne und Preise, Investitionen und für Export (die sogenannten Bundeskanzlerausschüsse) zur weiteren gemeinschaftlichen Bearbeitung dieser Probleme gebildet.[8] Bundeskanzler Adenauer kam damit den gewerkschaftlichen Forderungen, auf verschiedenen Ebenen der Wirtschaft gleichberechtigt mitbestimmen zu können, ein Stück weit entgegen. Allerdings mußte sich erst in der Zukunft erweisen, inwiefern die Gewerkschaften durch die Mitarbeit in diesen Gremien überhaupt Einfluß auf die Wirtschaftspolitik der Bundesregierung ausüben konnten. Zunächst jedoch war der mit der Einigung über die gesetzliche Verankerung der Montanmitbestimmung geschlossene „Burgfrieden" zwischen DGB und Bundesregierung sichtbar bekräftigt worden; die DGB-Führung fühlte sich an den wichtigeren wirtschaftspolitischen Entscheidungen beteiligt.

Hinsichtlich der Durchsetzung der Forderung nach Ausweitung der paritätischen Mitbestimmung auf andere Industriezweige waren die meisten der führenden Gewerkschafter in dem Zeitraum von April bis Juni 1951 betont optimistisch. In der Sitzung des DGB-Bundesausschusses am 16. April 1951 wurde noch einmal der Geist des im Februar 1951 verstorbenen Hans Böckler beschworen: Die Montanmitbestimmung sei nur als Beginn für weitere Mitbestimmungsregelungen anzusehen, nun müßten entsprechende Vereinbarungen bei der chemischen Industrie und der Bundesbahn folgen. Politische Gegenkräfte wurden dabei weitgehend ignoriert: „Auslassungen führender Politiker der CDU und FDP, wonach ein gleiches Gesetz für andere Industrien nicht infrage kommt, werden lediglich zur Kenntnis genommen", hieß es dazu in dem Protokoll dieser Sitzung.[9]

Eine ähnliche hoffnungsvolle Grundstimmung herrschte auch auf dem DGB-Bundeskongreß am 22. und 23. Juli 1951 in Essen, auf dem Christian Fette zum Nachfolger Böcklers gewählt wurde. In seiner Schlußansprache bezeichnete Fette, ganz in der Tradition Hans Böcklers, die Ausdehnung der Mitbestimmung auf die Großchemie und die Bundesbahn als vordringliche gewerkschaftliche Forderung.[10] Zu diesem Zweck sollten die in Hattenheim abgebrochenen Gespräche erneut in Gang gebracht werden. Verlauf und Ausgang solcher Verhandlungen seien wesentlich von der Einsicht und vom guten Willen der Unternehmervertreter abhängig. Fette unterschied dabei, ähnlich wie führende Gewerkschaftler bereits 1948/50[11], zwischen uneinsichtigen und kooperationsbereiten Unternehmervertretern: „Setzt sich auf der Gegenseite der

---

[8] Ebenda, S. 157 ff.

[9] Protokoll des zweiten Teils der 6. Sitzung des Bundesausschusses des DGB am 16.4. 1951. DGB-Archiv.

[10] Rede Fettes abgedruckt in: Informations- und Nachrichtendienst der Bundespressestelle des DGB II (1951, 1. Teil), S. 185 ff.

[11] Vgl. dazu Kapitel II, 1 a.

Geist eines Herrn Vogel durch, werden schwere Auseinandersetzungen einfach unvermeidbar sein. Siegt jedoch der Geist eines Dr. Raymond, sehe ich die Möglichkeit zu einer vernünftigen Zusammenarbeit, bei der die Gleichberechtigung zwischen Kapital und Arbeit zumindest die gebotene Anerkennung findet."[12] Insgesamt ließ die Rede Fettes erkennen, daß der neue Vorsitzende des DGB gewillt war, den von seinem Vorgänger eingeschlagenen Weg der Verhandlungen und der Zusammenarbeit mit der Bundesregierung und mit den „progressiven" Unternehmern weiterhin zu gehen.

Eine härtere Haltung in der Mitbestimmungsfrage nahm der Vorsitzende der IG Chemie, Papier, Keramik, Wilhelm Gefeller, ein. Er gab seiner Enttäuschung Ausdruck, daß die paritätische Mitbestimmung in den unter das alliierte Entflechtungsgesetz Nr. 35 fallenden Werken des IG Farben-Konzerns sowie der Kohlechemie „in den Januar- und Februartagen nicht gleich miterledigt werden konnte".[13] Gefeller forderte alle gewerkschaftlichen Organisationen auf, sich für die Mitbestimmung in der chemischen Industrie einzusetzen: „Denn die Lösung der Frage des Mitbestimmungsrechtes in der chemischen Industrie ist nicht eine Frage dieser Industrie allein, sondern sie ist der akute Anlaß zum Weiterführen der Mitbestimmung in der gesamten deutschen Industrie."[14] Auf Initiative der IG Chemie nahm der DGB-Bundeskongreß einstimmig eine Entschließung an, die den Bundesvorstand beauftragte, „wegen der Dringlichkeit der Angelegenheit alle geeigneten Schritte zur Durchsetzung des Mitbestimmungsrechtes in den Werken der chemischen Industrie, die unter das Gesetz Nr. 35 fallen, in den Werken der Kohlechemie und bei der Bundesbahn zu übernehmen."[15] Damit waren zwar die Ziele gewerkschaftlicher Mitbestimmungspolitik genannt, die Wahl geeigneter Strategien blieb jedoch der DGB-Führung überlassen. Einen konkreten Vorstoß in diese Richtung hatte die DGB-Führung bereits Anfang Juni unternommen. In einem Schreiben an Bundeskanzler Adenauer vom 5. Juni 1951 forderte der Bundesvorstand des DGB die „weitere Ausdehnung des Mitbestimmungsrechts auf betrieblicher und überbetrieblicher Ebene", vor allem für die chemische Industrie und die Bundesbahn. Der Bundeskanzler selbst wurde gebeten, seinen Einfluß zugunsten einer entsprechenden gesetzlichen Regelung geltend zu machen.[16] Dieses Schreiben wurde in der Kabinettsitzung am 12. Juni 1951 behandelt; dabei zeigte sich – wie aus einem vorbereitenden Vermerk des Mitbestimmungsreferenten im Bundeskanzleramt hervorging[17] –, daß die Bundesregierung nicht gewillt war, dem DGB noch irgendwelche relevanten Zugeständnisse in der Mitbestimmungsfrage zu machen. In dem Vermerk hieß es: „Das Schreiben des DGB erweckt aber den Eindruck, als ob es den DGB gar nicht an der baldigen Verabschiedung des Betriebsverfassungsgesetzes, sondern viel-

[12] Informations- und Nachrichtendienst der Bundespressestelle des DGB II (1951, 1. Teil), S. 186.

[13] Auszug aus der Rede Gefellers in: BA, B 136, 726. Zu Gefellers Haltung zu den Montanmitbestimmungsverhandlungen im Januar 1951 vgl. Kapitel III, 4.

[14] Auszug aus der Rede Gefellers in: BA, B 136, 726.

[15] Abgedruckt in: Informations- und Nachrichtendienst der Bundespressestelle des DGB II (1951, 1. Teil), S. 195.

[16] Schreiben Föcher, Reuter (DGB-Bundesvorstand) an Adenauer vom 5. 6. 1951. BA, B 136, 720.

[17] Vermerk Petz (BK) vom 7. 6. 1951. BA, B 136, 720.

mehr an der Ausdehnung des Mitbestimmungsrechts in Kohle und Eisen auf die Chemie und die Bundesbahn gelegen wäre [sic!]. Das widerspräche allen getroffenen Abreden und müßte wohl abgelehnt werden." Daß das Bundeskabinett diese Auffassung teilte, verdeutlichte eine diesem Vermerk nachträglich hinzugefügte Notiz: „Behandelt in der Kabinettsitzung am 12. 6. 1951. Sonderregelung nur für Kohle und Eisen."[18] Die Bundesregierung interpretierte die von Böckler in den Verhandlungen vom Januar 1951 anerkannte Beschränkung der paritätischen Mitbestimmung auf den Montanbereich als endgültigen Verzicht der Gewerkschaften auf weitergehende Regelungen. Zunächst allerdings vermied sie eine klare Frontstellung gegenüber dem DGB, vermutlich um eine mögliche Radikalisierung kurz vor dem geplanten DGB-Bundeskongreß zu verhindern. Ihre intransigente Haltung demonstrierten Bundesregierung und Koalitionsparteien bei der Verabschiedung des Bundesbahngesetzes am 6. Juli 1951. Dieses Gesetz enthielt weder eine den Gewerkschaften ausreichend erscheinende Mitbestimmung im Verwaltungsrat, noch die Einführung eines Arbeitsdirektors im Vorstand. Als besondere Brüskierung mußte vor allem der Zeitpunkt der Verabschiedung des Gesetzes angesehen werden: Obwohl der DGB-Spitze vom Fraktionsvorsitzenden der CDU/CSU, Heinrich von Brentano, eine Verschiebung der 3. Lesung zugesagt worden war, um den Spitzenfunktionären des DGB, die sich beim Weltkongreß des Internationalen Bundes Freier Gewerkschaften in Mailand aufhielten, Gelegenheit zur Stellungnahme zu geben, fand diese doch zum ursprünglichen Termin am 6. Juli 1951 statt.[19]

Auch bei der Neuordnung der Eisen- und Stahlindustrie und des Kohlenbergbaus zeigte sich in den Monaten Juni und Juli 1951 immer deutlicher, daß unter dem Einfluß der Bundesregierung und der Unternehmerseite Entscheidungen fielen, die den gewerkschaftlichen Vorstellungen zuwiderliefen:

– Die vom DGB gewünschte und in den Neuordnungsplänen der Deutschen Kohlenbergbau-Leitung ebenfalls vorgesehene Einbeziehung der Kohlengesellschaften der Liste C des alliierten Gesetzes Nr. 27 in die Neuordnung der Montanindustrie wurde von den Alliierten, der Bundesregierung und den Altkonzernen abgelehnt. Die Gewerkschaften interpretierten dies als eine Absage an die von ihnen geforderte umfassende Neuordnung der Grundstoffindustrien.[20]

– Inzwischen war auch in der Öffentlichkeit bekannt geworden, daß die Alliierten nach Absprache mit Bundeskanzler Adenauer die Ausgabe von Aktien der neugebildeten Einheitsgesellschaften an die alten Eigentümer verfügt hatten. Dies bedeutete

---

[18] Ebenda. Die hinzugefügte Notiz stammt vom 13. 6. 1951. Aufschlußreich sind in diesem Zusammenhang die engen Kontakte des Mitbestimmungsreferenten im BK, Dr. Petz, mit Dr. Kettner von der Bundesvereinigung der Arbeitgeberverbände in Wiesbaden. Petz stellte Kettner umgehend eine Abschrift des DGB-Schreibens vom 5. 6. 51 mit der „Bitte um vertrauliche Behandlung" zur Verfügung. Schreiben Petz (BK) an Kettner (BDA) vom 8. 6. 1951. BA, B 136, 720.

[19] Pirker: Die blinde Macht, 1. Teil, S. 218 ff und Informations- und Pressedienst der Bundespressestelle des DGB II (1951, 2. Teil), S. 18 f.

[20] Aktennotiz (Verf.: Stenzel, DGB) vom 23. 7. 1951 über eine Besprechung von Gewerkschaftsvertretern mit dem amerikanischen Hohen Kommissar McCloy am 20. 7. 1951 zur Durchführung der Gesetze Nr. 27 und 35. DGB-Archiv.

nach Auffassung des DGB eine Präjudizierung der der deutschen Gesetzgebung vorbehaltenen Eigentumsregelung.[21]

— Darüberhinaus mehrten sich nach Auffassung des DGB die Anzeichen, daß die Unternehmerseite alles versuchte, um die Aufsichtsräte der neuen Montangesellschaften „mit Repräsentanten der alten Konzernpolitik" zu besetzen, die damit wieder ihren durch die Entflechtung zeitweilig verlorenen „entscheidenen Einfluß" zurückgewinnen würden. Dies jedoch – so die Stellungnahme des DGB – widerspräche dem Willen der Neuordnung.[22]

Auf diese für die Gewerkschaften seit Anfang Juli 1951 sichtbar negativ verlaufene Entwicklung reagierte der DGB-Bundesvorstand am 24. Juli 1951. Er empfahl dem Bundesausschuß des DGB, sich in seiner nächsten Sitzung – vorgesehen war Mitte August – für eine Beendigung der Mitarbeit in den wirtschaftspolitischen Ausschüssen zu entscheiden. Daß der Bundesausschuß die endgültige Entscheidung treffen sollte, geschah, um „die große Bedeutung des Beschlusses zu unterstreichen".[23] Gleichzeitig verabschiedete der Bundesvorstand eine Stellungnahme „zur wirtschaftspolitischen Situation", in der die Wirtschafts- und Gesellschaftspolitik der Bundesregierung fundamental kritisiert wurde und entsprechende Änderungen gefordert wurden.[24] Im Vergleich mit den vier Wochen vorher auf dem DGB-Kongreß in Essen verabschiedeten Entschließungen zeichnete sich diese Stellungnahme durch einen aggressiveren Grundton aus.

Der DGB-Bundesvorstand wollte mit seinem Beschluß einen „Warnschuß" in Richtung Bundesregierung abgeben.[25] Wie einige Kollegen, namentlich der Vorsitzende der IG Bergbau, August Schmidt, in der Sitzung des DGB-Bundesvorstandes äußerten, sollte die Bundesregierung veranlaßt werden, die Gewerkschaften zu erneuten Verhandlungen über die Neuordnung der Wirtschaft zu rufen.[26] Ob durch diesen Beschluß allerdings überhaupt wirksamer Druck auf die Bundesregierung ausgeübt und was von neuen Verhandlungen erwartet werden konnte, darüber wurde vom DGB-Bundesvorstand nicht diskutiert. Zweifel an der Wirksamkeit des Beschlusses mußten nämlich insofern berechtigt erscheinen, als die Gewerkschaften über die Mitarbeit in den wirtschaftspolitischen Gremien ohnehin kaum wirksamen Einfluß auf die Wirtschaftspolitik der Bundesregierung ausüben konnten. In einem internen Diskussionspapier des DGB wurde das Dilemma der „konstruktiven Mitarbeit" des DGB zutreffend beschrieben: „Die Gewerkschaften haben mehr als einmal bewiesen, daß sie sich

21 So die Kritik des DGB-Bundesvorstandes in seiner am 24.7. 1951 herausgegebenen Erklärung „DGB zur wirtschaftspolitischen Situation". Abgedruckt in: Informations- und Nachrichtendienst der Bundespressestelle des DGB III (1951, 2. Teil), S. 39 ff.

22 Ebenda.

23 Protokoll der 18. Sitzung des Bundesvorstandes des DGB am 24.7. 1951. DGB-Archiv.

24 „DGB zur wirtschaftspolitischen Situation", in: Informations- und Nachrichtendienst der Bundespressestelle des DGB III (1951, 2. Teil), S. 39 ff.

25 Das geht aus einer handschriftlichen Aufzeichnung (o. Verf.) über eine Vorbesprechung der Stellungnahme des DGB-Bundesvorstandes vom 24.7. 1951 hervor. DGB-Archiv. Vor allem Potthoff und Deist plädierten für einen „Warnschuß".

26 Protokoll der 18. Sitzung des Bundesvorstandes des DGB am 24.7. 1951. DGB-Archiv.

für die deutsche Wirtschaft in der Gesamtheit verantwortlich fühlen, sie haben sich daher immer wieder zur Mitarbeit bereit gefunden. [...] Inzwischen mußten die Gewerkschaften immer mehr die Überzeugung gewinnen, daß sie in immer größerem Umfang in Gremien zu Beratungen herangezogen werden, die tatsächlich keine große Bedeutung haben. Die entscheidenden Verhandlungen werden in anderen Gremien – und zwar ohne Beteiligung der Gewerkschaften – geführt."[27]

2. Die Phase des aufgeschobenen Konfliktes: Erneute Verhandlungen zwischen DGB und Bundesregierung (August bis Dezember 1951)

Aufgrund des Beschlusses des DGB-Vorstands vom 24. Juli 1951 kam es am 8. und 9. August zu neuen Verhandlungen zwischen führenden Gewerkschaftern und Bundeskanzler Adenauer auf dem Bürgenstock, dem Schweizer Erholungsort des Kanzlers. Offensichtlich wollte Adenauer in einer Situation, in der wichtige politische Entscheidungen, wie der Schumanplan und die Wiederbewaffnung, noch nicht durchgestanden waren, eine Radikalisierung des DGB vermeiden, zumindest aber eine Verschiebung der drohenden Auseinandersetzungen erreichen.[28]

Über die Zweckmäßigkeit solcher Verhandlungen gab es innerhalb der Bundesregierung und der sie tragenden Parteien unterschiedliche Auffassungen. Für die FDP warnte Vizekanzler Blücher in einem in der Presse veröffentlichten Telegramm den Bundeskanzler davor, irgendwelche politischen Bindungen gegenüber dem DGB einzugehen, die von der FDP nicht mitgetragen werden könnten und deshalb zum Bruch der Regierungskoalition führen könnten. „Bin in keiner Weise von der Möglichkeit überzeugt, daß gestrige Verhandlungspartner [die DGB-Führung] in dem von Ihnen gewünschten Sinn eingefangen werden können", hieß es in dem Telegramm, das bei Adenauer, der CDU/CSU und den Gewerkschaftsvertretern erhebliche Verärgerung und Unruhe hervorrief.[29] In seinem in scharfem Ton gehaltenen Antwortbrief vom 13. August 1951 bezog sich Adenauer auf die Besprechungen mit den DGB-Vertretern. Er bestätigte darin indirekt, daß er die Besprechungen in erster Linie aus taktischen Erwägungen geführt habe und daß von substanziellen Zugeständnissen gegenüber dem DGB nicht die Rede sein konnte: „Durch Ihre Verlautbarung ist in weitesten deutschen Kreisen eine Beunruhigung und Aufregung entstanden, die völlig unbegründet ist. Inzwischen wird Sie Herr Staatssekretär Lenz, der an den Verhandlungen von Anfang bis Ende teilgenommen hat, unterrichtet haben. Sie werden dann sehen, wie unrichtig Sie die ganze Situation beurteilt haben."[30]

Adenauer und Blücher waren sich also in der Zielsetzung ihrer Politik gegenüber dem

---

[27] „Die Forderungen der Gewerkschaften im einzelnen" (o. Verf.), wahrscheinlich als Diskussionspapier im Vorfeld des Beschlusses vom 24.7.1951 konzipiert. DGB-Archiv.

[28] So auch Pirkers Urteil. Pirker: Die blinde Macht, 1. Teil, S. 222.

[29] Wortlaut des Telegramms vom 9.8.1951 abgedruckt in: Informations- und Nachrichtendienst des DGB III (1951, 2. Teil), S. 64 f.

[30] Brief Adenauer an Blücher vom 13.8.1951. BA, NL Blücher, 79. Vgl. dazu Kapitel III, Anm. 44.

DGB weitgehend einig: Die vom DGB geforderte Mitbestimmung in anderen Industriezweigen nach dem Modell der Montanindustrie sollte verhindert und der Einfluß der Gewerkschaften in den einzelnen Betrieben sowie auf den gesamtwirtschaftlichen Ablauf möglichst klein gehalten werden. Unterschiede bestanden jedoch in taktischer Hinsicht. Die FDP war nicht bereit, mit dem DGB zu verhandeln und demonstrierte bei zahlreichen Gelegenheiten – z. B. in Reden ihrer Minister – ihre unnachgiebige Haltung.[31] Adenauer dagegen wollte den DGB „bei der Stange halten"; er präsentierte sich den Gewerkschaften als Vermittler zu den konservativen Kräften in der Regierung und im Unternehmerlager und scheute sich nicht vor Zusagen in Fragen von untergeordneter Bedeutung.

In den Verhandlungen auf dem Bürgenstock gelang es Adenauer, diese Rolle gegenüber den gewerkschaftlichen Vertretern überzeugend zu spielen. In einem vertraulichen Rundschreiben an die Spitzenfunktionäre des DGB äußerten sich Fette und vom Hoff über die Verhandlungen mit dem Bundeskanzler optimistisch.[32] Gleich zu Beginn der Verhandlungen habe der Bundeskanzler einige konkrete Angebote an den DGB gemacht, „um die Bereitschaft der Bundesregierung zu einer ersprießlichen Zusammenarbeit mit dem DGB zu unterstreichen",[33] so z. B. „einige leitende Gewerkschafter als Beamte in das Bundeswirtschaftsministerium zu nehmen". „Wir haben den Eindruck gewonnen, daß wir beim Eingehen auf solche Forderungen auch die Position eines Staatssekretärs bekommen könnten", hieß es nicht ohne Stolz in dem Rundschreiben. Ferner habe Adenauer die Einrichtung eines wirtschaftspolitischen Gremiums vorgeschlagen, das seiner regelmäßigen Beratung dienen sollte. Dieses Gremium sollte aus 12 bis 16 Mitgliedern, davon zwei Gewerkschaftern, allesamt parteipolitisch neutral, bestehen. Auch in der Frage des überbetrieblichen Mitbestimmungsrechts habe der Kanzler seine Bereitschaft zum Entgegenkommen gezeigt: Neben der Errichtung eines auf 60 Personen begrenzten Bundeswirtschaftsrates habe der Kanzler eine „Mitwirkung der Arbeitnehmer" auf regionaler Ebene (Industrie- und Handelskammern bzw. Wirtschaftskammern) in Aussicht gestellt.

Aufgeschlossen zeigte sich der Kanzler nach Darstellung des DGB auch gegenüber den meisten Kritikpunkten, die in der Stellungnahme vom 24. Juli 1951 genannt wor-

---

[31] Im o. g. Brief kritisierte Adenauer eine Rede Blüchers: „Bei dieser Gelegenheit glaube ich, Ihnen mitteilen zu müssen, daß die Rede, die Sie vor einiger Zeit in Münster über das Mitbestimmungsrecht in Kohle und Eisen gehalten haben [. . .] für meine Partei geradezu beleidigend war. [. . .] Wenn drei Parteien zu einer Koalition zusammengeschlossen sind, so muß sich die Kritik an der Haltung des anderen Koalitionspartners doch in angemessenen Grenzen halten." Vgl. dazu auch die Berichte des DGB in diesen Monaten über antigewerkschaftliche Reden einzelner FDP-Bundesminister, besonders von Justizminister Dehler.

[32] Vertrauliches Rundschreiben des Bundesvorstands des DGB (gez.: Fette, vom Hoff) an die Mitglieder des Gesamtvorstands und die Landesbezirksleiter vom 10. 8. 1951 über die Verhandlungen mit dem Bundeskanzler. DGB-Archiv (vervielf.).

[33] Ebenda. Dabei bleibt in dem Rundschreiben unklar, was unter „Forderungen", auf die die Gewerkschaften eingehen müßten, zu verstehen war. Wahrscheinlich war damit gemeint, daß sich der DGB weiterhin auf eine konstruktive Zusammenarbeit mit der Bundesregierung einlassen sollte. (Die folgenden Zitate sind, soweit nicht gesondert gekennzeichnet, diesem Rundschreiben entnommen.).

den waren: So habe er sich der Auffassung des DGB angeschlossen, daß die Bestellung der Aufsichtsräte nach dem Montanmitbestimmungsgesetz nur im „Geiste der Verhandlungen" vom Januar, also im Einverständnis beider Seiten, geschehen solle. Hier hatte es in einigen Fällen Unstimmigkeiten über die Wahl des „11. Mannes" gegeben, da die Anteilseigner versucht hatten, durch formaljuristische Tricks den von ihnen favorisierten Kandidaten durchzusetzen. Eine weniger positive Resonanz fand bei Adenauer die Forderung des DGB, die paritätische Mitbestimmung auch bei den Nachfolgeunternehmen des IG-Farben-Konzerns einzuführen. Hier reagierte Adenauer ausweichend und verwies auf die Zuständigkeit der einzelnen Bundestagsfraktionen.[34] Charakteristisch für Adenauers Geschick, die Verantwortung für wichtige politische Ereignisse auf andere Instanzen abzuwälzen und mögliche Widerstandspotentiale durch die Betonung gemeinsamer Interessen in Fragen untergeordneter Bedeutung zu kanalisieren, war die Behandlung der von den DGB-Vertretern aufgeworfenen Frage nach dem von den Alliierten angeordneten Aktientausch in den Grundstoffindustrien. Dazu erklärte Adenauer, er stimme mit den Gewerkschaften darin überein, daß durch den Aktientausch nicht eine Situation entstehen dürfe, die ein Weiterbestehen der alten Konzerne bedeuten würde. Er schlage deshalb vor, daß die beteiligten Interessengruppen (einschließlich des DGB) zusammen mit der Bundesregierung Vorschläge über die Regelung der Detailfragen des Aktientausches erarbeiten und den Alliierten als gemeinsame deutsche Stellungnahme unterbreiten sollten. In Wirklichkeit jedoch war die grundsätzliche Entscheidung über den Aktientausch bereits am 12. April 1951 von der Alliierten Hohen Kommission nach vorheriger Zustimmung Adenauers getroffen worden,[35] so daß die von Adenauer initiierten einheitlichen Vorschläge also allenfalls geeignet waren, die Regelung von Detailfragen zu beeinflussen.

Ebenso charakteristisch, wie Adenauers Verhalten in diesem Punkt für seine gesamte Verhandlungsstrategie war, war die Beurteilung dieser Situation durch die DGB-Führung für ihre in die Person des Kanzlers gesetzten Hoffnungen; das illustrierte wiederum das DGB-Rundschreiben: „Der Gesamteindruck in dieser Frage war, daß der Bundeskanzler sich unserer Argumentation nicht verschließen konnte, daß aber auf der anderen Seite wahrscheinlich die Verwaltungsbürokratie erhebliche Schwierigkeiten bereiten wird."[36] Insgesamt scheint es Adenauer in den Bürgenstock-Verhandlungen gelungen zu sein, den Gewerkschaften gegenüber glaubhaft als Vermittler zwischen den verschiedenen politischen und gesellschaftlichen Interessen aufzutreten. Adenauer konnte diese Rolle auch deshalb so überzeugend spielen, weil er sich in den

---

[34] Das Rundschreiben verzeichnet dazu: „Die Frage der Durchführung des Gesetzes Nr. 35 (IG Farben) wurde bei der Frage des Aktientausches behandelt. Dabei ist auch unsererseits wiederum die Mitbestimmung, wie sie in der Grundstoffindustrie besteht, gefordert worden. Hier werden Besprechungen mit den Fraktionen erforderlich sein, um die notwendigen Gesetzesbeschlüsse zu erreichen." Selbst in diesem Punkt, in dem der Kanzler also offensichtlich keine Zusagen machte, gaben sich die DGB-Vertreter – wie der letzte Satz zeigt – relativ optimistisch. Dieser Optimismus ist sicherlich nur zum Teil durch die legitimatorische Funktion dieses Schreibens – die Rechtfertigung der Verhandlungen mit dem Kanzler – zu erklären.

[35] Dazu ausführlicher: Kapitel V.

[36] Rundschreiben (Fette, vom Hoff) vom 10. 8. 1951. DGB-Archiv.

Montanmitbestimmungsverhandlungen durch sein Eintreten für die gewerkschaftlichen Forderungen als „gewerkschaftsfreundlich" profiliert hatte.

Allerdings konnten die Ergebnisse dieser Gespräche keinerlei Verbindlichkeit beanspruchen. Wie in dem gemeinsamen Kommunique zum Abschluß der Gespräche mitgeteilt wurde, sollten zunächst der Bundeskanzler dem Kabinett und die Vertreter des DGB dem Bundesvorstand Bericht erstatten; abschließende Gespräche sollten dann in Bonn stattfinden. Auf Seiten des DGB bewirkte dieses Vorgehen, daß die ursprünglich für Mitte August geplante endgültige Entscheidung des DGB-Bundesausschusses über den Austritt aus den wirtschaftspolitischen Ausschüssen bis auf weiteres verschoben wurde.[37]

Die nächsten Verhandlungen fanden am 4. September 1951 in Bonn statt. Dabei mußten die Gewerkschaftsvertreter feststellen, daß sich die Haltung der Bundesregierung in einer Reihe von Fragen gegenüber den Bürgenstock-Verhandlungen verhärtet hatte. Vor allem zur Frage des Aktientausches in der Eisen- und Stahlindustrie weigerten sich die Regierungsvertreter, Stellung zu nehmen, da dieser von den Alliierten angeordnet worden sei und bisher keine Änderung des Standpunkts der Hohen Kommission vorliege.[38] Auch bezüglich der Ausweitung der paritätischen Mitbestimmung auf die chemische Industrie war Adenauer nicht bereit, den gewerkschaftlichen Vorstellungen wesentlich entgegenzukommen. Er äußerte dazu lediglich, daß zunächst von allen interessierten Organisationen Stellungnahmen eingeholt werden sollten und daß dann das Kabinett entscheiden sollte.

Nur begrenzte Kompromißbereitschaft zeigte der Kanzler auch hinsichtlich der überbetrieblichen Mitbestimmung: Auf der regionalen Ebene sollten die Industrie- und Handelskammern beibehalten werden, da „man [. . .] nicht verkennen [dürfe], daß industrielle Kreise auch ein Gremium haben wollten, wo sie unter sich sind",[39] daneben könnten paritätische Wirtschaftskammern treten. Einigkeit bestand lediglich in der Schaffung eines paritätisch zusammengesetzten Bundeswirtschaftsrates, was jedoch nach vom Hoffs Meinung auch nicht als besonderes Entgegenkommen dem DGB gegenüber betrachtet werden könne, da wesentliche Unterschiede in dieser Frage ohnehin nicht vorhanden gewesen seien.

Für die DGB-Führung verliefen die Verhandlungen vom 4. September 1951 insgesamt enttäuschend, vor allem angesichts der in den Gesprächen auf dem Bürgenstock geweckten Hoffnungen. Hans vom Hoff erklärte diesen Wandel dadurch, „daß in der Zwischenzeit sowohl politische Parteien als auch Arbeitgeberorganisationen alles daran gesetzt haben, um Einfluß auf den Kanzler zu gewinnen". An Adenauers aufrichtiger Bereitschaft, sich für die gewerkschaftlichen Forderungen einzusetzen, wurde von

---

[37] Wortlaut des Kommuniques in: Informations- und Nachrichtendienst der Bundespressestelle des DGB III (1951, 2. Teil), S. 58 f.

[38] Die folgenden Informationen bzw. Zitate sind, soweit nicht anders angegeben, dem Bericht vom Hoffs über die Verhandlungen vom 4. 9. 1951, den er vor dem DGB-Bundesvorstand erstattete, entnommen. Anlage 4 zum Protokoll der 20. Sitzung des Bundesvorstandes des DGB am 10. 9. 1951. DGB-Archiv.

[39] So Adenauers Erklärung (nach dem Bericht vom Hoffs).

Hans vom Hoff auch nach dem enttäuschenden Ausgang dieser Verhandlungen kaum gezweifelt. Zieht man jedoch in Betracht, mit welchem taktischen Geschick gewerkschaftliche Schwächen von der Bundesregierung seit der Montanmitbestimmungsvereinbarung ausgenützt wurden – beispielsweise bei der Verabschiedung des Bundesbahngesetzes und bei der von Bundesregierung und Alliierten gemeinsam betriebenen Rekonstruktion der privaten Eigentümerrechte in der Eisen- und Stahlindustrie –, so drängt sich eher die Einschätzung auf, daß der Bundeskanzler die Verhandlungen auf dem Bürgenstock und in Bonn primär mit dem Ziel der Beschwichtigung des DGB und des Zeitgewinns geführt hatte.[40]

In den weiteren drei Gesprächen der Bundesregierung mit der DGB-Führung am 15. Oktober, 14. November und 28. November 1951 wurde diese Intention immer offenkundiger. Man diskutierte kaum mehr ernsthafte Ansätze zu einer gemeinsamen Lösung der umstrittenen Fragen, die Besprechungen reduzierten sich überwiegend auf informatorische Darlegungen.[41] So war der Bundeskanzler auch nicht bereit, für die in diesen Monaten neugegründeten Nachfolgegesellschaften des IG-Farben-Konzerns einer stärkeren Beteiligung der Arbeitnehmer als einem Drittel der Aufsichtsratssitze zuzustimmen. Adenauer berief sich dabei auf die Verhandlungen der zuständigen Bundestagsausschüsse über die Schaffung eines Betriebsverfassungsgesetzes, in dem eine entsprechende Regelung vorgesehen sei; diesem Gesetz dürfe nicht vorgegriffen werden.[42] Diese Erklärung veranlaßte die DGB-Führung zu der Vermutung, daß Adenauer „wahrscheinlich den Arbeitgebern bzw. den Koalitionspartnern gegenüber eine Verpflichtung eingegangen ist, wonach das Mitbestimmungsrecht auf paritätischer Grundlage unter keinen Umständen auf andere Wirtschaftszweige ausgedehnt werden soll".[43] Hier wurden von der DGB-Führung zum ersten Mal grundlegende Zweifel an der Realisierbarkeit der eigenen Zielsetzungen angedeutet.

Neben diesem Problemkomplex wurde noch schwerpunktmäßig die überbetriebliche Mitbestimmung, besonders die Schaffung eines Bundeswirtschaftsrates, besprochen.[44] Es war für Adenauers Verhandlungsstrategie typisch, daß er diese Frage in den Vordergrund stellte, denn hier war am ehesten eine Annäherung der Standpunkte zu er-

---

[40] Diese Einschätzung wird von einem Vermerk des Leiters der Abt. Wirtschaftsordnung im BWM, Kattenstroth, für Staatssekretär Westrick vom 27.8. 1951 über die Bürgenstock-Verhandlungen gestützt, in dem es heißt: „Wie sich aus den Verhandlungen auf dem Bürgenstock ergeben hat, wird die Regierung [...] von sich aus eine Initiative (im Sinne des Versuches einer positiven oder negativen Entscheidung) entwickeln müssen. Die Bundesregierung sollte in diesen grundlegenden Dingen führen. Sie wird nicht nur von den Gewerkschaften, sondern in absehbarer Zeit auch im Bundestag vor konkrete Fragen gestellt werden." BA, B 102, 60669.

[41] Rundschreiben des Bundesvorstands des DGB (gez.: Fette, vom Hoff) an die Mitglieder des Bundesvorstands und die Landesbezirksvorsitzenden vom 16.10. 1951 bzw. vom 15.11. 1951 über die Besprechungen mit dem Bundeskanzler vom 15.10. 1951 bzw. 14.11. 1951. Außerdem: Bericht vom Hoffs über die Verhandlungen vom 28.11. 1951 vor dem DGB-Bundesvorstand am 2.12. 1951. Protokoll der 23. Sitzung des Bundesvorstands des DGB vom 2.12. 1951. DGB-Archiv. Siehe auch: Informations- und Nachrichtendienst der Bundespressestelle des DGB III (1951, 2. Teil), S. 105 f, 121 und 131 f.   [42] Siehe besonders: Rundschreiben vom 15.11. 1951. DGB-Archiv.

[43] Rundschreiben vom 16.10. 1951. DGB-Archiv.

[44] Rundschreiben vom 15.11. 1951. DGB-Archiv.

warten, mit der dann von den übrigen Interessenunterschieden abgelenkt werden konnte. Allerdings wurde auch bei diesem Komplex keine verbindliche Vereinbarung erzielt. Der Bundeskanzler referierte lediglich die wichtigsten Bestimmungen aus einem in Bearbeitung befindlichen Gesetzentwurf; demnach sollte der Bundeswirtschaftsrat 150 Mitglieder umfassen, die jeweils zu einem Drittel von den Arbeitgeberorganisationen, den Gewerkschaften und den „freien Berufen" (Handwerk, Landwirtschaft, wissenschaftliche Berufe) gestellt werden sollten. Damit war die ursprünglich vorgesehene strenge Parität aufgegeben worden. Ebenso unverbindlich blieben Adenauers Ausführungen über die Mitbestimmung auf der Ebene der Kammern. Am Ende der sich über drei Monate erstreckenden Verhandlungen standen keinerlei konkrete Vereinbarungen, allenfalls einige vage Absichtserklärungen seitens der Bundesregierung. In dieser Situation mußten sich die Führungsgremien des DGB erneut über ihre Politik gegenüber der Bundesregierung klar werden. Insbesondere stand noch der endgültige Beschluß des Bundesausschusses über den vom Bundesvorstand am 24. Juli 1951 empfohlenen Austritt aus den wirtschaftspolitischen Ausschüssen zur Entscheidung.

In den Sitzungen des DGB-Bundesvorstands am 2. Dezember 1951 und des DGB-Bundesausschusses am 3. Dezember 1951 prallten die unterschiedlichen Auffassungen über die vorangegangenen Verhandlungen mit der Bundesregierung und die Möglichkeiten einer weiteren Zusammenarbeit aufeinander. Zu den Befürwortern der bisherigen Politik gehörte Hans vom Hoff, der zwar einräumte, daß die letzten Verhandlungen für den DGB „denkbar unbefriedigend" gewesen seien, andererseits jedoch auf „die während der vielen Verhandlungen gehabten Erfolge" hinwies.[45] Er wurde vom DGB-Vorsitzenden Christian Fette unterstützt. Fette war der Auffassung, daß die Erfolge des DGB „nicht stets verkleinert, sondern herausgestellt werden" müßten, „um das Vertrauen der Mitglieder zu ihrer Organisation zu stärken". Als Erfolge wertete Fette die Beseitigung der Schwierigkeiten bei der Besetzung des „11. Mannes" in den Aufsichtsräten der Montanunternehmen und die „Annäherung der gegenseitigen Standpunkte" in der Frage des Bundeswirtschaftsrats. Fette warnte vor einem Mißbrauch gewerkschaftlicher Macht zu politischen Zwecken: Eine „so große demokratische Organisation wie der DGB habe [. . .] nicht das Recht, durch Machtmittel der Gewerkschaften diesen Willen des Volkes [der sich in der Zusammensetzung von Regierung und Parlament widerspiegele] zu korrigieren". Stattdessen müßten die Mitglieder in Zukunft politisch aktiver werden, um in den nächsten Wahlen eine eher ihren Interessen entsprechende Zusammensetzung von Parlament und Regierung zu erreichen.[46] In diesem Sinne habe der geschäftsführende Vorstand beschlossen, dem Bundesausschuß vorzuschlagen, nicht aus den wirtschaftspolitischen Ausschüssen der Bundesregierung auszutreten. Ähnlich wie Fette argumentierten auch August Schmidt und Matthias Föcher.[47]

[45] Protokoll der 23. Sitzung des Bundesvorstands des DGB vom 2. 12. 1951. DGB-Archiv.
[46] Ebenda.
[47] Ebenda und Protokoll der 11. Sitzung des Bundesausschusses des DGB vom 3. 12. 1951. DGB-Archiv.

Die Mehrheit der Diskussionsteilnehmer sprach sich jedoch gegen eine weitere Mitarbeit in den wirtschaftspolitischen Ausschüssen der Bundesregierung aus, da die Mitgliederschaft eine Realisierung des Beschlusses vom 24. Juli 1951 erwarte und der DGB keine Schwächen zeigen dürfe.[48] Weitergehende Maßnahmen forderten Hans Jahn (Gewerkschaft der Eisenbahner) und Wilhelm Gefeller am folgenden Tag in der Sitzung des Bundesausschusses: Es solle überprüft werden, ob es für den DGB nicht vorteilhafter wäre, auch die Mitarbeit in der Ruhrbehörde und beim Schumanplan einzustellen.[49] Die Anträge Jahns und Gefellers, die auf eine grundlegende Revision der seit Ende 1949 praktizierten Zusammenarbeit mit der Bundesregierung in der Außenpolitik abzielten, fanden jedoch bei den Ausschußmitgliedern keine Mehrheit. Der DGB-Bundesausschuß verabschiedete eine Entschließung, in der der Bundesvorstand beauftragt wurde, die Mitarbeit in den wirtschaftspolitischen Ausschüssen zu beenden.[50]

Für die Befürworter einer weiteren Mitarbeit in den wirtschaftspolitischen Ausschüssen, besonders dem DGB-Vorsitzenden Christian Fette und Hans vom Hoff, der von Kurt Schumacher nicht zu Unrecht als „eigentlicher Vorsitzender" des DGB und als „graue Eminenz" bezeichnet wurde,[51] bedeutete dieser Beschluß eine erste Niederlage, da dieser mit nur fünf Gegenstimmen gefaßt wurde, obwohl der geschäftsführende Vorstand sich für eine Weiterführung der konstruktiven Mitarbeit ausgesprochen hatte.[52]

Über die Möglichkeit, mit dieser Entscheidung wirksamen Druck auf die Bundesregierung ausüben zu können, machten sich führende Gewerkschafter jedoch kaum noch Illusionen. Dafür kam sie zeitlich zu spät, und die Bundesregierung hatte an der gewerkschaftlichen Mitarbeit in den wirtschaftspolitischen Gremien ohnehin kein substanzielles Interesse. Auch eine gleichzeitige Aufkündigung der gewerkschaftlichen Mitarbeit beim Schumanplan hätte zu diesem Zeitpunkt vermutlich kaum mehr die beabsichtigte Wirkung gehabt, da dessen Ratifizierung unmittelbar bevorstand und ein plötzliches Umschwenken des DGB nach eineinhalbjähriger Unterstützung unglaubwürdig gewesen wäre.

So blieb der DGB-Führung nichts anderes übrig, als ihre Ansprüche, beispielsweise

---

[48] Protokoll der 23. Sitzung des Bundesvorstands des DGB vom 2. 12. 1951, a. a. O.

[49] Protokoll der 11. Sitzung des Bundesausschusses des DGB vom 3. 12. 1951, a. a. O.

[50] Abgedruckt in: Informations- und Nachrichtendienst der Bundespressestelle des DGB III (1951, 2. Teil), S. 133.

[51] Edinger: Kurt Schumacher, S. 361. Edinger zitiert hier Notizen aus Schumachers Terminkalender vom 26. 10. 1951.

[52] S. o., Anm. 49 und Pirker: Die blinde Macht. 1. Teil, S. 232. Fettes Fixierung auf die Zusammenarbeit mit der Bundesregierung kommt auch noch in dem Brief vom 5. 12. 1951 zum Ausdruck, in dem er gegenüber Adenauer den Beschluß des Bundesausschusses vom 3. 12. 1951 verteidigen mußte. Darin bezeichnete er es als „verantwortungsbewußte staatspolitische Haltung", „daß der Bundesausschuß über vier Monate verstreichen ließ, ehe er zu dem [...] Vorschlag des Bundesvorstandes einen endgültigen Beschluß faßte". Brief Fette an Adenauer vom 5. 12. 1951. DGB-Archiv. Pirker, S. 234, schreibt über Fette und vom Hoff m. E. zutreffend: „Sie schienen zwar Staatsmänner geworden zu sein – Arbeiterführer waren sie nicht mehr." Das bezieht sich in diesem Fall auf die Haltung Fettes und vom Hoffs zur Wiederaufrüstung, gilt jedoch m. E. genauso für den o. a. Komplex.

hinsichtlich der Mitbestimmung in der chemischen Industrie, gemäß den veränderten Kräfteverhältnissen zu reduzieren. Nach Verhandlungen mit Bundeswirtschaftsminister Erhard und der Alliierten Hohen Kommission, die sich gegenseitig die Verantwortung für die mit der Neugründung der IG-Farben-Nachfolgegesellschaften zusammenhängenden Fragen zuschoben, stimmten vom Hoff und Gefeller der Regelung zu, daß ein Drittel der Aufsichtsratssitze der neugegründeten Nachfolgegesellschaften des IG-Farben-Konzerns durch Arbeitnehmervertreter besetzt werden sollte. Die Verankerung der Position eines Arbeitsdirektors im Vorstand gelang jedoch nicht. „Bei der gegebenen politischen Situation" sei diese Lösung „durchaus vertretbar", „zumal die künftige gesetzliche Regelung dann in keinem Falle schlechter sein kann", schrieb vom Hoff an Fette und versuchte der enttäuschenden Situation noch einen positiven Aspekt abzugewinnen.[53]

Die Ernüchterung, ja Resignation bei den führenden DGB-Funktionären brachte Heinrich Deist auf der Sitzung des Bundesvorstands am 2. Dezember 1951 zum Ausdruck, als er meinte, „daß die Erreichung des Mitbestimmungsrechtes in der Kohle und in Eisen und Stahl im Hinblick auf die gesamte wirtschaftspolitische Entwicklung die letzte Entscheidung war, die bei dieser Regierung zu erreichen ist".[54] Deists realistische Einschätzung war das Eingeständnis des Scheiterns der konstruktiven Zusammenarbeit des DGB mit der Bundesregierung. Am Ende des Jahres 1951 erwies sich die noch von Böckler propagierte Theorie der schrittweisen Demokratisierung der Wirtschaft als Illusion. Nach dem hoffnungsvollen Auftakt des Jahres 1951, der gesetzlichen Verankerung der Montanmitbestimmung, gelangen den Gewerkschaften keine weiteren Erfolge bei der Durchsetzung ihrer gesellschaftspolitischen Vorstellungen. Die Bundesregierung ging aus den vergangenen innenpolitischen Auseinandersetzungen gestärkt hervor: Auf dem Gebiet der Außenpolitik stand der Montanunion-Vertrag kurz vor seiner Ratifizierung, eine ausreichende parlamentarische Mehrheit konnte als gesichert angesehen werden. Die wirtschaftlichen Schwierigkeiten, die aus den Produktionsengpässen in den Grundstoffindustrien resultierten, waren nicht so schwerwiegend, daß sie eine Bedrohung der innenpolitischen Stabilität dargestellt hätten; darüberhinaus war zur endgültigen Beseitigung der Engpässe am 13. Dezember 1951 das Investitionshilfegesetz verabschiedet worden.[55] Vor allem aber war es Bundeskanzler Adenauer gelungen, die DGB-Führung für eine Unterstützung seiner Politik in wichtigen Fragen zu gewinnen und damit einen Keil zwischen Gewerkschaften und ihrem traditionellen Bündnispartner, der SPD, zu treiben. Dies betraf nicht nur den Schumanplan und die Frage der Wiederbewaffnung, sondern die gesamte Politik der konstruktiven Zusammenarbeit und des Verhandelns mit der Bundesregierung, über die sich der SPD-Vorsitzende Kurt Schumacher intern wiederholt skeptisch äußerte.[56] In

---

53 Aktennotiz vom Hoff für Fette vom 21. 12. 1951, „Betr.: Neuordnung IG-Farben". DGB-Archiv.
54 Protokoll der 23. Sitzung des Bundesvorstandes des DGB vom 2. 12. 1951, a. a. O.
55 Adamsen: Investitionshilfe, S. 194 f.
56 Einige Beispiele dazu aus den handschriftlichen Notizen Schumachers: „Vorstoß mit uns nicht abgesprochen. Beschluß vom 24. 7. [1951]". „Verhandlungen auf dem Bürgenstock. Weiterverhandlungen in Bonn am 5. 9.: oberflächliches Geplätscher." „DGB gibt an Adenauer Vertrauenskredite,

den weiteren Auseinandersetzungen um die Mitbestimmung bzw. die Betriebsverfassung befand sich der DGB mehr als je zuvor in der Defensive und in der Isolation.

3. Das Scheitern der DGB-Politik im Kampf gegen das Betriebsverfassungsgesetz (Januar bis Juli 1952)[57]

Trotz des Beschlusses des DGB-Bundesausschusses vom 3. Dezember 1951 kam es in den nächsten vier Monaten zu keinem offenen Konflikt zwischen DGB und Bundesregierung. Im Gegenteil: Die DGB-Führung war bemüht, ihre prinzipielle Übereinstimmung mit der Außenpolitik der Bundesregierung, beispielsweise in der Frage der Wiederaufrüstung, zu demonstrieren, wohl in der Auffassung, doch noch als Gegenleistung Zugeständnisse in der Mitbestimmung erreichen zu können.

Inzwischen befanden sich die Verhandlungen der Bundestagsausschüsse für Wirtschaftspolitik und Arbeit über ein Betriebsverfassungsgesetz in ihrem entscheidenden Stadium. Durch das punktuelle Zusammenwirken der SPD-Ausschußmitglieder und den dem Gewerkschaftsflügel der CDU/CSU angehörigen Abgeordneten gelang es zwar, in einigen Detailfragen Verbesserungen im Sinne des DGB herbeizuführen,[58] in Fragen weiterreichender Bedeutung, wie der Zusammensetzung der Aufsichtsräte, setzte sich letztlich aber die Regierungskoalition durch. So zeigte sich seit spätestens November 1951 die Entschlossenheit der Regierungsparteien, sich auf eine Drittelbeteiligung der Arbeitnehmer in den Aufsichtsräten zu einigen und somit den gewerkschaftlichen Vorstellungen eine Abfuhr zu erteilen.[59]

Allerdings gab es bei der Frage der Aufsichtsratsbesetzung zeitweilig Meinungsunterschiede zwischen der CDU/CSU und FDP. Während vor allem die Mitglieder der Sozialausschüsse der CDU/CSU die Zulassung von nicht dem Betrieb angehörigen Gewerkschaftsvertretern im Aufsichtsrat durchsetzen wollten, lehnte die FDP eine solche Regelung auf Druck der Unternehmerschaft aus den mittleren und kleineren Betrieben

---

die der SPD entzogen werden, jetzt wo die Partei Adenauers bankerott ist." „DGB (Fette) als Gefahr." „DGB Spaltung der Partei." AsD, NL Schumacher, Q 37.

[57] Die Auseinandersetzungen zwischen Gewerkschaften und Bundesregierung über das Betriebsverfassungsgesetz von 1952 sind in der einschlägigen Literatur relativ ausführlich behandelt. E. Schmidt: Die verhinderte Neuordnung, S. 193 ff.; Pirker: Die blinde Macht, 1. Teil, S. 237 ff.; Hirsch-Weber: Gewerkschaften in der Politik, S. 100 ff. u. a. Hier soll keine neue Detaildarstellung mit dem Anspruch auf Vollständigkeit geliefert werden, sondern es sollen lediglich einige Akzentuierungen vorgenommen werden, die sich aufgrund neuen Aktenmaterials ergeben; vor allem soll versucht werden, den Zusammenhang zu den vorhergehenden Verhandlungen zwischen Bundesregierung und DGB und zu den Auseinandersetzungen um die Montanmitbestimmung aufzuweisen.

[58] Vermerk (Verf.: Selbach, Ref. 7, BK) vom 29. 4. 1952. BA, B 136, 720. Verbesserungen im Sinne des DGB waren z. B. die Herabsetzung des Mindestalters der Wählbarkeit zum Betriebsrat von 24 auf 21 Jahre oder die Bestimmungen über die Bildung einer Jugendvertretung im Betriebsrat.

[59] Vgl. dazu Schreiben Storch an Blücher vom 14. 11. 1951. BA, NL Blücher, 133. Storch berichtet darin über den Stand der Verhandlungen des Arbeitskreises „Mitbestimmung" der Ausschüsse für Wirtschaftspolitik und Arbeit.

ab. Welche Angst die FDP hatte, in der Mitbestimmungsfrage von ihrem größeren Koalitionspartner überspielt zu werden, zeigte sich daran, daß die FDP nach einem Koalitionsgespräch im Januar 1952, das noch keine Einigung brachte, die Möglichkeit einer Sprengung der Koalition andeutete, falls die CDU – ähnlich wie bei der Montanmitbestimmung – für ihre Vorstellungen eine parlamentarische Mehrheit bei der SPD suchen würde.[60] Der CDU/CSU hingegen erschien es angesichts dieser Situation denkbar, überhaupt auf die Verabschiedung eines bundeseinheitlichen Betriebsverfassungsgesetzes zu verzichten.[61] Eine Einigung über diese Frage konnte Anfang Februar 1952 auf Vorschlag von Gerhard Schröder erzielt werden: Von der den Arbeitnehmern zur Verfügung stehenden Drittelquote im Aufsichtsrat sollten zwei Arbeitnehmer dem Betrieb angehören. Mit dieser Regelung war in der Praxis erreicht, daß eine Wahl betriebsfremder Arbeitnehmer nur für die Großbetriebe in Frage kam, da die kleineren und mittleren Unternehmen in den wenigsten Fällen über mehr als 6 oder 9 Aufsichtsratsitze verfügten.[62]

Zu neuen Aktivitäten der Gewerkschaften in der Frage der Mitbestimmung bzw. Betriebsverfassung kam es erst, als sich eine weitere Verschlechterung der gewerkschaftlichen Position andeutete: Am 22. Februar 1952 verabschiedete das Bundeskabinett den Entwurf eines gesonderten Personalvertretungsgesetzes für den öffentlichen Dienst und leitete ihn Anfang März dem Bundesrat zur Stellungnahme zu. Die führenden Gewerkschafter vermuteten dahinter die Absicht, durch ein Ausnahmerecht für den öffentlichen Dienst die gewerkschaftliche Einheit von Arbeitern, Angestellten und Beamten zu untergraben[63] und damit die Gewerkschaftsbewegung entscheidend zu schwächen. Mit der verschlechterten Situation befaßte sich der Bundesvorstand des DGB auf seinen beiden Sitzungen am 1. und 10. April. Dabei wurde beschlossen, den geschäftsführenden Vorstand zu beauftragen, geeignete Maßnahmen zu treffen, „um der Forderung auf Schaffung eines einheitlichen, fortschrittlichen Betriebsverfassungsgesetzes Geltung zu verschaffen". Eine aus elf Mitgliedern gebildete Kommission bekam den Auftrag – laut „internem Beschluß" – „einen Plan für gewerkschaftliche Kampfmaßnahmen für den Fall des Scheiterns der letzten Verhandlungsmöglichkeiten zu erarbeiten".[64] In der vorausgegangenen Aussprache wurde die vorsichtige und eher reaktive Haltung der DGB-Führung deutlich, die die Entscheidung über mögliche Kampfmaßnahmen dem Bundesvorstand überlassen wollte, ohne selbst klar Stellung zu nehmen.[65] Wesentliche Impulse für eine unnachgiebige Haltung des DGB

---

[60] Vermerk Lenz (Staatssekretär im BK) über die Koalitionsbesprechung vom 7.1. 1952. BA, B 136, 720. Die Möglichkeit einer Sprengung der Koalition deutete der Abgeordnete Euler an.

[61] Innenpolitischer Bericht des Presse- und Informationsamtes der Bundesregierung (I, 4) vom 8.1. 1952. BA, B 136, 2160.

[62] Innenpolitischer Bericht vom 7.2. 1952, a. a. O.

[63] So lautete eines der Hauptargumente des DGB im Kampf gegen den Koalitionsentwurf eines Betriebsverfassungsgesetzes in dem „Aufruf des Deutschen Gewerkschaftsbundes" vom 12.5. 1952. In: Informations- und Nachrichtendienst der Bundespressestelle des DGB IV (1952), S. 215 f.

[64] Protokoll der außerordentlichen Sitzung des Bundesvorstands des DGB vom 10.4. 1952. DGB-Archiv, Anlage 2 und 3.

[65] Ebenda. In dem Protokoll heißt es: „Der geschäftsführende Vorstand, der sich bereits mit der Frage

kamen stattdessen von der Gewerkschaft ÖTV, deren Vorsitzender Adolph Kummernuss bereits Ende Februar die Möglichkeit von Kampfmaßnahmen seiner Gewerkschaft zur Durchsetzung der Mitbestimmung angekündigt hatte, sowie vom DGB-
Landesverband Nordrhein-Westfalen.[66]

Über konkrete Kampfmaßnahmen wurde am 8. und 9. Mai im Bundesvorstand und
-ausschuß des DGB beraten.[67] Als Grundlage diente ein von der „Elfer-Kommission"
unter der Leitung von Albin Karl[68] erarbeiteter Sechs-Punkte-Plan, in dem eine ganze
Palette unterschiedlicher gewerkschaftlicher Kampfmittel aufgelistet war. Ferner verabschiedete der Bundesausschuß einen Aufruf zum „Kampf für ein fortschrittliches Betriebsverfassungsgesetz", der in einer Auflage von 10 Millionen Exemplaren an die
Mitglieder der Gewerkschaften verteilt werden sollte.[69] Das Motto dieses Aufrufs
„Dieser Entwurf darf nicht Gesetz werden!" kennzeichnete die pauschale Ablehnung
des kurz vor seiner Verabschiedung stehenden Gesetzentwurfs der Regierungsparteien. Der Aufruf des DGB verzichtete auf eine konkrete Auseinandersetzung mit einzelnen Bestimmungen des Regierungsentwurfs, was die Vermutung nahelegte, daß das
Ziel der gewerkschaftlichen Kampfmaßnahmen weiterhin die volle paritätische Mitbestimmung sein sollte, wie sie die Gewerkschaften in ihren „Vorschläge[n] für die Neuordnung der deutschen Wirtschaft" im April 1950 gefordert hatten und wie sie im Bereich der Montanindustrie verwirklicht worden war. Dies wurde auch durch den
DGB-Bundesvorstand in seiner Sitzung am 8. Mai 1952 bestätigt, in der ausdrücklich
betont wurde, „daß in eventuell bevorstehenden Verhandlungen die paritätische Besetzung der Aufsichtsräte eine unabdingbare gewerkschaftliche Forderung ist".[70] In der
Öffentlichkeit wurde mit diesen Erklärungen der Anschein erweckt, als ob die Gewerkschaften zu einem letzten entschlossenen Kampf um eine umfassende Neuordnung der Wirtschaft angetreten seien. Die Arbeitsniederlegungen, Demonstrationen
und Warnstreiks, die seit Mitte Mai in zahlreichen Städten der Bundesrepublik statt-
fanden,[71] bestärkten diesen Eindruck.

In auffälligem Gegensatz dazu standen die Verhandlungen der DGB-Führung mit ho-

---

des Betriebsverfassungsrechtes beschäftigt hat, hat beschlossen, dem Bundesvorstand keinen Vorschlag zu unterbreiten."

[66] Ebenda und Protokoll der 13. Sitzung des Bundesausschusses des DGB vom 21./22. 4. 1952. DGB-
Archiv. In beiden Sitzungen beriefen sich Fette und Bührig auf die Ausführungen von Kummernuss
am 28./29. 2. 1952.

[67] Protokoll der 28. Sitzung des Bundesvorstands des DGB vom 8. 5. 1952 und Protokoll der 14. Sitzung des Bundesausschusses des DGB vom 9. 5. 1952. DGB-Archiv.

[68] Albin Karl war Leiter der Abteilung „Organisation" im Bundesvorstand des DGB.

[69] Abgedruckt in: Informations- und Nachrichtendienst der Bundespressestelle des DGB IV (1952),
S. 215 f. Auch in Pirker: Die blinde Macht. 1. Band, S. 254 ff.

[70] Protokoll der 18. Sitzung des Bundesvorstands des DGB vom 8. 5. 1952, a. a. O.

[71] Die gewerkschaftlichen Kampfmaßnahmen sollen hier nicht weiter analysiert und bewertet wer-
den. Es sei hier auf die einschlägigen Darstellungen hingewiesen. (E. Schmidt: Die verhinderte
Neuordnung, S. 211 f.; Hirsch-Weber: Gewerkschaften in der Politik, S. 102 ff.; Pirker: Die blinde
Macht, 1. Teil, S. 268 ff.)

hen Beamten der Bundesregierung am 21. Mai und am 3. Juni 1952.[72] Diese Gespräche, über deren Inhalt beide Seiten Stillschweigen vereinbart hatten, waren von den Sozialausschüssen der CDU initiiert worden, um die sozialen und politischen Spannungen abzubauen, die durch die gewerkschaftlichen Kampfmaßnahmen seit Mitte Mai entstanden waren.[73] Die DGB-Vertreter nannten nun ganz konkrete Bedingungen, die erfüllt sein müßten, wenn sie sich bei den zuständigen DGB-Organen für eine Einstellung der gewerkschaftlichen Aktionen stark machen sollten. Es handelte sich um folgende Forderungen:

- Vertagung der abschließenden Behandlung des Betriebsverfassungsgesetzes im Bundestag auf die Zeit nach den Sommerferien und Überprüfung der Anregungen und Vorschläge der Gewerkschaften, insbesondere unter dem Aspekt eines einheitlichen Betriebsverfassungsgesetzes.
- Besetzung der Aufsichtsräte der IG-Farben-Nachfolgegesellschaften zu einem Drittel [!] mit Arbeitnehmervertretern; den Betriebsräten und den im Betrieb vertretenen Gewerkschaften sollte dabei ein größerer Einfluß zugestanden werden, als das nach dem Gesetzentwurf der Koalitionsparteien geplant war.
- Errichtung eines Bundeswirtschaftsrates, der Vorschläge für die regionalen Körperschaften ausarbeiten sollte.

Mit den beiden letzteren Forderungen knüpfte die DGB-Führung an ihre Gespräche mit der Bundesregierung vom August bis November 1951 an. Gegenüber den damals erhobenen Forderungen bedeuteten die jetzigen zum Teil eine weitere Rücknahme der gewerkschaftlichen Ansprüche: Bezüglich der Besetzung der Aufsichtsräte der IG-Farben-Nachfolgegesellschaften verlangte die DGB-Führung lediglich die Realisierung der Vereinbarung, die im Dezember 1951 zwischen vom Hoff, Bundeswirtschaftsminister Erhard und Vertretern der Alliierten Hohen Kommission getroffen worden war, bislang jedoch am Widerstand der Unternehmervertreter gescheitert war.[74] Und vom ursprünglich umfassenden System der überbetrieblichen Mitbestimmung blieb nun nur noch die Spitze, der Bundeswirtschaftsrat, übrig.

Die einzige neue Forderung der DGB-Führung war demnach die Vertagung der parlamentarischen Beratung des Betriebsverfassungsgesetzes. Diese Forderung war jedoch so allgemein, daß sie die Bundesregierung, falls sie darauf eingehen sollte, zu keinen substanziellen Zugeständnissen verpflichtete. Daß die DGB-Führung selbst nicht daran glaubte, die nicht ohne ihr Zutun so hochgeschraubten Erwartungen der Mitgliederschaft erfüllen zu können, gab Hans vom Hoff in den Verhandlungen am 3. Juni zu: Der DGB habe inzwischen eingesehen, daß eine Zurückziehung des Entwurfs des Betriebsverfassungsgesetzes nicht verlangt werden könne.[75] Es ging der DGB-Führung also offensichtlich nur noch darum, der Bundesregierung einige Minimalforderungen

[72] Protokolle bzw. Vermerke über diese Verhandlungen vom 21.5.1952 und vom 3.6.1952 (Verf.: Lenz bzw. Selbach). BA, B 136, 722. (Seitens des DGB nahmen an diesen Verhandlungen teil: Schmidt, vom Hoff, Bührig, Grosse und Brümmer.).

[73] Vermerk (Petz) über eine Besprechung beim Bundeskanzler am 19.5.1951. BA, B 136, 722.

[74] Protokoll der Verhandlungen vom 21.5.1952, a.a.O.

[75] Protokoll der Verhandlungen vom 3.6.1952, a.a.O.

abzutrotzen, um vor der eigenen Basis nicht vollständig das Gesicht zu verlieren. Vor diesem Hintergrund mußten die in der Öffentlichkeit vertretenen Maximalforderungen unglaubwürdig wirken; die Diskrepanz zwischen verbaler Radikalität und tatsächlich weitgehender Kompromißbereitschaft trug wesentlich zur Schwächung der DGB-Position bei.

Als konkretes Ergebnis dieser Verhandlungen fand am 13. Juni ein Spitzengespräch zwischen Bundeskanzler Adenauer sowie anderen Regierungsvertretern und der DGB-Führung statt, nachdem sich der DGB vorher zu einer Einstellung seiner Kampfmaßnahmen bereiterklärt hatte. Eine Annäherung in inhaltlicher Hinsicht wurde auch in diesen Verhandlungen nicht erreicht, zumal eine Aussprache über einzelne Bestimmungen des Gesetzentwurfs der Koalition vom DGB-Vorsitzenden Fette mit der Intention abgelehnt wurde, zunächst eine Verschiebung der parlamentarischen Verhandlungen auf die Zeit nach den Sommerferien zu erreichen, die Regierungsseite andererseits jedoch nicht gewillt war, eine entsprechende bindende Erklärung abzugeben.[76] Stattdessen einigten sich die Verhandlungspartner auf die Einsetzung eines aus vier Gewerkschaftsvertretern und vier Abgeordneten der Regierungsparteien zusammengesetzten Ausschusses, der die Vorschläge des DGB zum Betriebsverfassungsgesetz besprechen sollte. Die DGB-Führung erhoffte sich von den Verhandlungen in diesem Ausschuß, Zeit zu gewinnen, um Einfluß auf die den Gewerkschaften nahestehenden Abgeordneten der CDU/CSU nehmen zu können. Sie ging davon aus, daß unterdessen eine weitere parlamentarische Behandlung des Betriebsverfassungsgesetzes unterbleiben würde.

Dieses bescheidene Verhandlungsergebnis erfuhr in der Darstellung Fettes auf der Sitzung des Bundesausschusses am 14. Juni eine kräftige Aufwertung: Die Forderung „Dieser Entwurf darf nicht Gesetz werden!" sei im Augenblick erreicht; die Vereinbarung mit der Bundesregierung biete die Gewähr dahin zu wirken, daß die gewerkschaftlichen Forderungen im einzelnen berücksichtigt würden.[77] Geradezu in verfälschender Weise optimistisch gab sich die Pressemitteilung des Bundesausschusses vom 14. Juni: Durch die Verhandlungen vom Vortag sei eine neue Situation geschaffen worden, „weil nunmehr zugesichert sei, daß die Vorschläge der Gewerkschaften nicht nur beraten, sondern auch stärkste Berücksichtigung finden werden."[78] Die Mehrzahl der Kollegen des Bundesausschusses teilte jedoch den Optimismus Fettes nicht mehr. Adolph Kummernuss gab seiner Befürchtung Ausdruck, daß die Bundesregierung nur eine Verschleppungstaktik betreibe. Andere Kollegen forderten eine offizielle Verlautbarung des DGB, in der eine Weiterführung der gewerkschaftlichen Aktionen für den Fall des Scheiterns der Verhandlungen angekündigt werden sollte. Sie wurden jedoch von Walter Freitag mit dem Argument abgeblockt, die Diskussion solle sich auf die Frage beschränken, ob der Bundesausschuß mit dem Ergebnis der Verhandlungen ein-

---

[76] „Niederschrift über die Besprechung zwischen dem Bundeskanzler und dem DGB am 13. 6. 1952." (Selbach) BA, B 136, 722.

[77] Protokoll der 15. Sitzung des Bundesausschusses des DGB vom 14. 6. 1952. DGB-Archiv.

[78] Presseverlautbarung des DGB-Bundesausschusses vom 14. 6. 1952. In: Informations- und Nachrichtendienst der Bundespressestelle des DGB IV (1952), S. 256.

verstanden sei; eine Diskussion über die Weiterführung der gewerkschaftlichen Kampfmaßnahmen stände nicht auf der Tagesordnung.[79] In Freitags Beitrag drückte sich die bei der Mehrheit der DGB-Spitzenfunktionäre verbreitete Angst vor einer von der eigenen Basis ausgehenden Radikalisierung der Auseinandersetzungen aus.

Die Skeptiker innerhalb des DGB-Bundesausschusses sollten Recht behalten: Auch die beiden Verhandlungen des neugebildeten „Achter-Ausschusses"[80] am 30. Juni und 7. Juli 1952 brachten keine Annäherung der Standpunkte. Die Koalitionsabgeordneten waren nicht bereit, sich für eine einheitliche Regelung der Betriebsverfassung in der privaten Wirtschaft und im öffentlichen Dienst einzusetzen. Sie erklärten lediglich, daß sie sich bemühen wollten, die Gewerkschaften an den Verhandlungen über das Personalvertretungsgesetz rechtzeitig zu beteiligen und die Abweichungen dieses Gesetzes vom Betriebsverfassungsgesetz so gering wie möglich zu halten.[81]

Für die DGB-Führung, die die Schaffung eines „einheitlichen und fortschrittlichen Betriebsverfassungsgesetzes" zum Ziel ihrer Aktionen erklärt hatte, waren diese Zugeständnisse völlig unzureichend. Eine zusätzliche Brüskierung der DGB-Vertreter war die Tatsache, daß sie erst im Verlauf der Verhandlungen am 7. Juli erfuhren, daß bereits am Vormittag des 13. Juni vom Bundeskabinett in Abwesenheit des Kanzlers der abgeänderte Entwurf eines Personalvertretungsgesetzes beschlossen und am 4. Juli dem Bundestag zugeleitet worden war.[82] Die Gewerkschaftsvertreter sahen in diesem Vorgehen einen Bruch der Vereinbarung vom 13. Juni und verlangten daraufhin die Einschaltung des nordrhein-westfälischen Ministerpräsidenten Karl Arnold, der bereits bei den vorhergehenden Verhandlungen als Vermittler fungiert hatte. Da die Koalitionsabgeordneten das ablehnten und auch sonst unnachgiebig blieben, brachen die DGB-Vertreter die Verhandlungen ab.[83]

Tatsächlich ging es den Regierungsparteien in diesen Gesprächen nur noch darum, den DGB hinzuhalten und das Betriebsverfassungsgesetz noch vor den Parlamentsferien zu verabschieden, und zwar möglichst ohne größere Störungen seitens der Gewerkschaften. In diesem Sinn war sich das Bundeskabinett am 1. Juli darüber einig geworden, das Gesetz in der Woche vom 13. bis 20. Juli zur 2. und 3. Lesung in den Bundestag zu bringen.[84] Aus dem gleichen Grund hatte auch die FDP, die den Gesprächen mit dem DGB bislang stets ablehnend gegenübergestanden hatte, an den Verhandlungen

---

[79] Protokoll der 15. Sitzung des Bundesausschusses des DGB vom 14. 6. 1952. DGB-Archiv.

[80] Als Vertreter des DGB nahmen an den Verhandlungen teil: Bührig, vom Hoff, Kummernuss und Karpf, auf Seiten der Koalitionsparteien: Wellhausen (FDP), Schröder und Sabel (CDU). Der 4. Teilnehmer sollte Fricke (DP) sein; die DP weigerte sich jedoch, an den Verhandlungen teilzunehmen mit der Begründung, daß der DGB die Streikdrohung nicht zurückgenommen habe.

[81] „Notizen betr. die Besprechungen von Vertretern der Regierungskoalition mit Vertretern des DGB am 30. 6. 1952 [...]" (Verf.: Sabel). BA, B 136, 722. Über die Verhandlungen vom 7. 7. geben die im Anschluß an die Verhandlungen ausgetauschten Erklärungen beider Seiten Aufschluß. Als Anlage 2–4 zum Protokoll der 30. Sitzung des Bundesvorstands des DGB vom 11. 7. 1952. DGB-Archiv.

[82] Protokoll der 30. Sitzung des Bundesvorstands des DGB vom 11. 7. 1952, a. a. O.

[83] Ebenda.

[84] Das berichtete Vizekanzler Blücher auf der Sitzung des geschäftsführenden Vorstands der FDP am 5. 7. 1952. BA, NL Blücher, 232.

vom 30. Juni und 7. Juli teilgenommen: Diese Verhandlungen seien im Hinblick auf die zu befürchtenden Auseinandersetzungen mit dem DGB „als moralische Deckung" notwendig gewesen, erklärte der FDP-Abgeordnete Schäfer am 5. Juli vor Parteifreunden.[85]

In dieser verfahrenen Situation lag die letzte Hoffnung der DGB-Spitze, doch noch der drohenden Niederlage entgehen zu können, bei den den Gewerkschaften nahestehenden Parlamentariern der CDU/CSU und bei Bundeskanzler Adenauer, mit dem auf Vermittlung von Karl Arnold ein erneutes Gespräch für den 14. Juli vereinbart worden war.[86] Der nordrhein-westfälische Ministerpräsident war in diesen Wochen ernsthaft bemüht, eine für die Gewerkschaften akzeptable Lösung in diesen Auseinandersetzungen herbeizuführen. So regte er gegenüber den Vertretern der Bundesvereinigung der Deutschen Arbeitgeberverbände, Raymond und Erdmann, an, die Gespräche zwischen Unternehmern und Gewerkschaften nach dem Vorbild der Hattenheimer Verhandlungen vom Frühjahr 1950 wiederaufzunehmen. Ziel dieser Gespräche sollte eine Übereinkunft sein, die den Gewerkschaften den Rückzug von ihren Maximalforderungen ohne allzu großen Prestigeverlust erlaubt hätte.[87] Obwohl es also überhaupt nicht mehr um einen echten Kompromiß gehen sollte, lehnten die Vertreter der Arbeitgeberverbände Arnolds Vorschlag ab.[88] Gegenüber dem Bundeskanzler betonten Raymond und Erdmann sogar, daß sie auf die Verabschiedung des Betriebsverfassungsgesetzes noch vor den Parlamentsferien „größten Wert" legten.[89] Arnold bemühte sich außerdem, bei Bundeskanzler Adenauer eine Absetzung der 2. Lesung des Betriebsverfassungsgesetzes zu erreichen;[90] es gelang ihm aber nur, das Gespräch der DGB-Vertreter mit dem Bundeskanzler vom 14. Juli zu vermitteln. Über den allgemeinen Stand der Auseinandersetzungen um das Betriebsverfassungsgesetz und speziell über die bevorstehenden Verhandlungen mit dem Bundeskanzler berieten DGB-Bundesvorstand und Bundesausschuß am 11. und 12. Juli.[91] Für die DGB-Führung war die Verschiebung der 2. und 3. Lesung, die vom Ältestenrat des Bundestages auf den 16. bis 18. Juli festgelegt worden waren, auf die Zeit nach der parlamentarischen Sommerpause das einzige Ziel dieser Verhandlungen. Fette gab sich relativ optimistisch, daß dieses Ziel erreicht werden könne. Adenauer bemühe sich, so berichtete er, die 2. und 3. Lesung nicht stattfinden zu lassen. Innerhalb der Koalition gäbe es in dieser Frage scharfe Gegensätze, deshalb käme es darauf an, die dem DGB angehörigen Abgeordneten der CDU/CSU-Fraktion von der Notwendigkeit einer Vertagung zu überzeugen.[92] Fettes

---

[85] Ebenda.

[86] Protokoll der 16. Sitzung des Bundesausschusses des DGB vom 12.7.1952. DGB-Archiv.

[87] Vermerk über eine Besprechung zwischen Ministerpräsident Arnold, Dr. Raymond und Dr. Erdmann am 2.7.1952 (gez.: Raymond). (Abschrift) BA, B 136, 722.

[88] Ebenda.

[89] Vermerk (gez.: Petz) für Bundeskanzler Adenauer vom 10.7.1952. BA, B 136, 722.

[90] Vermerk (gez.: Kilb, BK) für Bundeskanzler Adenauer vom 9.7.1952. BA, B 136, 722.

[91] Protokoll der 30. Sitzung des Bundesvorstandes des DGB vom 11.7.1952. Protokoll Bundesausschuß vom 12.7.1952. DGB-Archiv.

[92] Protokoll Bundesausschuß vom 12.7.1952, a.a.O.

Einschränkung stieß jedoch bei einer ganzen Reihe von gewerkschaftlichen Spitzen-funktionären auf Widerspruch. Vor erneuten Illusionen warnten beispielsweise Hans Jahn und Heinrich Hansen (IG Druck und Papier); Hansen stellte sogar die Möglich-keit eines Generalstreiks zur Diskussion („wenn der DGB das Gesicht nicht verlieren wolle ..."), ebenso wie vom Hoff, der bislang als entschiedener Befürworter der kon-struktiven Zusammenarbeit mit der Bundesregierung gelten konnte.[93]

Einen bemerkenswerten Diskussionsbeitrag lieferte Walter Freitag, der von dem ge-planten Gespräch mit Adenauer gleichfalls keinerlei Ergebnisse erwartete: Die Mitbe-stimmung in der Montanindustrie habe der Bundeskanzler den Gewerkschaften nicht aus einer sozialen Einstellung heraus gegeben. „Politische Gründe spielten damals eine große Rolle."[94] Der IG-Metall- und spätere DGB-Vorsitzende deutete damit einen Zusammenhang an, der in den Diskussionen der DGB-Organe vollständig tabuisiert war: Daß Adenauer sich bei der Montanmitbestimmung hauptsächlich deshalb für die gewerkschaftlichen Forderungen engagiert habe, weil er die Unterstützung des DGB bei der Realisierung seiner Westintegrationspolitik und bei der Abwehr überzogener alliierter Entflechtungswünsche brauchte, und daß Böckler diesen Erfolg letztlich nur um den Preis des Verzichts auf umfassendere gesellschaftspolitische Zielsetzungen er-reichen konnte. Eine Reflexion dieser Zusammenhänge hätte das bei der DGB-Füh-rung weiterhin gültige Bild von Adenauer als neutralem Vermittler zwischen wider-streitenden politischen und sozialen Interessen zugunsten des Bildes vom eher konser-vativ-pragmatischen Machtpolitiker erschüttert. Für strategische Grundsatzdiskussio-nen solcher Art war es allerdings inzwischen zu spät; allzu sorglos hatten die Gewerk-schaften ihren Kampf gegen den Koalitionsentwurf des Betriebsverfassungsgesetzes nach dem Muster der Montanmitbestimmungsauseinandersetzungen angetreten, ohne von der veränderten politischen Situation im Frühjahr 1952 auszugehen. Diese Situation zeichnete sich durch das Erstarken der konservativen Kräfte in Regierung und Gesellschaft aus, was durch die außenpolitischen Erfolge der Regierung Adenauer – genannt seien nur die Ratifizierung des Schumanplans im Januar und die Unterzeich-nung der Deutschland- und EVG-Verträge im Mai 1952 – sowie durch eine allgemeine Verbesserung der wirtschaftlichen Lage bedingt war. Bundesregierung und Unterneh-mer dominierten nun eindeutig in diesen Auseinandersetzungen, die Gewerkschaften konnten allenfalls noch pragmatisch reagieren. Konkrete Beschlüsse jedoch wurden am 12. Juli vom Bundesausschuß nicht gefaßt; zunächst sollten die Verhandlungen mit Adenauer abgewartet werden.

In diesen Verhandlungen demonstrierte Adenauer, wie wenig die Koalitionsparteien es noch nötig hatten, auf die Wünsche der Gewerkschaften Rücksicht zu nehmen. Nach einer Beratungspause kehrte der Bundeskanzler nicht mehr zu den Verhandlun-gen zurück; stattdessen ließ er durch den CDU-Abgeordneten Sabel erklären, daß er dienstlich verhindert sei. Sabel gab außerdem klar zu erkennen, daß die Koalitionspar-teien nicht die Absicht hätten, die 2. und 3. Lesung des Betriebsverfassungsgesetzes zu

---

[93] Protokoll Bundesvorstand vom 11.7.1952, a.a.O.
[94] Protokoll Bundesausschuß vom 12.7.1952, a.a.O.

vertagen.[95] Die schwachen Hoffnungen der DGB-Führung, mit Hilfe des Kanzlers der drohenden Niederlage doch noch entgehen zu können, entpuppten sich somit jählings als Illusionen. Infolgedessen herrschte auf der Sitzung des Bundesausschusses am nächsten Tag allgemeine Resignation vor. Die Mehrheit der Kollegen war nun nicht einmal mehr für einen befristeten Warnstreik zu gewinnen. Der Bundesausschuß verabschiedete lediglich einen Appell an die Bundestagsabgeordneten, die 3. Lesung des Betriebsverfassungsgesetzes von der Tagesordnung abzusetzen, um erneute Verhandlungen über die strittigen Punkte zu ermöglichen.[96] Dieser Appell diente in erster Linie der Selbstbeschwichtigung, ebenso wie Freitags Äußerung, „daß eine Reihe von Freunden in der CDU-Fraktion sich bemühten, die Angelegenheit zu einem einigermaßen erträglichen Abschluß zu bringen".[97]

Zu einem für die Gewerkschaft erträglichen Abschluß der Auseinandersetzungen kam es freilich nicht. Obwohl sich Ministerpräsident Arnold selbst noch einmal bei Bundeskanzler Adenauer für eine Verschiebung der 2. und 3. Lesung eingesetzt hatte,[98] wurde das Betriebsverfassungsgesetz am 19. Juli 1952 mit der Mehrheit der Stimmen der Koalitionsparteien vom Bundestag verabschiedet, ohne daß die zahlreichen Abänderungsanträge der Oppositionsparteien in irgendeiner Form Berücksichtigung gefunden hätten. Aus den Reihen der Koalitionsparteien enthielten sich nur sieben den Gewerkschaften angehörige CDU-Abgeordnete der Stimme.[99] Die Gewerkschaften mußten damit ihre größte Niederlage in der Nachkriegsgeschichte hinnehmen. Letztlich erwies sich also weder die von der DGB-Führung lange Zeit gehegte Hoffnung auf die integrierende Funktion des Bundeskanzlers noch die Hoffnung auf den innerparteilichen Einfluß der CDU-Sozialausschüsse als realistisch.[100]

Welches Verhältnis hatte nun die SPD, der der überwiegende Teil der DGB-Mitglieder angehörte oder zumindest nahestand, zu dieser Politik? Die Haltung der SPD-Führung war ambivalent. Einerseits versuchte die SPD-Fraktion, den Mitbestimmungsvorstellungen des DGB auf der parlamentarischen Ebene zur Durchsetzung zu verhelfen, indem sie die gewerkschaftlichen Vorschläge nahezu unverändert als eigene Gesetzentwürfe übernahm, in den Ausschußberatungen für entsprechende Detailverbesserungen votierte und schließlich gegen das Betriebsverfassungsgesetz als Ganzes stimmte. Andererseits hatte die DGB-Führung die Kampfmaßnahmen gegen die Verabschiedung des Betriebsverfassungsgesetzes ohne jede Absprache mit der SPD-Führung beschlossen, um damit die parteipolitische Neutralität des DGB zu demon-

---

[95] Protokoll der 17. Sitzung des Bundesausschusses des DGB vom 15.7. 1952. DGB-Archiv. (Bericht Fettes über die Verhandlungen vom 14.7.).

[96] Ebenda.

[97] Ebenda.

[98] Fernschreiben Arnold an Adenauer vom 15.7. 1952. BA, B 136, 722.

[99] E. Schmidt: Die verhinderte Neuordnung, S. 220. Verhandlungen des Deutschen Bundestages, Stenographische Berichte, 1. Wahlperiode, Band 12, S. 9945–10094 und 10239–10296.

[100] Zur Rolle der CDU-Sozialausschüsse bei der Verabschiedung des Betriebsverfassungsgesetzes: Rolf Ebbighausen und Wilhelm Kaltenborn: Arbeiterinteressen in der CDU? In: Dittberner/ Ebbighausen: Parteiensystem in der Legitimationskrise, S. 172–199; hier: S. 178.

strieren. Auch inhaltlich entsprach die Konzentrierung der gewerkschaftlichen Aktionen auf die Mitbestimmung und die Betriebsverfassung nur zum Teil den gesellschaftspolitischen Vorstellungen der SPD-Führung. „Mitbestimmung" war eher als der gemeinsame Nenner zu verstehen, auf den sich der sozialdemokratische und der christliche Flügel des DGB im Rahmen der einheitsgewerkschaftlichen Struktur des DGB geeinigt hatten. Diese gemeinsame Zielsetzung implizierte die Gleichberechtigung von Kapital und Arbeit. Die SPD-Führung war demgegenüber mehr an der Aufhebung des Gegensatzes von Kapital und Arbeit orientiert; ihre primären gesellschaftspolitischen Ziele waren die Sozialisierung der Grundstoffindustrien und die gesamtwirtschaftliche Planung.

Von diesen Prämissen her konnten die gewerkschaftlichen Aktionen als Vergeudung des Kampfpotentials der organisierten Arbeiterschaft auf gesellschaftspolitischen Nebenschauplätzen angesehen werden. Beispielhaft dafür war die interne Kritik, die der Sozialisierungsexperte der SPD-Fraktion, Fritz Henßler, der zum engeren Mitarbeiterkreis Schumachers gehörte,[101] an den gewerkschaftlichen Kampfmaßnahmen übte.[102] Der Streit um das Mitbestimmungsrecht berge die Gefahr einer Ablenkung von der „politischen Forderung der Sozialisierung" in sich; durch die Einführung der Mitbestimmung könnten – „auch im Falle eines von den Gewerkschaften als tragbar anerkannten Kompromisses" – „syndikalistische und betriebsegoistische Bestrebungen" gefördert werden; demgegenüber müsse die Sozialisierung mit der Zielrichtung einer einheitlichen Wirtschaftsplanung gefordert werden.[103] Nach Henßlers Auffassung waren die gewerkschaftlichen Aktionen aber auch aus taktischen Gründen zu kritisieren. Die Mitbestimmungsforderungen des DGB seien zwar über die Arbeiterschaft hinaus populär, soweit sie die Großunternehmen mit anonymen Besitzverhältnissen beträfen. Da sie sich jedoch in gleicher Weise auf die Mittel- und Kleinbetriebe bezögen, deren Inhaber zum Teil SPD-Wähler seien, hätten sie eher die Wirkung, diese Wählerschichten in das gegnerische Lager zu treiben. Deshalb müsse sich die SPD-Führung überlegen, wie weit ihre Solidarität mit den Gewerkschaften gehen könne, wenn sie sich nicht selbst gegenüber einem Teil ihrer Wählerschaft in Schwierigkeiten bringen wolle.[104] Die Auseinandersetzungen um das Betriebsverfassungsgesetz ließen erkennen, daß es,

---

[101] Vgl. dazu Edinger: Kurt Schumacher, S. 449.

[102] Henßlers Meinung kann m. E. als repräsentativ für die Haltung des größten Teils des Parteivorstands der SPD angesehen werden, in dem zu dieser Zeit über einen Gesetzentwurf zur Überführung der Grundstoffindustrien in Gemeineigentum beraten wurde, da sich der Parteivorstand mit der schon bestehenden paritätischen Mitbestimmung in der Montanindustrie nicht zufrieden geben wollte.

[103] Brief Henßler an Mellies vom 18. 6. 1952. AsD, NL Henßler, 52 (Durchschrift). Kritisch über die gewerkschaftlichen Aktionen äußerte sich auch Viktor Agartz – freilich erst nach der gewerkschaftlichen Niederlage – in einem Brief an Schumacher. Agartz bezeichnete darin das Betriebsverfassungsgesetz als „arbeitsrechtliches Nebengesetz"; es sei deshalb „durchaus unglücklich" gewesen, daran die gewerkschaftlichen Aktionen aufzuhängen. Brief Agartz an Schumacher vom 6. 8. 1952. AsD, Akte: SPD-Parteivorstand, Wirtschaftspolitik, K 7.

[104] Brief Henßler an Mellies vom 11. 7. 1952. AsD, NL Henßler, 53 (Abschrift). In ähnlicher Tendenz auch Brief Henßler an Ollenhauer vom 31. 5. 1952. AsD, NL Henßler, 5 (Abschrift): „Ich fürchte,

allen Übereinstimmungen in programmatischen Aussagen zum Trotz, doch erhebliche Unterschiede zwischen SPD- und DGB-Führung hinsichtlich ihrer konkreten gesellschaftspolitischen Zielsetzungen gab:[105] Der Parteivorstand der SPD hielt in seiner Mehrheit noch an dem der Tradition der SPD der Weimarer Zeit verhafteten Programm der einheitlichen Lenkung der Wirtschaft fest, wobei die Sozialisierung der Grundstoffindustrien eine wichtige Vorreiterfunktion haben sollte; der gewerbliche Mittelstand wurde in diesem Konzept als möglicher Bündnispartner gegen das Großkapital angesehen.[106] Dagegen konzentrierte die DGB-Führung ihre Aktivitäten auf die Durchsetzung der Mitbestimmung auf den verschiedensten Ebenen des wirtschaftlichen Lebens; die ursprünglich gleichermaßen geforderte Überführung der Grundstoffindustrien in Gemeineigentum trat demgegenüber in den Hintergrund. Diese Tendenz entsprach dem in der Einheitsgewerkschaft angelegten strukturellen Kompromiß zwischen sozialdemokratischem und christlichem Gewerkschaftsflügel, verstärkte sich jedoch noch nach der gesetzlichen Regelung der Montanmitbestimmung, die die Funktionsfähigkeit und parteiunabhängige Geschlossenheit des DGB zu bestätigen schien. Eng verknüpft damit war die prinzipielle Anerkennung der Außen- und Wirtschaftspolitik der Bundesregierung in der Hoffnung auf eine weiterhin entgegenkommende Haltung bei der Regelung der Mitbestimmung.

Durch die Niederlage der Gewerkschaften im Sommer 1952 wurde offenkundig, daß sich die DGB-Führung mit ihrer Politik der strikten parteipolitischen Unabhängigkeit „zwischen die Stühle gesetzt" hatte: Die Hoffnung auf die Zusammenarbeit mit der Bundesregierung und auf das Gewicht der CDU-Gewerkschafter erwies sich letztlich als trügerisch. Konsequenzen, wenngleich nur personeller Art, aus der gescheiterten Politik der DGB-Führung wurden auf dem DGB-Bundeskongreß am 13.–17. Oktober 1952 gezogen: Anstelle Fettes wurde Walter Freitag, der als Kandidat des Parteivor-

---

daß etliche dieser Kampfmaßnahmen von der gegenwärtigen Regierungskoalition im Stillen begrüßt werden, weil sie mithelfen, den gewerblichen Mittelstand nicht nur gegen die Gewerkschaften, sondern auch gegen die SPD zu mobilisieren."

[105] Zum Verhältnis SPD-DGB vgl. auch Horst W. Schmollinger: Gewerkschafter in der SPD – Eine Fallstudie. In: Dittberner/Ebbighausen: Parteien in der Legitimationskrise, S. 229–274; hier: S. 234 ff.

[106] Eine Differenzierung zwischen einzelnen Flügeln innerhalb der SPD kann – sofern es für diesen Zusammenhang überhaupt relevant wäre – nicht vorgenommen werden. Hier sollen in erster Linie die globaleren Tendenzen skizziert werden. Allerdings ist zur Entwicklung der wirtschafts- und gesellschaftspolitischen Programmatik der SPD anzumerken, daß sich zwischen den „Dürkheimer 16 Punkten" vom August 1950 und dem „Dortmunder Aktionsprogramm" vom September 1952 insofern eine Veränderung vollzog, als die Dürkheimer 16 Punkte das Hauptgewicht auf die Planung und Lenkung der Wirtschaft sowie auf die Sozialisierung der Grundstoff- und Schlüsselindustrien legten, das Dortmunder Aktionsprogramm jedoch neben der Planung auch den Leistungswettbewerb in dafür geeigneten Wirtschaftszweigen und die Förderung des kleineren und mittleren Privateigentums betonte. Das Berliner Aktionsprogramm vom 1954 stand dann unter dem Motto: „Wettbewerb soweit wie möglich, Planung soweit wie nötig." Vgl. dazu Susanne Miller: Die SPD vor und nach Godesberg. Bonn-Bad Godesberg 1974, S. 26 ff. und Hans Jochen Brauns, Urs Jaeggi, Klaus Peter Kisker, Axel Zerdick und Burkhard Zimmermann: Die SPD in der Krise. Die deutsche Sozialdemokratie seit 1945. Frankfurt a. M. 1976, S. 150 ff.

stands der SPD galt, zum Vorsitzenden des DGB gewählt; die für die Mitbestimmungspolitik besonders verantwortlichen Vorstandsmitglieder vom Hoff und Bührig mußten, vermutlich ebenfalls auf Druck des SPD-Vorstands, aus ihren Ämtern ausscheiden.[107]

---

[107] Protokoll des 2. ordentlichen Bundeskongresses des DGB in Berlin, 13. bis 17. 10. 1952. Düsseldorf o. J.

Zusammenfassung und Schlußbemerkung

Ausgangspunkt dieser Untersuchung war die Frage, ob die gesetzliche Absicherung der paritätischen Mitbestimmung in der Montanindustrie 1951 ein Sieg der Gewerkschaften war oder ein Zugeständnis der Bundesregierung zum Preis stillschweigender Unterstützung ihrer Außen-, Wirtschafts- und Verteidigungspolitik seitens der Gewerkschaften. Für die Anhänger der erstgenannten Interpretation stellt die Verteidigung der Montanmitbestimmung ein seither nicht mehr erreichtes Ideal gewerkschaftlicher Kampfentschlossenheit und Streikbereitschaft dar. Dagegen impliziert die letztere Interpretation, daß die Sonderregelung der paritätischen Mitbestimmung in der Montanindustrie den Verzicht der Gewerkschaften auf die Realisierung ihrer Vergesellschaftungsforderungen und die Niederlage bei der Verabschiedung des Betriebsverfassungsgesetzes von 1952 zur Folge hatte.

Zur Beantwortung dieser Frage mußte zunächst auf die Anfangsphase der paritätischen Mitbestimmung rekurriert werden. Die Montanmitbestimmung verdankte ihre Entstehung der Situation der ersten Nachkriegsjahre. Die britische Militärregierung beschlagnahmte 1945/46 den Kohlenbergbau und die Eisen- und Stahlindustrie und unterstellte sie einer treuhänderischen Verwaltung, die so lange aufrechterhalten werden sollte, bis „das deutsche Volk" über die zukünftigen Eigentümer, die in keinem Fall die alten Besitzer sein sollten, entschieden haben würde. In der Folgezeit wurden die Altkonzerne in insgesamt 25 kleinere Unternehmen aufgeteilt. Die Gewerkschaften, deren wirtschaftspolitische Vorstellungen die Vergesellschaftung der Grundstoffindustrien, die Einführung der paritätischen Mitbestimmung auf betrieblicher Ebene und die gesamtwirtschaftliche Rahmenplanung umfaßten, sahen in der Entflechtung der Konzerne den Ausgangspunkt für eine umfassende Neuordnung und erklärten sich zur Mitarbeit bereit. Als Zugeständnis an die Gewerkschaften wurde in den entflochtenen Unternehmen von den britischen Militärbehörden 1947/48 die paritätische Mitbestimmung eingeführt.

Mit der Gründung der Bundesrepublik und der Bildung einer bürgerlichen Regierungskoalition aus CDU/CSU, FDP und DP verschlechterten sich die Voraussetzungen für eine weitere Durchsetzung der paritätischen Mitbestimmung. Die Verhandlungen zwischen Arbeitgeberverbänden und Gewerkschaften in der ersten Hälfte des Jahres 1950 zeigten, daß die Unternehmerverbände nicht willens waren, den Gewerkschaften in dieser Frage relevante Zugeständnisse zu machen. Ferner gingen die Entwürfe der Bundesregierung bzw. der CDU/CSU für ein Betriebsverfassungsgesetz von dem Grundsatz aus, daß nur ein Drittel der Aufsichtsratsitze in den Unternehmen von Vertretern der Arbeitnehmer besetzt werden sollten.

Während aber die Mitbestimmung alleinige Angelegenheit der Bundesrepublik war, verblieben auf dem Gebiet der Entflechtung und Neuordnung der Montanindustrie wichtige Kontrollrechte bei den Westalliierten. Für die konkrete Planung und Durchführung der Neuordnung waren die Stahltreuhändervereinigung und die Deutsche Kohlenbergbau-Leitung, in denen auch Gewerkschafter vertreten waren, als beratende Organe der alliierten Kontrollbehörden zuständig. Der Bundesregierung, die zunächst auf die Neuordnung der Montanindustrie keinen Einfluß hatte, gelang es erst im Zusammenhang mit dem Schumanplan im Herbst 1950, von der Alliierten Hohen Kommission als Verhandlungspartner in den Fragen der Neuordnung anerkannt zu werden. Ihr Ziel war der Abbau der bestehenden alliierten Kontrollrechte und die Wiederherstellung der freien Verfügung der Eigentümer über ihr Kapital. Ferner plädierte sie, in Zusammenarbeit mit Vertretern der Altkonzerne, für eine weitgehende wirtschaftliche Rückverflechtung von Eisen- und Kohleunternehmen, vornehmlich im Rahmen der Altkonzerne. Über das Ausmaß des Verbundes von Eisen und Kohle kam es zwischen den Hohen Kommissaren und der Bundesregierung zu mehrmonatigen Verhandlungen, die erst im März 1951, im Vorfeld der Unterzeichnung des Schumanplans, mit einem Kompromiß beendet wurden.

Die Gewerkschaften sahen ihre Neuordnungspläne durch die Einschaltung der Bundesregierung tendenziell gefährdet. Als im Oktober 1950 bekannt wurde, daß das Bundeswirtschaftsministerium an einer Durchführungsverordnung arbeitete, nach der die Gründung der neuen Montanunternehmer „nach deutschem Recht" erfolgen sollte, interpretierten das die Gewerkschaften als Versuch, die seit 1947 praktizierte paritätische Mitbestimmung abzuschaffen. Nach Mobilisierung ihrer Mitgliederschaft in der IG Metall und der IG Bergbau, nach Urabstimmung und Streikdrohung kam es im Januar 1951 zu Verhandlungen zwischen Vertretern der Gewerkschaften und Unternehmern der Montanindustrie unter Vermittlung von Bundeskanzler Adenauer. Das Ergebnis dieser Verhandlungen war die gesetzliche Regelung der paritätischen Mitbestimmung gemäß dem in den entflochtenen Betrieben praktizierten Modell für die Bereiche eisen- und stahlschaffende Industrie und Kohlenbergbau.

Das Ergebnis dieser Verhandlungen wurde von Beteiligten und von Beobachtern überwiegend als uneingeschränkter Sieg der Gewerkschaften beurteilt. Dabei wird allerdings übersehen, daß dieses Ergebnis nur deshalb zustande kommen konnte, weil sich die Gewerkschaften als Gegenleistung zu einer stillschweigenden Unterstützung wesentlicher Aspekte der Wirtschafts-, Außen- und Verteidigungspolitik der Bundesregierung bereiterklärten:

1. Auf dem Gebiet der Neuordnung der Montanindustrie unterstützten die Gewerkschaften den verbundwirtschaftlich orientierten Neuordnungsplan der Bundesregierung, obwohl dieser Plan Tendenzen zur Wiederherstellung der alten Konzerne erkennen ließ. Für die Bundesregierung war die Unterstützung ihres Neuordnungskonzeptes durch die Gewerkschaften deshalb wichtig, weil sie nur dann eine Chance sah, die Alliierten von ihren wesentlich weiter gehenden Entflechtungsplänen abzubringen, wenn auf deutscher Seite alle beteiligten Interessengruppen einem einheitlichen Neuordnungsplan zustimmten. Eine zufriedenstellende Regelung der Neuordnung im Sinne der Bundesregierung war auch die Voraussetzung für die Zustimmung der bürgerlichen Parteien und der Unternehmer zum Schumanplan dar.

2. Bei den Verhandlungen im Januar 1951 erklärten sich die DGB-Vertreter ausdrücklich bereit, im Augenblick auf weitergehende politische Forderungen zu verzichten. Fragen der weiteren Durchsetzung der Mitbestimmung, der Sozialisierung der Grundstoffindustrien sowie der Schumanplan- und Wiederbewaffnungspolitik wurden bei diesen Verhandlungen bewußt ausgeklammert. Das bedeutete faktisch, daß die DGB-Führung bereit war, die Politik der Bundesregierung prinzipiell zu akzeptieren, wenn die Montanmitbestimmung gesetzlich verankert werden würde. Die Bundesregierung war insofern auf die – zumindest stillschweigende – Unterstützung des Schumanplans und die Tolerierung der Wiederbewaffnung durch die Gewerkschaften angewiesen, als im Falle harter sozialpolitischer Konfrontationen nicht von vornherein mit der Zustimmung der dem linken Flügel der CDU/CSU angehörigen christlichen Gewerkschafter zur Politik der Bundesregierung gerechnet werden konnte; das hätte, bei der schmalen parlamentarischen Basis der Regierung Adenauer, den Bestand der Koalition gefährden können.

3. Die Bereitschaft der Bundesregierung zur Unterzeichnung des Montanunionvertrags war wiederum die Voraussetzung für die von den Alliierten Hohen Kommissaren getroffene, von der Bundesregierung unterstützte Entscheidung über die Rückgabe des unter Treuhänderverwaltung gestellten Eigentums an die Altbesitzer. Die gewerkschaftliche Zustimmung zum Schumanplan begünstigte somit indirekt diese Entscheidung. Das Argument der Bundesregierung, daß durch die paritätische Mitbestimmung die Eigentumsrechte neutralisiert seien, erwies sich darüberhinaus als wirksames ideologisches Kampfmittel gegen die Vergesellschaftungsforderungen der Gewerkschaften. Daher konnte die Rückgabe des Eigentums an die Altbesitzer ohne wirksame Gegenmaßnahme der Gewerkschaften und unter weitgehender Ausschaltung der parlamentarischen Instanzen vonstatten gehen.

Nach Adenauers Eintreten für die Montanmitbestimmung verstärkte sich im Frühjahr 1951 die Bereitschaft der Gewerkschaften, auf verschiedenen politischen Ebenen konstruktiv mit der Bundesregierung zusammenzuarbeiten. Die DGB-Führung erwartete als Gegenleistung eine wohlwollende Haltung der Bundesregierung gegenüber weiteren gewerkschaftlichen Mitbestimmungsforderungen. Doch bereits im Juli 1951 zeigte sich, daß die Bundesregierung kaum zu weiteren substanziellen Zugeständnissen bereit sein würde. In Verhandlungen mit der DGB-Führung gelang es der Bundesregierung, die Gewerkschaften so lange hinzuhalten, bis sich die politische und wirtschaftliche Situation der Bundesrepublik weiter stabilisiert hatte. Als die Gewerkschaften im Frühjahr 1952 zum „Kampf gegen das Betriebsverfassungsgesetz" antraten, war bereits der Montanunionvertrag ratifiziert, und die Unterzeichnung des EVG-Vertrags stand unmittelbar bevor. Das Scheitern der Gewerkschaften im Kampf gegen das Betriebsverfassungsgesetz im Juli 1952 machte deutlich, daß die Zusammenarbeit mit der Bundesregierung, die eine deutliche Entfremdung zur SPD-Führung zur Folge hatte, für die Gewerkschaften nur so lange Früchte tragen konnte, wie die Bundesregierung auf ihre Mitarbeit angewiesen war; das war bei den Auseinandersetzungen um die Montanmitbestimmung noch der Fall gewesen. Die Niederlage der Gewerkschaften bei der Verabschiedung des Betriebsverfassungsgesetzes war nicht *nur* die Folge einer inkonsequenten und zu wenig kampfbereiten Politik der DGB-Führung um Christian Fette. Sie war insofern durch die Sonderregelung der Montanmitbestimmung vorprogrammiert, als die konkreten politischen und wirtschaftlichen Bedingungen der Entstehung des Montanmitbestimmungsgesetzes nicht reflektiert wurden, sondern die Auseinandersetzungen zum Mythos des gewerkschaftlichen Sieges, der aufgrund der großen Kampfbereitschaft errungen worden sei, uminterpretiert wurden. Diese Interpretation belastete die Nachfolger Böcklers in der DGB-Führung erheblich, zumal die Bundesregierung aufgrund der weiteren Verschiebung der gesellschaftlichen und politischen Kräfteverhältnisse zugunsten des Bürgertums und aufgrund der zunehmenden politischen und wirtschaftlichen Stabilisierung nicht mehr an einer Zusammenarbeit mit den Gewerkschaften interessiert war.

Zum Schluß wäre zu fragen, warum der Mythos vom Sieg der Gewerkschaften in der Montanmitbestimmung bislang kaum ernsthaft in Frage gestellt wurde. Hier kann nur die Vermutung geäußert werden, daß in gewisser Weise sowohl die dem rechten als auch dem linken Spektrum angehörenden Gewerkschafter an der Aufrechterhaltung des Mythos interessiert sind: Gewerkschafter auf der Linken, weil sie im „Kampf um die Montanmitbestimmung" nach wie vor ein Vorbild für den gewerkschaftlichen Kampf zur Durchsetzung gesellschaftsverändernder Reformen erblicken; auf der Rechten, weil sie das Bild Hans Böcklers als unbestrittener Führungspersönlichkeit des DGB in seiner Anfangsphase nicht angetastet sehen wollen. Über die Rezeption dieses Mythos wäre jedoch eine eigene Untersuchung erforderlich.

Abkürzungsverzeichnis

AfS	Archiv für Sozialgeschichte
AG	Aktiengesellschaft
AHK	Alliierte Hohe Kommission
AsD	Archiv der sozialen Demokratie (Friedrich-Ebert-Stiftung)
BA	Bundesarchiv
BDA	Bundesvereinigung der Deutschen Arbeitgeberverbände
BDI	Bundesverband der Deutschen Industrie
BK	Bundeskanzleramt
BP	Bayernpartei
BWM	Bundeswirtschaftsministerium
CCCG	Combined Coal Control Group
CDU	Christlich-Demokratische Union
CSA	Christlich-Soziale Arbeitnehmerschaft
CSG	Combined Steel Group
CSU	Christlich-Soziale Union
DGB	Deutscher Gewerkschaftsbund
DKBL	Deutsche Kohlenbergbau-Leitung
DNVP	Deutsch-Nationale Volkspartei
DP	Deutsche Partei
Euratom	Europäische Gemeinschaft für Atomenergie
EVG	Europäische Verteidigungsgemeinschaft
EWG	Europäische Wirtschaftsgemeinschaft
FDP	Freie Demokratische Partei
GBAG	Gelsenkirchner Bergwerks-Aktiengesellschaft
GdED	Gewerkschaft der Eisenbahner Deutschlands
GHH	Gutehoffnungshütte
IBFG	Internationaler Bund freier Gewerkschaften
IG	Industriegewerkschaft
KPD	Kommunistische Partei Deutschlands
MdB	Mitglied des Bundestages
NESI	Die Neuordnung der Eisen- und Stahlindustrie im Gebiet der Bundesrepublik Deutschland (Buchtitel)
NGCC	North German Coal Control
NGISC	North German Iron and Steel Control
NL	Nachlaß
ÖTV	Gewerkschaft Öffentliche Dienst, Transport und Verkehr
PVS	Politische Vierteljahresschrift
SPD	Sozialdemokratische Partei Deutschlands
STV	Stahltreuhändervereinigung
TrHV	Treuhandverwaltung (im Auftrag der NGISC)
UK-/US-Steel-Group	Stahlkontrollgruppe Großbritanniens und der USA
VfZ	Vierteljahrshefte für Zeitgeschichte
WWI	Wirtschaftswissenschaftliches Institut der Gewerkschaften
ZfG	Zeitschrift für Geschichtswissenschaft

Quellen- und Literaturverzeichnis

1. UNVERÖFFENTLICHTE QUELLEN (ARCHIVMATERIALIEN)

a. Bundesarchiv, Koblenz

B 102 (Bundesministerium für Wirtschaft)
B 109 (Stahltreuhändervereinigung, mit Vorakten der Treuhandverwaltung im Auftrag der North German Iron and Steel Control)
B 136 (Bundeskanzleramt)
B 146 (Bundesministerium für Angelegenheiten des Marshallplans)

Nachlässe
  Franz Blücher
  Jakob Kaiser
  Willi Richter
  Hermann Pünder

b. Archiv der sozialen Demokratie (Friedrich-Ebert-Stiftung), Bonn-Bad Godesberg

Akten des Parteivorstandes der SPD
Signatur K: Programmatik
Signatur L: Wirtschaftspolitisches Referat
Signatur Q: Bestand Kurt Schumacher
Nachlaß Heinrich Deist
Nachlaß Fritz Henßler

c. Archiv des Deutschen Gewerkschaftsbundes, Düsseldorf

Protokolle (1949–1952):
Geschäftsführender Vorstand des DGB
Bundesvorstand des DGB
Bundesausschuß des DGB
Handakten (1945–1952), z. T. ungeordnet (vgl. dazu die diesbezügliche Bemerkung in der Einleitung); vor allem Akten aus der Hauptabteilung IV („Wirtschaftspolitik")

d. Parlamentsarchiv des Deutschen Bundestages, Bonn

Protokolle des Bundestagsausschusses für Wirtschaft, 1. Wahlperiode (1949–1953)
Protokolle des Bundestagsausschusses für Arbeit, 1. Wahlperiode (1949–1953)

2. BEFRAGUNGEN

Friedrich Heine, Bad Münstereifel
Erich Potthoff, Düsseldorf
Herbert Kriedemann, Friedrichsdorf/Ts.

3. VERÖFFENTLICHTE QUELLEN
(Protokolle, Tätigkeitsberichte, Reden, Memoiren, Dokumentensammlungen)

Adenauer, Konrad: Erinnerungen 1945–1953. Stuttgart 1965.

Agartz, Viktor: Sozialistische Wirtschaftspolitik. Rede auf dem Parteitag der Sozialdemokratischen Partei Deutschlands am 9. Mai 1946 in Hannover. Hamburg o. J.

ders.: Gewerkschaft und Arbeiterklasse. München ²1973. (Neuauflage)

ders. und Deist, Heinrich: Gesetz Nr. 75 und Ruhrstatut. O. O., o. J.

Amt des Amerikanischen Hochkommissars für Deutschland: Bericht über Deutschland. 21. 9. 1949–31. 7. 1952. O. O., o. J.

Berger, Georg: Die Sozialisierung der Bergbauwirtschaft. Bochum 1947. (Referat Bergers auf der 1. Zonenkonferenz des Industrieverbandes Bergbau am 28./29. 1. 1947 über Aufbau und Wirtschaftsweise des sozialisierten Kohlenbergbaus)

Clay, Lucius D.: Entscheidung in Deutschland. Frankfurt a. M. 1950.

Dokumentation der Europäischen Integration 1946–1961. Hrsg. von Heinrich von Siegler. Bonn, Wien, Zürich 1961.

Dokumente zur parteipolitischen Entwicklung in Deutschland seit 1945. Hrsg. von Ossip K. Flechtheim. Berlin 1963 ff. (9 Bde.)

Drittes europäisches Gespräch. Gewerkschaften im Staat. In der Engelsburg Recklinghausen. Im Auftrag des Deutschen Gewerkschaftsbundes hrsg. von Wolfgang Hirsch-Weber. O. O., o. J.

Geschäftsbericht der Industriegewerkschaft Metall für die britische Zone und das Land Bremen 1947/48. Mülheim/Ruhr 1948.

Geschäftsbericht des Bundesvorstandes des Deutschen Gewerkschaftsbundes 1950–1951. Hrsg. vom Bundesvorstand des Deutschen Gewerkschaftsbundes. Köln 1952.

Die Gewerkschaftsbewegung in der britischen Besatzungszone. Geschäftsbericht des Deutschen Gewerkschafts-Bundes (britische Besatzungszone) 1947–1949. Köln 1949.

Grosse, Franz: Die Neuordnung der deutschen Bergbauwirtschaft. Bochum 1951.

Informations- und Nachrichtendienst der Bundespressestelle des DGB. Band I bis IV. Düsseldorf 1950–1952.

Jahrbuch der Sozialdemokratischen Partei Deutschlands. Hrsg. vom Vorstand der Sozialdemokratischen Partei Deutschlands. 1946 ff.

Kost, Heinrich: Die Tätigkeit der Deutschen Kohlenbergbauleitung. Schlußbericht. In: Glückauf, 90. Jg. (1954), S. 89–106.

Mitbestimmung und Gewerkschaften 1945–1949. Dokumente und Materialien. Frankfurt a. M. 1972.

Mitteilungen der Arbeitsgemeinschaft der Schutzvereinigungen für Wertpapierbesitz e. V. Düsseldorf 1948 ff.

Naphtali, Fritz: Wirtschaftsdemokratie – Ihr Wesen, Weg und Ziel. Frankfurt a. M. 1966. (Neuauflage)

Die Neuordnung der Eisen- und Stahlindustrie im Gebiet der Bundesrepublik Deutschland. Ein Bericht der Stahltreuhändervereinigung. München und Berlin 1954. (Abgekürzt: NESI)

Protokoll der ersten Gewerkschaftskonferenz der britischen Zone vom 12. bis 14. März 1946. O. O., o. J.

Protokoll des außerordentlichen Bundeskongresses des DGB (britische Zone) vom 16. bis 18. 6. 1948 in Recklinghausen. Köln 1949.

Protokoll des Gründungskongresses des Deutschen Gewerkschaftsbundes am 12. bis 14. 10. 1949 in München. Köln o. J.

Protokoll des außerordentlichen Bundeskongresses des DGB in Essen am 22. bis 23. 6. 1951, Köln 1951.

Protokoll des 2. ordentlichen Bundeskongresses des DGB in Berlin, 13. bis 17. 10. 1952. Düsseldorf o. J.

Reimann, Max: Entscheidungen 1945–1956. Frankfurt a. M. 1973.

Schumacher, Kurt: Die Sozialdemokratie im neuen Deutschland. Hamburg 1946.

ders.: Reden und Schriften. Hrsg. von Arno Schulz und Walther G. Oschilewski. Berlin-Grunewald 1962.

SOPADE – Querschnitt durch Politik und Wirtschaft. Sozialdemokratische Parteikorrespon-
denz. Hrsg. vom Vorstand der SPD. 1947 ff.

Verhandlungen des Deutschen Bundestages. Stenographische Berichte, 1. Wahlperiode
1949–1953, Band 1–17, Bonn 1950–1953.

4. ZEITSCHRIFTEN UND ZEITUNGEN

Archiv für Sozialgeschichte. 1961 ff. (Abk.: AfS)

Aus Politik und Zeitgeschichte. Beilage zur Wochenzeitung „Das Parlament".

Beiträge zur Geschichte der Arbeiterbewegung. 1959 ff.

Beiträge zur Zeitgeschichte.

Blätter für deutsche und internationale Politik.

Der Bund. Das Gewerkschaftsblatt der britischen Zone. Jg. 1 (1947)–Jg. 3 (1949).

Die neue Gesellschaft.

Europa-Archiv.

Geist und Tat. Monatsschrift für Recht, Freiheit und Kultur.

Gewerkschaftliche Monatshefte. 1950 ff.

Handelsblatt.

Industriekurier.

Internationale Wissenschaftliche Korrespondenz zur Geschichte der deutschen Arbeiterbewegung.

Keesings Archiv der Gegenwart.

Metall. Zeitung der Industriegewerkschaft Metall für die Bundesrepublik Deutschland. Jg. 2
(1950)–Jg. 4 (1952).

Neuer Vorwärts. 1947 ff.

Politische Bildung.

Politische Vierteljahresschrift. (PVS), 1960 ff.

Vierteljahrshefte für Zeitgeschichte. (VfZ), 1953 ff.

Zeitschrift für Geschichtswissenschaft. (ZfG), 1953 ff.

5. DARSTELLUNGEN UND EINZELSTUDIEN

Abelshauser, Werner: Wirtschaft in Westdeutschland 1945–1948. Rekonstruktion und Wachstumsbedingungen in der amerikanischen und britischen Zone. Stuttgart 1975.

ders.: Die verhinderte Neuordnung? Wirtschaftsordnung und Sozialstaatsprinzip in der Nachkriegszeit. In: Politische Bildung 9/1976, S. 53–72.

Abendroth, Wolfgang: Die deutschen Gewerkschaften. Wege demokratischer Integration. Hei-
delberg 1954.

ders.: Aufstieg und Krise der deutschen Sozialdemokratie. Das Problem der Zweckentfremdung
einer politischen Partei durch die Anpassungstendenz von Institutionen an vorgegebene
Machtverhältnisse. Frankfurt a. M. 1964.

ders.: Antagonistische Gesellschaft und politische Demokratie. Aufsätze zur politischen Soziologie. Neuwied und Berlin 1967.

Adamsen, Heiner R.: Investitionshilfe für die Ruhr: Wiederaufbau, Verbände und Soziale
Marktwirtschaft 1948–1952. Wuppertal 1981.

Ambrosius, Gerold: Die Durchsetzung der sozialen Marktwirtschaft in Westdeutschland 1945–1949. Stuttgart 1977.

Arbeiterbewegung an Rhein und Ruhr. Beiträge zur Geschichte der Arbeiterbewegung, Hrsg. von Jürgen Reulecke. Wuppertal 1974.

Arbeiterinitiative 1945. Antifaschistische Ausschüsse und Reorganisation der Arbeiterbewegung in Deutschland. Hrsg. von Lutz Niethammer, Ulrich Borsdorf und Peter Brandt. Wuppertal 1976.

Badstübner, Rolf: Zum Kampf der Arbeiterklasse um die Beseitigung des Ruhrmonopols 1946/47. In: Beiträge zur Zeitgeschichte I (1960), S. 19 ff.

ders.: Restauration in Westdeutschland 1945–1949. Berlin (DDR) 1965.

ders. und Thomas, Siegfried: Restauration und Spaltung. Entstehung und Entwicklung der BRD 1945–1955. Köln 1975.

Bahl, Volker: Staatliche Politik am Beispiel der Kohle. Frankfurt a. M. und New York 1977.

Balabkins, Nicolas: German under Direct Control. Economic Aspects of Industrial Disarmament 1945–1948. New Brunswick, N. J. 1964.

Baring, Arnulf: Außenpolitik in Adenauers Kanzlerdemokratie. Bonns Beitrag zur Europäischen Verteidigungsgemeinschaft. München und Wien 1969.

Beier, Gerhard: Einheitsgewerkschaft. Zur Geschichte eines organisatorischen Prinzips der deutschen Arbeiterbewegung. In: AfS 13 (1973), S. 207 ff.

ders.: Der Demonstrations- und Generalstreik vom 12. November 1948. Frankfurt a. M. 1975.

Bewegt von der Hoffnung aller Deutschen. Zur Geschichte des Grundgesetzes. Entwürfe und Diskussionen 1941–1949. Hrsg. von Wolfgang Benz. München 1979.

Billerbeck, Rudolf: Die Abgeordneten der ersten Landtage (1946–1951) und der Nationalsozialismus. Düsseldorf 1971.

Blanke, Bernhard u. a. (Hrsg.): Die Linke im Rechtsstaat. (2 Bde.) Berlin 1976.

Borsdorf, Ulrich: Hans Böckler – Arbeit und Leben eines Gewerkschafters von 1875 bis 1945. Köln 1982.

Brauns, Hans Jochen/Jaeggi, Urs/Kisker, Klaus Peter/Zerdick, Axel und Zimmermann, Burkhard: Die SPD in der Krise. Die deutsche Sozialdemokratie seit 1945. Frankfurt a. M. 1976.

Briefs, Goetz: Das Gewerkschaftsproblem, gestern und heute. Frankfurt a. M. 1955.

Buczylowski, Ulrich: Kurt Schumacher und die deutsche Frage. Sicherheitspolitik und strategische Offensivkonzeption vom August 1950 bis September 1951. Stuttgart-Degerloch 1973.

Bundesverband der Deutschen Industrie (Hrsg.): Fünf Jahre BDI. Aufbau und Arbeitsziele des industriellen Spitzenverbandes. Bergisch-Gladbach 1954.

Cornides, Wilhelm: Die Weltmächte und Deutschland. Geschichte der jüngsten Vergangenheit 1945–1955. Tübingen und Stuttgart 1957.

Czempiel, Ernst Otto: Das amerikanische Sicherheitssystem 1945–1949. Berlin 1966.

Deist, Heinrich: Macht und Freiheit. Frankfurt a. M. 1959.

Deppe, Frank/Fülberth, Georg und Harrer, Jürgen (Hrsg.): Geschichte der deutschen Gewerkschaftsbewegung, Köln 1977.

Deppe, Frank/von Freyberg, Jutta/Kievenheim, Christof/Meyer, Regine und Werkmeister, Frank: Kritik der Mitbestimmung. Partnerschaft oder Klassenkampf? Frankfurt a. M. 1972.

Deuerlein, Ernst: CDU/CSU 1945–1957. Beiträge zur Zeitgeschichte. Köln 1957.

ders.: Die Einheit Deutschlands. Die Erörterungen und Entscheidungen der Kriegs- und Nachkriegskonferenzen 1941–1949. Frankfurt a. M. ²1961.

Diebold, William jr.: The Schuman Plan. A Study in Economic Cooperation 1950–1959. New York 1959.

Dittberner, Jürgen und Ebbighausen, Rolf: Parteiensystem in der Legitimationskrise. Studien und Materialien zur Soziologie der Parteien in der Bundesrepublik Deutschland. Opladen 1973.

Edinger, Lewis J.: Kurt Schumacher. Persönlichkeit und politisches Verhalten. Köln und Opladen 1967.

Ehni, Hans Peter: Sozialistische Neubauforderungen und Proklamation des „Dritten Weges". Richtungen sozialdemokratischer Wirtschaftspolitik 1945–1947. In: AfS 13 (1973), S. 131–190.

Festschrift für Otto Brenner zum 60. Geburtstag. Hrsg. von Peter von Oertzen. Frankfurt a. M. 1967.

Fichter, Michael: Besatzungsmacht und Gewerkschaften. Zur Entwicklung und Anwendung der US-Gewerkschaftspolitik in Deutschland 1944–1948. Opladen 1982.

Fichter, Tilman und Eberle, Eugen: Kampf um Bosch. Berlin 1974.

Fünfundsiebzig Jahre Industriegewerkschaft. 1891 bis 1966. Vom Deutschen Metallarbeiterverband bis zur Industriegewerkschaft Metall. Hrsg. von der IG Metall für die Bundesrepublik Deutschland. (Text: Fritz Opel und Dieter Schneider) Frankfurt a. M. 1966.

Geschichte der deutschen Arbeiterbewegung. Hrsg. vom Institut für Marxismus-Leninismus beim Zentralkomitee der SED. Band 6–7. Berlin (DDR) 1966.

Gewerkschaften am Kreuzweg. Ausgewählte Beiträge aus den „Arbeitsheften der Sozialwissenschaftlichen Vereinigung". Hrsg. von Adolf Brock. Berlin 1973.

Gewerkschaftliche Politik. Reform aus Solidarität. Zum 60. Geburtstag von Heinz O. Vetter. Hrsg. von Ulrich Borsdorf, Hans O. Hemmer, Gerhard Leminsky und Heinz Markmann. Köln 1977.

Gimbel, John: Amerikanische Besatzungspolitik in Deutschland 1945 bis 1949. Frankfurt a. M. 1971.

ders.: The Origins of the Marshall Plan. Stanford 1976.

Glück auf, Kameraden! Die Bergarbeiter und ihre Organisationen in Deutschland. Hrsg. von Hans Mommsen und Ulrich Borsdorf. Köln 1979.

Grosser, Alfred: Geschichte Deutschlands seit 1945. Eine Bilanz. München 1974.

Grundlagen der Einheitsgewerkschaft. Hrsg. von Ulrich Borsdorf, Hans O. Hemmer und Martin Martiny. Frankfurt a. M. 1977 (mit Dokumenten und Materialien).

Gurland, Arcadius R. L.: Die CDU/CSU. Ursprünge und Entwicklung bis 1953. Hrsg. von Dieter Emig. Frankfurt a. M. 1980.

Haas, Ernst B.: The Uniting of Europe. Political, Social and Economic Forces. 1950–1957. London 1958.

Hahn, Carl Horst: Der Schuman-Plan. Eine Untersuchung im besonderen Hinblick auf die deutsch-französische Stahlindustrie. München 1953.

Hartwich, Hans-Hermann: Sozialstaatspostulat und gesellschaftlicher status quo. Köln und Opladen 1970.

Haußmann, Frederick: Der Neuaufbau der deutschen Kohlenwirtschaft im internationalen Rahmen. München und Berlin 1950.

Heidenheimer, Arnold J.: Adenauer and the CDU. The Rise of the Leader and the Integration of the Party. Den Haag 1960.

Hellwig, Fritz: Westeuropas Montanwirtschaft. Kohle und Stahl beim Start der Montanunion. Köln 1953.

Hennig, Helmut: Entflechtung und Neuordnung der westdeutschen Montanindustrie unter besonderer Berücksichtigung der Verbundwirtschaft zwischen Kohle und Eisen. Diss. Bern 1952.

Herchenröder, Karl Heinrich/Schäfer, Johannes und Zapp, Manfred: Die „Neuordnung" der Montanindustrie. Die Nachfolger der Ruhrkonzerne. Düsseldorf 1953.

Hirsch, Kurt: SPD und Wiederaufrüstung. In: Blätter für deutsche und internationale Politik. 1960, S. 448 ff.

Hirsch-Weber, Wolfgang: Gewerkschaften in der Politik. Von der Massenstreikdebatte zum Kampf um das Mitbestimmungsrecht. Köln und Opladen 1959.

Hofschen, Heinz-Gerd/Ott, Erich und Rupp, Hans Karl: SPD im Widerspruch. Zur Entwicklung und Perspektive der Sozialdemokratie im System der BRD. Köln 1975.

Hrbek, Rudolf: Die SPD – Deutschland und Europa. Die Haltung der Sozialdemokratie zum Verhältnis Deutschland-Politik und West-Integration (1945–1957). Bonn 1972.

Hüttenberger, Peter: Die Anfänge der Gesellschaftspolitik in der britischen Zone. In: VfZ 21 (1973), S. 171–176.

Huster, Ernst-Ulrich/Kraiker, Gerhard/Scherer, Burkhard/Schlotmann, Karl-Friedrich und Welteke, Marianne: Determinanten der westdeutschen Restauration 1945–1949. Frankfurt a. M. 1972.

Institut für Marxistische Studien und Forschungen (Hrsg.): Mitbestimmung als Kampfaufgabe. Grundlagen – Möglichkeiten – Zielrichtungen. Eine theoretische, ideologiekritische und empirische Untersuchung zur Mitbestimmungsfrage in der Bundesrepublik. Frankfurt a. M. 1971.

Institut für Marxistische Studien und Forschungen (Hrsg.): Gewerkschaften und Nationalisierung in der BRD. Dokumente und Materialien. Frankfurt a. M. 1973.

Industrielles System und politische Entwicklung in der Weimarer Republik. Verhandlungen des internationalen Symposiums in Bochum 12.–17. Juni 1973. Hrsg. von Hans Mommsen, Dietmar Petzina und Bernd Weisbrod. 2 Bde. Kronberg/Ts. und Düsseldorf 1977.

Kaack, Heino: Das Problem der außenpolitischen Alternative für Deutschland. Ein Beitrag zur Analyse der Anfänge der westdeutschen Außenpolitik nach 1945 unter besonderer Berücksichtigung der Konzeption Kurt Schumachers. Phil. Diss. Kiel 1965.

ders.: Geschichte und Struktur des deutschen Parteiensystems. Opladen 1971.

Klein, Jürgen: Vereint sind sie alles? Untersuchungen zur Entstehung von Einheitsgewerkschaften in Deutschland. Von der Weimarer Republik bis 1946/47. Hamburg 1972.

Klein-Viehöver, Else und Viehöver, Joseph: Hans Böckler. Ein Bild seiner Persönlichkeit. Köln und Berlin 1952.

Kleßmann, Christoph und Friedemann, Peter: Streiks und Hungermärsche im Ruhrgebiet 1946 bis 1948. Frankfurt a. M. und New York 1977.

Klink, Dieter: Vom Antikapitalismus zur sozialistischen Marktwirtschaft. Die Entstehung der ordnungspolitischen Konzeption der SPD von Erfurt (1891) bis Bad Godesberg (1959). Hannover 1965.

Kolb, Johannes: Metallgewerkschaften in der Nachkriegszeit. Frankfurt a. M. 1970.

Kraiker, Gerhard: Politischer Katholizismus in der BRD. Eine ideologiekritische Analyse. Stuttgart, Berlin, Köln und Mainz 1972.

Krause, Fritz: Antimilitaristische Opposition in der BRD 1949–1955. Frankfurt a. M. 1971.

Kuczynski, Jürgen: Klassen und Klassenkämpfe im imperialistischen Deutschland und in der BRD. Frankfurt a. M. 1971.

Lademacher, Horst: Aufbruch oder Restauration. Einige Bemerkungen zur Interdependenz von Innen- und Außenpolitik in der Gründungsphase der Bundesrepublik. In: I. Geiss und B. J. Wendt (Hrsg.): Deutschland in der Weltpolitik des 19. und 20. Jahrhunderts. Düsseldorf [2]1974, S. 563–584.

Lange, Dieter: Fritz Tarnows Pläne zur Umwandlung der faschistischen Deutschen Arbeitsfront in Gewerkschaften. In: ZfG 24 (1976), S. 150 ff.

Leminsky, Gerhard und Otto, Bernd: Politik und Programmatik des Deutschen Gewerkschaftsbundes. Köln 1974.

Limmer, Hans: Die deutsche Gewerkschaftsbewegung. München und Wien [6]1973.

Löwke, Udo F.: Die SPD und die Wehrfrage 1949 bis 1955. Bonn-Bad Godesberg 1976.

Louis, Michael: Der Begriff der „Wirtschaftsdemokratie". Diss. Münster 1968.

Mannschatz, Gerhard und Seider, Joseph: Zum Kampf der KPD im Ruhrgebiet für die Einigung der Arbeiterklasse und die Entmachtung der Monopolherren (1945–1947). Berlin (DDR) 1962.

Merkl, Peter J.: Die Entstehung der Bundesrepublik Deutschland. Stuttgart [2]1968.

Miller, Susanne: Die SPD vor und nach Godesberg. Bonn-Bad Godesberg 1974.

Moraw, Frank: Die Parole der „Einheit" und die Sozialdemokratie. Zur parteiorganisatorischen und gesellschaftspolitischen Orientierung der SPD in der Periode der Illegalität und der ersten Phase der Nachkriegszeit 1933–1948. Bonn-Bad Godesberg 1973.

Narr, Wolf-Dieter: CDU-SPD. Programm und Praxis seit 1945. Stuttgart, Berlin, Köln und Mainz 1966.

Nell-Breuning, Oswald: Mitbestimmung. Landshut o. J.

Niethammer, Lutz: Zum Verhältnis von Reform und Rekonstruktion in der US-Zone am Beispiel der Neuordnung des öffentlichen Dienstes. In: VfZ 21 (1973), S. 177–188.

Niklauß, Karlheinz: Demokratiegründung in Westdeutschland. Die Entstehung der Bundesrepublik von 1945–1949. München 1974.

Ott, Erich: Die Wirtschaftskonzeption der SPD nach 1945. Marburg 1979.

Otto, Bernd: Gewerkschaftliche Konzeptionen überbetrieblicher Mitbestimmung. Köln 1971.

Pirker, Theo: Die blinde Macht. Die Gewerkschaftsbewegung in Westdeutschland. 1. Teil 1945–1952: Vom „Ende des Kapitalismus" zur Zähmung der Gewerkschaften. München 1960.

ders.: Die SPD nach Hitler. Die Geschichte der Sozialdemokratischen Partei Deutschlands 1945–1964. München 1965.

ders.: Die verordnete Demokratie. Grundlagen und Erscheinungen der „Restauration". Berlin 1977.

Politische Weichenstellungen im Nachkriegsdeutschland 1945–1953. Hrsg. von Heinrich August Winkler. Göttingen 1979.

Potthoff, Erich: Der Kampf um die Montanmitbestimmung. Köln 1957.

ders., Blume, Otto und Duvernell, Helmut: Zwischenbilanz der Mitbestimmung. Tübingen 1962.

Potthoff, Heinz: Vom Besatzungsstaat zur Europäischen Gemeinschaft. Ruhrbehörde, Montanunion, EWG, Euratom. Hannover 1964.

ders.: Die Montanunion in der europäischen Gemeinschaft. Eine Zwischenbilanz. Hannover 1965.

Pritzkoleit, Kurt: Männer, Mächte, Monopole. Hinter den Türen der westdeutschen Wirtschaft. Düsseldorf 1953.

Projektgruppe Ruhrgebietsanalyse: Ruhrstahl und Imperialismus. Gaiganz 1975.

Ritter, Waldemar: Kurt Schumacher. Eine Untersuchung seiner politischen Konzeption und seiner Gesellschafts- und Staatsauffassung. Hannover 1964.

Ross, Dietmar: Gewerkschaften und soziale Demokratie. Von der Richtungs- zur Einheitsgewerkschaft, von Weimar zur Nachkriegszeit. Untersuchungen zur gewerkschaftlichen Programmatik für den Aufbau einer demokratischen Gesellschaft. Phil. Diss. Bonn 1976.

Rudzio, Wolfgang: Die ausgebliebene Sozialisierung an Rhein und Ruhr. Zur Sozialisierungspolitik von Labour-Regierung und SPD 1945–1948. In: AfS 18 (1978), S. 1–39.

Rupp, Hans Karl: Außerparlamentarische Opposition in der Ära Adenauer. Der Kampf gegen die Atombewaffnung in den fünfziger Jahren. Eine Studie zur innenpolitischen Entwicklung der BRD. Köln 1970.

Salaba, Kurt: Die deutsche Gewerkschaftsbewegung, ihre Politik und ihre Probleme seit 1945. Diss. Marburg 1955.

Schäfer, Gert und Nedelmann, Carl: Der CDU-Staat. Studien zur Verfassungswirklichkeit der Bundesrepublik. (2 Bde.) München 1967.

Scharf, Claus und Schröder, Hans-Jürgen (Hrsg.): Die Deutschlandpolitik Großbritanniens und die britische Zone 1945–1949. Wiesbaden 1979.

Schmidt, Eberhard: Die verhinderte Neuordnung 1945–1952. Frankfurt a. M. 1970.

ders.: Ordnungsfaktor oder Gegenmacht? Die politische Rolle der Gewerkschaften. Frankfurt a. M. 1971.

Schmidt, Ute und Fichter, Tilmann: Der erzwungene Kapitalismus. Klassenkämpfe in den Westzonen 1945–1948. Berlin 1971.

Schneider, Dieter und Kuda, Rudolf F.: Mitbestimmung. Weg zur industriellen Demokratie? München 1969.

Schubert, Klaus v.: Wiederbewaffnung und Westintegration. Die innere Auseinandersetzung um die militärische und außenpolitische Orientierung der Bundesrepublik 1950–1952. Stuttgart 1970.

Schunder, Friedrich: Tradition und Fortschritt. Hundert Jahre Gemeinschaftsarbeit im Ruhrbergbau. Stuttgart 1959.

Schuster, Dieter: Die deutschen Gewerkschaften seit 1945. Stuttgart, Berlin, Köln und Mainz 1973.

Schwarz, Hans-Peter: Vom Reich zur Bundesrepublik. Deutschland im Widerstreit der außenpolitischen Konzeptionen in den Jahren der Besatzungsherrschaft 1945–1949. Neuwied und Berlin 1966.

ders.: Die Ära Adenauer. Gründerjahre der Republik 1949–1957. Mit einem einleitenden Essay von Theodor Eschenburg. Stuttgart und Wiesbaden 1981.

Schwering, Leo: Frühgeschichte der Christlich-Demokratischen Union. Recklinghausen 1963.

Seidel, Richard: Die deutschen Gewerkschaften. Ihr Wesen, Weg und Ziel. Stuttgart 1948.

Seifert, Jürgen: Grundgesetz und Restauration. Neuwied und Darmstadt [3]1977.

Sörgel, Werner: Konsensus und Interessen. Eine Studie zur Entstehung des Grundgesetzes für die Bundesrepublik Deutschland. Stuttgart 1969.

Vom Sozialistengesetz zur Mitbestimmung. Zum 100. Geburtstag von Hans Böckler. Hrsg. von Heinz O. Vetter. Köln 1975.

Steininger, Rolf: England und die deutsche Gewerkschaftsbewegung 1945/46. In: AfS 18 (1978), S. 41–118.

ders.: Reform und Realität. Ruhrfrage und Sozialisierung in der anglo-amerikanischen Deutschlandpolitik 1947/48. In: VfZ 27 (1979), S. 167–241.

Sywottek, Arnold: Deutsche Volksdemokratie. Studie zur politischen Konzeption der KPD 1935–1946. Düsseldorf 1971.

Tönnies, Norbert: Der Weg zu den Waffen. Die Geschichte der deutschen Wiederbewaffnung 1949–1957. Köln 1957.

Vilmar, Fritz: Demokratisierung der Wirtschaft. Am Beispiel der Mitbestimmung. In: Greiffenhagen, Martin: Demokratisierung in Staat und Gesellschaft. München 1973.

Vogel, Walter: Deutschland, Europa und die Umgestaltung der amerikanischen Sicherheitspolitik 1945–1949. In: VfZ 19 (1971), S. 64–82.

Vogelsang, Thilo: Das geteilte Deutschland. München 1966.

Vorgeschichte der Bundesrepublik Deutschland. Zwischen Kapitulation und Grundgesetz. Hrsg. von Josef Becker, Theo Stammen und Peter Waldmann. München 1979.

Wallich, Henry C.: Triebkräfte des deutschen Wiederaufstiegs. Frankfurt a. M. 1955.

Weber, Adolf: Der Kampf zwischen Kapital und Arbeit. Gewerkschaften und Arbeitgeberverbände in Deutschland. Tübingen 1954.

Weddigen, Walter (Hrsg.): Zur Theorie und Praxis der Mitbestimmung. Berlin 1964.

Wesemann, Fred: Kurt Schumacher. Ein Leben für Deutschland. Frankfurt a. M. 1952.

Westdeutschlands Weg zur Bundesrepublik 1945–1949. Beiträge von Mitarbeitern des Instituts für Zeitgeschichte. München 1976.

Wettig, Gerhard: Entmilitarisierung und Wiederbewaffnung in Deutschland 1943–1955. Internationale Auseinandersetzungen um die Rolle der Deutschen in Europa. München 1967.

Weymar, Paul: Konrad Adenauer. Eine autorisierte Biographie. München 1955.

Wheeler, Georg S.: Die amerikanische Politik in Deutschland 1945–1950. Berlin 1958.

Wieck, Hans Georg: Die Entstehung der CDU und die Wiederbegründung des Zentrums im Jahre 1945. Düsseldorf 1953.

Winkel, Harald: Die deutsche Wirtschaft seit Kriegsende. Entwicklung und Probleme. Mainz 1971.

Ziebura, Gilbert: Die deutsch-französischen Beziehungen seit 1945. Mythen und Realitäten. Pfullingen 1970.

Zink, Harold: The United States in Germany 1944–1955. Priceton, Toronto und New York 1957.

Zwanzig Jahre Grundgesetz. Textausgabe des Grundgesetzes mit sämtlichen Verfassungsänderungen. Hrsg. von Jürgen Seifert. Darmstadt 1969.

Personenregister

Adenauer, Konrad 15, 17, 31, 37–40, 42, 44, 45, 47, 55–59, 61, 62, 65, 67–69, 71, 72, 75–77, 79–86, 88, 91, 92, 95–97, 99, 100, 105–107, 109, 110, 113–115, 117, 120, 121, 123, 124, 126–134, 138, 140–142, 147, 148
Agartz, Viktor 33, 62, 101, 116, 117, 143
Albers, Johannes 77
Arnold, Karl 25, 72, 97, 139, 140, 142

Barich, Karl 51
Baring, Arnulf 14, 105–107
Bender, Karl 116
Berg, Fritz 72, 74, 82, 83, 85
Bevin, Ernest 28, 29
Billerbeck, Rudolf 14, 15
Bilstein, Hans 38, 41, 74
Blücher, Franz 45, 84, 86, 126, 134, 139
Bock, Joseph 78
Böckler, Hans 12, 13, 15, 17, 18, 20, 22, 24, 26, 34, 38, 40–43, 47, 49, 52, 53, 55, 62, 67, 71–73, 75, 77, 79, 84, 86–89, 98–100, 106, 107, 117, 122, 124, 133, 141, 149
Bömcke (Ref. für Gewerkschaftsfragen im BWM) 62, 67, 75
Brentano, Heinrich von 44, 45, 96, 124
Brümmer, Hans 13, 137
Brünger, Fritz 89
Bührig, Erich 41, 49, 99, 136, 137, 139, 145
Byrnes, James Francis 29

Clay, Lucius D. 29, 30, 39

Dehler, Thomas 46, 127
Deist, Heinrich 51, 54, 55, 64, 67, 76, 84, 86, 105, 112, 116, 125, 133
Dinkelbach, Heinrich 33, 34, 51, 61, 68, 75

Erdmann, Gerhard 41, 42, 74, 140
Erhard, Ludwig 38, 44, 59, 67–69, 73, 81, 87, 114, 118, 119, 121, 133, 137
Etzel, Franz 56
Euler, August-Martin 135
Even, Johannes 95

Falkenhausen, Gotthard Freiherr von 51

Fette, Christian 12, 106, 107, 117, 122, 123, 127, 128, 130–134, 136, 138, 140, 142, 144, 149
Föcher, Matthias 72, 77, 78, 96, 97, 99, 123, 131
Francois-Poncet, André 113
Freidhof, Rudolf 45
Freitag, Walter 12, 42, 67, 84, 87, 88, 93, 117, 138, 139, 141, 142, 144
Fricke, Hans-Joachim 139

Gefeller, Wilhelm 89, 104, 123, 132, 133
Geldmacher, Willy 51, 55, 67
Graf (Min. Dir. im BWM) 62, 81
Grosse, Franz 67, 100, 101, 113, 137

Hansen, Heinrich 141
Harders, Fritz 51
Harris-Burland, W. 34
Hasenjäger, Edwin 63
Hays, Georg P. 53
Hehemann, Hans 33, 35
Heine, Friedrich 16
Hellwege, Heinrich 46
Henle, Günter 51, 55, 56, 61, 62, 65, 69, 73, 75, 83, 84, 86
Henßler, Fritz 89, 100, 114, 118, 119, 143
Heuß, Theodor 74
Hilbert, Edgar 35
Hoff, Hans vom 12, 48, 55, 62, 66, 67, 73, 75, 84, 86, 91, 95, 96, 99–102, 106, 115, 116, 127–133, 137, 139, 141, 145
Hueck, Adolf 85

Imig, Heinrich 84

Jahn, Hans 104, 132, 141
Jarres, Karl 33, 35

Karl, Albin 136
Karpf, Hugo 139
Kattenstroth, Ludwig 73, 110, 130
Kettner, Hans-Joachim 124
Keuning, Dietrich 44
Korsch, Hans 58, 61, 62, 67
Kost, Heinrich 52, 65, 83, 85, 86, 95

Schriftenreihe der Vierteljahrshefte für Zeitgeschichte

Band 27
Norbert Krekeler
**Revisionsanspruch und
geheime Ostpolitik
der Weimarer Republik**
1973. 158 Seiten.

Band 28
**Zwei Legenden aus dem
Dritten Reich**
Quellenkritische Studien
von Hans-Heinrich Wilhelm
und Louis de Jong
1974. 142 Seiten.

Band 29
**Heeresadjutant
bei Hitler 1938–1943**
Aufzeichnungen des
Majors Engel
Herausgegeben von
Hildegard von Kotze
1974. 158 Seiten.

Band 30
Werner Abelshauser
**Wirtschaft in West-
deutschland 1945–1948**
1975. 178 Seiten.

Band 31
Günter J. Trittel
**Die Bodenreform
in der Britischen Zone
1945–1949**
1975. 184 Seiten.

Band 32
Hansjörg Gehring
**Amerikanische
Literaturpolitik in
Deutschland 1945–1953**
1976. 134 Seiten.

Band 33
Die revolutionäre Illusion
Erinnerungen von
Curt Geyer
Herausgegeben von
Wolfgang Benz
und Hermann Graml
1976. 304 Seiten.

Band 34
Reinhard Frommelt
**Paneuropa
oder Mitteleuropa**
1977. 132 Seiten.

Band 35
Hans Robinsohn
**Justiz als politische
Verfolgung**
1977. 168 Seiten.

Band 36
Fritz Blaich
**Grenzlandpolitik im
Westen 1926–1936**
1978. 136 Seiten.

Band 37
Udo Kissenkoetter
**Gregor Straßer
und die NSDAP**
1978. 220 Seiten.

Band 38
Seppo Myllyniemi
**Die baltische Krise
1938–1941**
1979. 167 Seiten.

Band 39
Brewster S. Chamberlin
Kultur auf Trümmern
Berliner Berichte der
amerikanischen Information
Control Section
Juli-Dezember 1945
1979. 248 Seiten.

Band 40
Kai von Jena
**Polnische Ostpolitik
nach dem Ersten Weltkrieg**
Das Problem der Beziehun-
gen zu Sowjetrußland nach
dem Rigaer Frieden von 1921
1980. 244 Seiten.

Band 41
Ian Kershaw
Der Hitler-Mythos
Volksmeinung und Propa-
ganda im Dritten Reich
1980. 215 Seiten

Band 42
Klaus-Dietmar Henke
**Politische Säuberung unter
französischer Besatzung**
Die Entnazifizierung in
Württemberg-Hohenzollern
1981 206 Seiten.

Band 43
Rudolf Uertz
**Christentum und Sozialis-
mus in der frühen CDU**
Grundlagen und Wirkun-
gen der christlich-sozialen
Ideen in der Union
1945–1949
1981. 230 Seiten.

Band 44
Dorothee Klinksiek
Die Frau im NS-Staat
1982. 178 Seiten.

In Vorbereitung:

Ingeborg Fleischhauer
**Das Dritte Reich und die
Deutschen in der Sowjetunion**

**Sondernummern
(erschienen)**

**Aspekte deutscher Außen-
politik im 20. Jahrhundert**
Herausgegeben von
W. Benz und H. Graml
1976. 304 Seiten.

Sommer 1939
Die Großmächte und der
Europäische Krieg
Herausgegeben von
W. Benz und H. Graml
1979. 364 Seiten.

Weitere Informationen über Veröffentlichungen des Instituts für Zeitgeschichte durch
Deutsche Verlags-Anstalt, Abteilung BI, Postfach 209, 7000 Stuttgart 1.

Deutsche Verlags-Anstalt

Studien
zur Zeitgeschichte

Herausgegeben vom Institut für Zeitgeschichte

Deutsche Verlags-Anstalt